ENDURANCE

我在太空的340天

A YEAR IN SPACE,
A LIFETIME OF DISCOVERY

SCOTT KELLY 史考特・凱利—著　高霈芬—譯

suncolor 三采文化

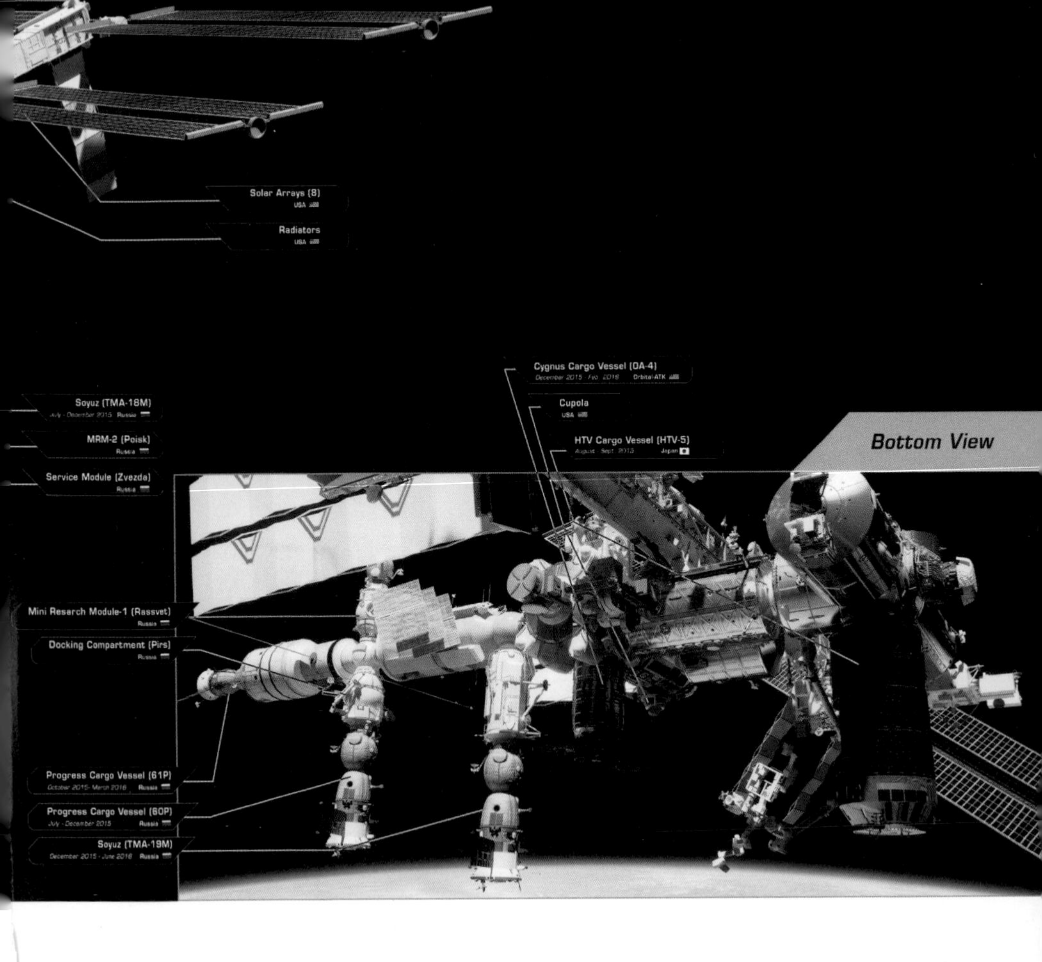

Solar Arrays (8)
USA
Radiators
USA
Cygnus Cargo Vessel (OA-4)
December 2015 - Feb. 2016 Orbital-ATK
Cupola
USA
HTV Cargo Vessel (HTV-5)
August - Sept. 2015 Japan
Bottom View
Soyuz (TMA-18M)
July - December 2015 Russia
MRM-2 (Poisk)
Russia
Service Module (Zvezda)
Russia
Mini Resarch Module-1 (Rassvet)
Russia
Docking Compartment (Pirs)
Russia
Progress Cargo Vessel (61P)
October 2015- March 2016 Russia
Progress Cargo Vessel (60P)
July - December 2015 Russia
Soyuz (TMA-19M)
December 2015 - June 2016 Russia

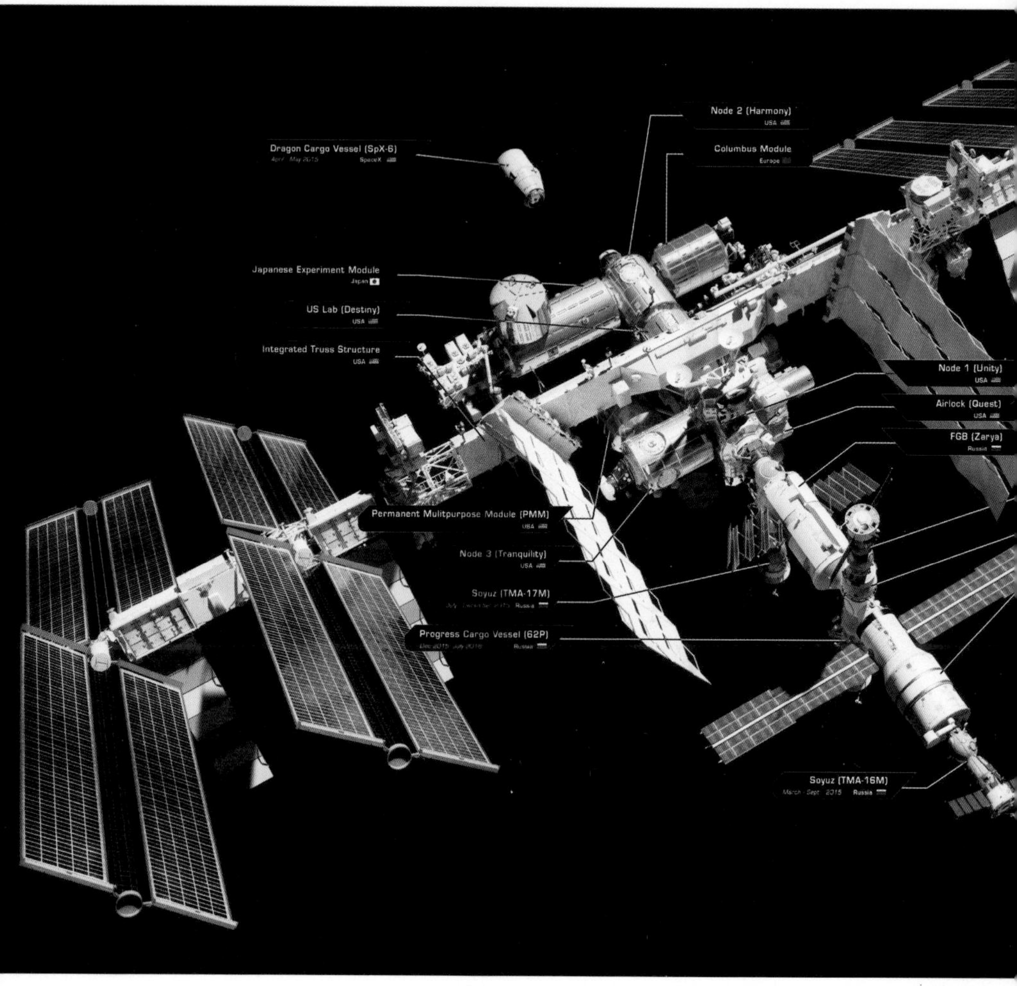

國際太空站（International Space Station）架構示意圖

（圖：Nathan Koga 提供）

目錄

▲ 我與我的雙胞胎哥哥馬克，都成為了夢想中的太空人。
（圖：NASA 提供）

▲ 2010 年 10 月 9 日～ 2011 年 3 月 16 日太空任務的紀念合影。我們從各自的睡眠艙中伸出頭來，左起順時針方向，各為：道格、「天花板」上的我、夏儂、「地板上」的歐列。（圖：NASA 提供）

▲ 我在加加林太空訓練中心內的聯合號模擬器中，為接下來一年的太空任務進行預備訓練。（圖：NASA/Bill Ingalls 提供）

▼ 2015 年 3 月，俄國東正教的約伯神父用聖水祝福即將載我們上國際太空站的聯合號火箭。（圖：NASA/Bill Ingalls 提供）

▲ 我們與後備組員一同享用升空前的最後一頓俄國傳統早餐。
（圖：NASA 提供）

▲ 前往發射台之前，我和組員隔著透明玻璃與家人和媒體交談。
（圖：NASA/Bill Ingalls 提供）

▶ 發射前，我們登上聯合號太空船，和地球暫別。

（圖：NASA/Bill Ingalls 提供）

▶ 載著我們的聯合號太空船發射升空，目的地為國際太空站。

（圖：NASA/Bill Ingalls 提供）

▶ 國際太空站，是我 2015 年 3 月 27 日 ～ 2016 年 3 月 1 日的家。

（圖：NASA 提供）

▶ 國際太空站，我的隊友安東·希卡普羅夫（左）、莎曼珊·克里斯多佛瑞蒂（中）和泰瑞·佛茲（右），一起慶祝莎曼珊的生日。

（圖：NASA 提供）

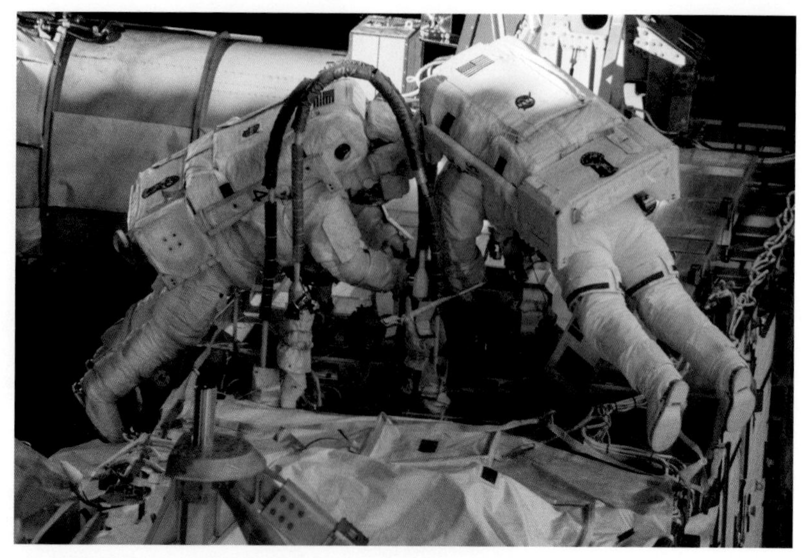

▲ 隻身處在太空中！我和謝爾．林格倫（右）進行第二次漫步任務，在國際太空站外將桁架上的氨氣冷卻系統調回預設值。任務耗時七小時又四十八分鐘。（圖：NASA 提供）

▲ 我在國際太空站上的穹頂艙內翹高了雙腳，欣賞巴哈馬群島的湛藍海水。（圖：NASA/Scott Kelly 提供）

▲ 國際太空站上看到的極光。
（圖：NASA/Scott Kelly 提供）

▲ 國際太空站上看到的日出。
（圖：NASA/Scott Kelly 提供）

▲ 2016 年 3 月 2 日，我們的聯合號太空艙成功回到地球表面。
（圖：NASA/Bill Ingalls 提供）

▼ 回到地球的第一步艱難無比，工作人員協助我步出太空艙。
（圖：NASA/Bill Ingalls 提供）

序章

我在休士頓的家中，與家人共進晚餐。餐桌上有我交往多年的女友艾美、我女兒莎曼珊和夏綠蒂、我的孿生哥哥馬克、馬克的妻子嘉比、馬克的女兒克勞蒂雅、我們的父親李奇，還有艾美的兒子柯賓。和家人一同用餐，是許多人日常生活的一部分，是再平常不過的事，也許很多人對此不會有什麼特別的感覺。但對我而言，這卻是我心心念念一整年的夙願。我已經無數次在腦海裡描繪這頓飯的情景，而當我現在終於坐在這裡，感覺卻很不真實。許久不見的親愛面孔、眾人的談話聲、餐具碰撞的清脆聲響、杯中酒水滑動的聲音——全都如此陌生。就連地心引力把我吸在椅子上的感覺都很詭異，每當我想把杯子或叉子放到桌上時，都會有一股衝動，想找個圓點魔鬼氈或封箱膠帶來把它們固定，深怕它們浮起來。這是我回到地球表面第四十八小時的狀態。

我扶著餐桌把身子往後推，試圖要站起來，卻使不上力。

「好了，我吃飽了。」我說。大家要我趕快去休息，於是我展開前往臥室的漫漫旅程，臥室距離餐桌大概有二十步之遙。踏下第三步時，腳下的地板彷彿都傾斜了，我一腳跌在盆栽裡。地板當然沒有真的傾斜——我的前庭系統正在重新適應地球的重力，我又得重新學走路了。

「這是我第一次看你站不穩，」馬克說：「但你適應得滿好的。」馬克也有經驗，知道從太空回到地球重新適應重力是什麼感覺。

我終於成功抵達臥房。身體的每一個部位都在發疼，每個關節、每處肌肉都在抵抗地心引力的強力壓迫。我還有點反胃，不過倒不至於真的吐出來。我脫下衣服，上了床，享受床單、被單的觸感，感受毯子在我身上的輕微壓力，還有頭底下蓬鬆的枕頭，這些都是我朝思暮想的東西。我能聽見房門外家人愉快的閒談聲。過去一年中，我只能透過通訊衛星發送訊號打電話聽他們失真的聲音。家人的嬉笑閒談讓我安心，我就這樣進入了夢鄉。

一束光線叫醒了我。早上了？不，是艾美進房準備上床睡覺。我想讓自己清醒到能移動身體，告訴艾美我有多不舒服，卻發現我連這也做不到。我非常想吐、全身發熱，而且疼痛感更劇烈了。上一次任務結束後也沒有這麼難受，這次比上次還痛苦，痛苦太多了。

「艾美。」我好不容易叫出口。

我的語調讓她緊張了起來。

「怎麼了？」她先把手放在我肩上，再放在我額頭上。她的手好冰。

「我不舒服。」我說。

我已經出過四次太空任務，其中一次艾美也全程參與。那次是二〇一〇至二〇一一年間的任務，當時我整整花了一百五十九天的時間住在太空站。那次重返地球後，我的身體也出了些狀況，但根本比不上這次。

我努力想要下床，找到床緣、放下腳、坐直、起身，每個步驟都好像在跟流沙對抗一般。我好不容易直起身子，雙腿卻出現強烈的劇痛。我感覺全身上下的血液都一股腦地往雙腿衝，就像倒立時血液直衝腦門的感覺一樣，只不過上下顛倒，我可以感覺到雙腿的組織腫脹著。我拖著腳步往浴室移動，要非常刻意才能順利把身體的重量從一腳換到另一腳。左、右，左、右。

到了浴室，我打開燈，低頭看我的兩條腿。我的雙腿腫得不像話，好像外星人的軀幹。

「該死，」我說：「艾美，妳快來看。」

她跪下來捏我的腳踝。我的腳踝已變得像水球一樣。艾美憂心忡忡看著我說：「我完全摸不到你的踝骨。」

我告訴她：「我的皮膚像在燒一樣。」艾美慌忙檢查我的身體：我的背、兩腿後方、腦袋和脖子後面——凡是接觸到床的地方，都長了奇怪的紅疹。

「看起來像是過敏發炎，」她說：「像是蕁麻疹。」

我上完廁所後，拖著腳步走回床上，心想該怎麼辦。一般情況下，我會立刻掛急診，但現在醫院裡也沒有人處理過太空任務造成的不適症狀，於是我只好爬回床上，試著躺好。

我試著入眠，同時也暗想，不知道我朋友的雙腿是否腫脹，有沒有長出令人難受的疹子？在跟我共度將近一年的太空生活後，米哈也已回到莫斯科的家中，我猜他現在也很不舒服。但說到底，我們自願出這次任務，就是為了要找出長期太空任務會對人體產生的影響。科學家會在我和米哈的有生之年以及死後，持續研究我們身體的各種數據。各國航太機構若要朝火星等遙遠的太空目的地挺進，就必須先弄明白太空之旅中最脆弱的環節——人類的生理和心理狀態。有人問我，為什麼明知各種潛在危險，還自願參與這次太空任務？這些危險包含：發射時的風險、太空漫步時可能的危險、重返地球時的風險，以及住在以一小時兩萬八千公里的速度繞著地球轉的金屬容器中，分秒都可能發生的危險。關於這個問題我有幾個答案，但沒有一個答案令我完全滿意，沒有一個答案可以給出完全合理的解釋。

在我小時候，我常重複做一個夢。夢裡，我被限制在一個非常狹小的空間中，小到幾乎無法在裡面躺平。我在地上蜷著身子，知道自己會在這待上好一段時間。我無法離開，但也無所謂——我感覺自己所需的一切這裡都有了。小空間本身，還有住在裡面的感覺都像是在接受某種挑戰，深深吸引著我，我覺得自己屬於那個空間。

某天晚上，父母叫醒我和馬克，催促我們下樓到客廳看電視上的模糊黑白影像，他們說那是人類在月球上走路。我還記得聽見尼爾．阿姆斯壯（Neil Armstrong）帶著嘶嘶的靜電聲發出豪語，他說他現在正在我的窗外，在新澤西州夏日夜空中的發亮圓盤上。我很努力才弄懂這一切。見證人類登陸月球後，我開始常做一個惡夢：我夢見自己正準備搭乘火箭前往月球，但我並不是繫著安全帶坐在座艙內，而是被綁在火箭頭的尖端，背部抵著火箭的鼻錐，面朝天堂。月亮罩頂，月球表面的巨大坑洞讓我倍感壓迫，此時的我正等著讀秒發射升空，我知道火箭一旦發射我便難逃死劫。每每做此惡夢，我都會在火箭引擎點燃升空前就被嚇醒、渾身是汗。

雖然我小時候逮到機會就冒險，但並不是因為我魯莽，而是因為其他事都太無趣。我喜歡從東西上把自己彈出去；爬到東西下面；接受其他男生的大冒險挑戰；溜冰、滑倒；游泳、沉到水裡；

有時我也玩命。我和馬克從六歲開始就會從排水管爬上兩、三層樓高的屋頂。我相信活著就要挑戰困難的事物，如果打安全牌只做已經會做的事，就是在浪費人生。我覺得很不可思議，有些跟我同年的學生竟然可以在學校靜靜坐著一整天，只能呼吸、眨眼——他們竟然可以克制想要跑出去、想到處探索、想做新鮮事、想冒險的衝動。他們腦子還好嗎？他們在教室學到的東西，跟騎著失控的單車從山上往下衝有得比嗎？

我是個壞學生，老是往窗外瞧，不然就是盯著時鐘看，等下課。老師剛開始會唸我，接著會用罵的，最後，有些老師直接就放棄我了。我的父母是警察和祕書，他們也試過要管教我們倆兄弟，但都失敗收場。我倆都不聽話，多數時間都沒人管我們——放學後父母都還在上班，週末早上他們則是因為前晚宿醉在補眠。我們可以隨心所欲做自己想做的事，也就是冒險。

讀高中的那幾年，是我人生首度找到大人也認同的專長：緊急醫療技術員的工作。在上緊急醫療技術課程時，我發現自己是有耐性可以好好坐著讀書的。起初我先擔任志工，花幾年的時間往上爬，最後成功取得正職。我整晚都在救護車上，不知道接下來要面對的會是什麼狀況——可能是槍傷、心臟病或骨折。某次我在公有住宅區一個家中接生一名新生兒，這位媽媽躺在髒臭的床上，床上的舊被單、床單都沒有換洗，頭頂上垂著一顆裸燈泡，水槽裡是成堆的髒碗盤。進入這個充滿未知危險的環境中，那種心跳加速的感覺，還有一想到接下來的工作全仰賴我的判斷力，就讓我倍感興奮。我面對的是生死交關的情勢，一點也不像索然無味（且對我來說無意義）的學校課程。

我努力讓自己高中畢業（雖然畢業成績在班上墊底），然後上了唯一一所願意收我的大學。大學生活並沒有讓我比高中好學到哪裡去，而我也已經太老，不適合跳上跳下找樂子。飲酒作樂於是取代了冒險生涯，不過這種消遣並沒有什麼成就感。我選修了醫學先修課程，不過第一個學期就被當了。我知道我在原地踏步，得要有人告訴我該做些什麼。

某天我走進校內的書店買零食，架上有本書吸引了我的目光。書本封面上的字好像以無人能敵的速度把我拉向未來：《對的事（The Right Stuff）》。我從來不愛看書——學校指定的閱讀作業我幾乎連翻都不翻，無聊透了。我這輩子自發讀的書少之又少，但這本書不知為何很吸引我。

我拿起書，書中的第一句話就把我帶入情境：佛羅里達州傑克孫維海軍航空基地的惡臭煙霧中，一名年輕的試飛員葬身於此，屍體燒得面目全非。他的飛機一頭撞上一棵樹，「腦袋像西瓜一樣爛成一團」。我從來沒讀過這麼引人入勝的情節，這畫面讓我感覺異常熟悉，但我又無法解釋。我買下這本書，趴在宿舍床鋪上，興味盎然地讀了一整天。湯姆·伍爾夫的生動語句迴盪在我的腦海中。我對書中描述的美國海軍試飛員深深著迷。年輕有為的試飛員駕著飛機奔向天際，到了地面上就到處參加派對——他們真是群才華洋溢的花花公子。

在這個專業領域中，你要有能力可以駕著乘風破浪的大機器升空，把自己所珍愛的一切拋諸腦後，運用自己的膽識、直覺、經驗和冷靜的態度來完成工作，返回家鄉後，等著隔天、後天、大後天再度奔向天際，如此無止盡地重複下去。而這一切都是為了要能對眾人、社會、國家、全人類，乃至對上帝有所貢獻。

這不只是一齣精采的冒險故事，反而更像是人生規劃。這些開著噴射機的年輕海軍所從事的是現實生活中真實存在的工作，他們有些最後成了太空人，太空人也是真實的工作。這類工作門檻很高，我明白，但總是有人可以跨過這個門檻，這是有可能的。這些海軍飛行員之所以吸引我，並非只因為他們想要做「對的事」，而是那種想要賭上一生，從事極度困難工作的心情，這就像是搭著救護車出夜勤，只不過是速度加倍成音速。身邊鼓勵我從醫的大人以為我喜歡當緊急醫療技術員，是因為我喜歡量血壓、固定骨折、幫助人，但我之所以對救護車如此著迷，是因為那蘊藏著困難、未知、風險和刺激感。我在一本書中，找到我以前覺得自己找不到的東西：理想與抱負。那天晚上我闔上書本，從此成了一個不同的人。

接下來的數十年中，有很多人問我，是什麼讓我開始想要成為太空人，我會告訴他們小時候目睹太空人登陸月球或目睹第一艘太空梭升空的故事，這些答案在某種層面上沒有錯，但我從未向人說過真正的理由：一個十八歲少男窩在狹小擁擠的宿舍房間，讀著動人心弦的飛行員事蹟——這才是一切的起點。

在我成了太空人、開始認識太空人同學後，我發現很多同學都有一個相同的記憶——小時候穿著睡衣下樓看太空人登陸月球。大部分同學都是在那個當下，決定自己有一天一定要上太空。我們都曾深信美國人會在一九七五年順利登陸火星，那時我十一歲。人類已經順利登陸月球，所以一切都充滿可能。但後來美國太空總署失去了大筆經費，這幾十年中，這個希望變得越來越渺小。不過，有人說我們班會是第一批登陸火星的人，我們對此深信不疑，還在飛行夾克的班牌上放了小紅星球從月球和地球後方升起的圖樣。在那之後，美國太空總署完成國際太空站的建設，這是全人類有史以來最艱鉅的任務。登陸火星的難度很高，我花了整整一年待在太空中，這比從地球到火星的時間還長，目的就是要了解人類該如何順利完成這個任務。

我的血液中仍保有熱愛冒險的年少輕狂，我的童年回憶充滿著無法對抗的大自然力量，以及想要爬得更高的願望。對太空人來說，這些記憶一方面令人不安、一方面又使人安心。每次的冒險，我都能順利活下來，繼續呼吸，每一次我遇到危險，都能成功脫困。

在這長達一年的任務中，我花了很多時間在思考《對的事》對我而言的意義，於是我決定打電話給作者湯姆．伍爾夫。我想他接到太空來的電話應該會很開心。我們討論了很多事，其中我也問他該如何寫書，以及如何把經驗化為文字。

「戲說從頭。」他說，而我也照做了。

第 1 章

回頭見，親愛的家人

二〇一五年二月二十日

要離開地球，得要先到地球的角落。美國太空梭於二〇一一年退役，所以要上太空便必須仰賴俄國的資源，太空旅程的第一站是哈薩克沙漠大草原上的拜科努爾太空發射基地。我先從休士頓飛往莫斯科，這十一個小時的飛行旅程對我來說並不陌生，接著再從莫斯科搭廂型車到約七十二公里外的俄國星城（Star City）——車程視莫斯科路況而定，約一至四小時不等。星城就像是俄國的強森太空中心（Johnson Space Center，位於美國休士頓），五十年來，俄國太空人都在此受訓（近年來，要一同出任務的他國太空人也會在此受訓）。

星城這個城鎮內有自己的市場、教堂、博物館和住宅區，城裡還有一座巨大的尤里・加加林（Yuri Gagarin）人像。加加林在一九六一年成了第一位上太空的人類。加加林人像一腳往前踏出，充滿社會寫實主義的簡樸風格，人像的手上還拿著一束花，放在背後。多年前，俄國太空中心特地打造了一整排房舍供美國太空人居住，房舍中滿是刻板的美國印象：屋裡有大冰箱、大電視。我在星城待了很長一段時間，期間也曾擔任美國太空總署的營運總監，但我對這個城市還是相當陌生，特別是正值冰冷的俄國冬季時。

我們從星城飛了約兩千五百七十五公里到拜科努爾，拜科努爾是蘇聯太空計畫過去的祕密發射基地。有些人會用「鳥不生蛋」來形容一個地方，但我只有在提到拜科努爾時會真正有這種感覺。發射站建於泰瑞圖（Tyuratam）村莊，這是成吉思汗一個後裔的名字，但通常大家習慣叫此地為拜科努爾，而曾經，真正的拜科努爾其實是數百公里外的一個城市，這種叫法是為了擾亂敵人。時至今日，此地已成為唯一的拜科努爾。蘇聯政府在更早期也曾經稱此地為星城，以順利掩蔽美國耳目。對我這個成長在冷戰尾聲、從小接受海軍飛行員訓練的美國人來說，受邀來到前蘇聯太空計畫的中心，還知悉這些祕密，還是有那麼一點古怪。現居於拜科努爾的多為哈薩克人，哈薩克人是突厥、蒙古族的後代，另外也有少數的俄羅斯人在蘇聯瓦解後留了下來。俄國向哈薩克租借此地的設施，城內的主要貨幣是俄國盧布，所有的汽機車上也都有俄國牌照。

從空中鳥瞰，拜科努爾就像是被隨手扔到高地荒漠草原上的城市一樣，這裡網羅了各種醜陋的水泥建築，夏季炙熱、冬季嚴寒，到處都有成堆的鏽蝕廢棄機械，成群的野狗和駱駝在航太設備的影子底下覓食。這個野蠻原始的不毛之地，卻是全世界通往太空的唯一站口。

我搭乘圖波列夫134客機準備降落拜科努爾，該型號客機前身為蘇聯軍機。這架飛機可能曾配有炸彈架，在緊要關頭時可以變成轟炸機，是蘇聯政府在冷戰時期研發出的行動火藥庫，目的是要用來攻擊美國。但現在這架飛機被用來載運來自世界各地的太空人——有俄國人、美國人、歐洲人、日本人和加拿大人。過去的敵人，現在成了太空任務的夥伴，一同搭機前往我們共同打造的太空站。

客機前方的機艙是預留給正組員（我和兩名俄籍同事）和幾位貴賓的。從星城啟程後，每個人都喝了酒，較資淺的俄籍組員在後機艙開始狂歡起來。俄國人喝酒一定要搭配下酒菜，所以除了伏特加和白蘭地之外，機上也提供番茄、起司、香腸、醃黃瓜、鹹魚乾，還有一種叫做「salo」的鹹豬油片。二〇〇〇年我第一次飛往哈薩克，那次我在後機艙中要穿越狂歡的眾人去上廁所，卻被半路攔截並強灌俄國私釀烈酒「薩摩貢（samogon）」。這些資淺組員各個酩酊大醉，在亂流和酒精中踉蹌走路，酒水灑在身上和機艙地上，菸一根接著一根抽。幸好，飛機還沒因為酒精和燃料而爆炸成巨大火球，我們就已經安全抵達哈薩克了，謝天謝地。

飛機向下衝破雲層，來到平坦結凍的大荒漠，降落在拜科努爾唯一的機場跑道上，此時每個人都已經醉醺醺。迎接我們的，有俄羅斯聯邦太空總署（Roscosmos）的官員和聯合號（Soyuz）太空船的製造商 Energia。我們將會搭乘聯合號航向太空軌道，然後停靠在國際太空站。拜科努爾的市長和一些地方權貴也在歡迎隊伍中。我們呈稍息站姿，我的俄國同事甘迺迪．帕達爾卡邁著大步走向前，用堅定的口氣對眾人宣誓：「我們準備好進入下一階段的預備工作了。」

水泥路的另一端有個奇特卻溫馨的景象：一群哈薩克小朋友站在那裡，他們是地球角落的小小大使。這些小朋友有圓滾滾的臉頰、黝黑的頭髮，外表看來大多是亞洲人，他們身上的淺色系衣服沾滿灰塵，手裡拿著氣球。俄籍飛行醫師曾警告我們離這些孩子遠一點，因為該區是麻疹疫區，要是我們哪個人感染了麻疹，後果不堪設想。我們都接種過疫苗，但俄籍飛行醫師還是戒慎恐懼，畢竟沒人想帶著麻疹上太空。一般來說我們對醫師都唯命是從，尤其是這些醫師又有權下禁足令，但甘迺迪仍自信滿滿地走向前。

「我們得跟孩子們打招呼。」他用英語堅定地說。

一九九〇年代晚期，我剛開始到俄國出差參與美俄兩國的聯合太空計畫，那時我第一次認識甘迺迪和這次任務的第三名組員米哈爾·柯尼揚科（簡稱米哈）。甘迺迪留著一頭厚重的白髮，目光非常銳利，好像什麼都逃不過他的眼睛。他五十六歲，是這次聯合號的指揮官，天生領導有方，而當組員需要指引與建議時，他也會仔細聆聽。我無條件相信他。有次在莫斯科，靠近克里姆林宮的地方，我看見甘迺迪離開身旁的太空人同事，走到一位對中央政府持反對意見的政治人物被謀殺的地點致敬。俄籍太空人為普丁政府效勞，所以對他們來說，此舉非常危險。我們身邊的其他俄籍同事連談都不願意多談這起謀殺事件，但甘迺迪不一樣。

五十四歲的米哈將會跟我一起在太空中待上一年，他和甘迺迪很不一樣。米哈個性隨和、安靜、深謀遠慮。米哈五歲時，身為軍人的父親便死於直升機空難，而這個意外事故卻強化了年幼的米哈想要飛上太空的夢想。米哈後來在軍中擔任傘兵，但還是必須在莫斯科航空大學拿到工程學位才能取得航空工程師的資格。米哈戶籍不在莫斯科，無法申請該所大學，所以他先申請成為莫斯科的警官，藉此遷戶籍，然後順利進入該校就讀。一九九八年，米哈被選薦為太空人。

我們慢慢靠近哈薩克小朋友，和小朋友打招呼、握手，接過花束。甘迺迪開心地和孩子們聊著，他的臉上掛著燦爛的笑容。

我們一行所有人，包含任務正組員、後備組員和後勤，分別上了兩台巴士前往隔離所，未來兩週我們都得待在那。我選了靠窗的座位，塞好耳機，把頭靠在窗上，希望等一下可以有點睡意，在抵達飯店般的隔離所住宿區前我想先小睡片刻。這條路的路況很差（一向如此，而且還每況愈下），滿是修補痕跡的柏油路把我的腦袋一直撞向車窗，讓我難以入眠。

我們經過了蘇聯時期的廢棄住宅區、一落落散在各處的垃圾堆，偶爾還會看到一些駱駝。那天萬里無雲、豔陽高照。我們經過了拜科努爾城內的加加林雕像，這尊雕像高舉著雙手——不是體操選手完美落地時比出的勝利手勢，而是小孩要準備空翻時，滿心喜悅，站得直挺挺的預備動作。這尊加加林雕像面帶微笑。

地平線遠處有一座發射站，矗立在已經龜裂的水泥發射台上。當年尤里．加加林就是從這個發射台離開地球表面，而在他之後，幾乎所有俄籍太空人也都從這裡升空，兩週後，我搭乘的太空船也會在這裡發射。比起外觀和功能，俄國人更注重傳統。俄國人管這個發射台叫「加加林的發射台」，這台上背負著過去的豐功偉業，俄國人自然不想淘汰。

我和米哈的任務是要在國際太空站（International Space Station）待上一整年，這可是前所未有的創舉。一般太空任務一次頂多只會在太空站待五、六個月，所以目前科學家也蒐集到足夠的數據，知道在太空中五到六個月人體會產生什麼變化，但第六個月後會發生什麼事就是個未知數。舉例來說，身體的各種症狀可能會在第九個月大幅惡化，但也可能不會有任何改變，要知道這個問題的答案，只有一個方法。

我和米哈會蒐集各種與我們身體相關的數據，讓學者研究我們的健康狀態，這項研究工作非常耗時。因為我有個雙胞胎哥哥馬克，所以在這一年中，我也會參與另一項研究：比較我和我哥身體狀態的異同，甚至基因也會納入研究範疇。國際太空站是世界級的太空實驗室，所以這一年我也會花很多時間進行流體力學、植物學、燃料效率、觀察地球等領域的相關研究。

每次演講時，我一定會告訴聽眾：國際太空站所進行的都是至關重要的科學研究。但對我來說，更重要的是：太空站是人類前往太空的立足點，我們可以從國際太空站學到如何邁向宇宙。這些工作的成本非常高，風險也高。但對我來說，值得。

我上一次的太空任務為期一百五十九天，那次任務已導致我骨質疏鬆、肌肉萎縮，我的血液循環方式也有改變，造成心壁緊縮，更惱人的是，和其他太空人一樣，我的視力也開始出現問題。我接觸的輻射量是在地球上的人的三十多倍，約等於一天做十次胸腔X光檢查，這會讓我後半輩子罹患嚴重癌症的機率大幅增加。不過以上這些都算小事，我最深層的恐懼是自己身處外太空時，地球上的親朋好友剛好遭遇不幸。

望向車窗外，看著拜科努爾奇特的景致，我才發現我在這裡這麼長的時間（都已經好幾週了），卻從沒看過這座城市的真實風貌。我們的住處是一間被美國人暱稱為「海珊宮」的大樓，這富麗堂皇的住宅是為接待俄羅斯聯邦太空總署署長、他底下的官員和貴賓特地打造的。「海珊宮」內有水晶吊燈、大理石地板、我們每個人都分配到一間大房，浴室裡有按摩浴缸，大樓內有俄式三溫暖「banya」，蒸完還可以跳入冷水池。隔離為期兩週，剛開始時，我有次去三溫暖發現米哈用樺木枝在拍打甘迺迪（一種促進血液循環的方式），第一次看見這個景象時我有點傻眼，但後來當我親身體驗俄式三溫暖，結束後跳入冰冷的水池，然後來杯自製俄國啤酒，就明白他們為什麼要這麼做了。

「海珊宮」內還有精緻的餐廳，餐桌上鋪著熨平的桌布、擺著高檔瓷器餐具，牆上還掛著平面電視，隨時播放俄國懷舊影集，俄籍太空人好像都很愛看。俄國餐點還算美味，但對美國人來說，吃久了會膩：羅宋湯是每餐必備，另外還有肉、馬鈴薯，其他種類的肉、馬鈴薯，然後每道菜上面都蓋著滿滿的蒔蘿。

住了幾天後，有天晚飯時，我說：「甘迺迪，這些蒔蘿是怎樣？」

「什麼意思？」他問。

「你們什麼菜都要加蒔蘿，有些料理如果去掉蒔蘿，其實會更好吃。」

「喔！你是在說這個，懂了。」甘迺迪邊說邊點頭。「這是俄國傳統，從前俄國菜主要只有馬鈴薯、高麗菜和伏特加，但蒔蘿可以防止放屁。」

後來我也上谷歌查證，甘迺迪所言不假。在被擠到一個小金屬空間一起待上好幾個小時之前，預防放屁似乎是未雨綢繆，所以我就不再抱怨蒔蘿了。

• • •

抵達拜科努爾的隔天，我們做了第一次的「身體檢查」。在編號254的寬敞機庫內，我們套上了 Sokol 壓力服——每次穿壓力服都是個折騰的過程。壓力服唯一的開口在胸口，所以我們必須先把下半身踩進胸口的洞，然後彆扭地把兩隻手臂塞到袖子裡，再憑感覺找到頭罩頸環，把頭伸出來。整套流程結束後，我的頭皮上常會有傷（沒有頭髮真是非常吃虧）。接下來便要封起胸部的開口，束口的過程很原始，讓人有點不安，我們先把壓力服的布邊收好折起，然後用橡皮筋綑住。我第一次學到這種做法時，根本無法相信，光靠這幾條橡皮筋就可以在太空中保護太空人。抵達太空站後，我還發現俄國人也用相同的橡皮筋在太空中綁垃圾袋，一方面我覺得他們真是太幽默了，但另一方面我又很佩服這種追求省事的俄式哲學：既然可用，幹嘛不用？

Sokol 壓力服是救援太空服，也就是說，Sokol 的唯一功能就是在聯合號起火或艙內失壓時，可以保住我們一命。Sokol 和之後太空漫步要穿的太空服是不同的，太空漫步專用太空服更堅固、功能更多，簡直就是一艘小型太空船。Sokol 壓力服和美國太空總署設計的橘色壓力服功能相同，我以前都穿著這種橘色壓力服出太空任務。美國太空總署在一九八六年挑戰者號（Challenger）事故後發明了這款壓力服，在那之前，美國太空人僅穿著一般的飛行服就登船上太空了。一九七一年俄國太空船失壓事件導致三名俄籍太空人身亡，那之前俄國太空人也只是穿普通服裝，之後俄籍太空人（以及加入聯合號任務的美籍太空人）都會穿上 Sokol 壓力服。我們聽過太多悲劇、太多原本可以拯救罹難的美、俄籍太空人的「早知道」，而這些太空人當時所承受的任務風險跟我們沒有不同，只是他們失去了性命，這感覺很古怪且令人難過。

今日的工作有點像是總彩排：整裝、進行漏氣檢測，然後被綁上客製化座椅，也就是用我們身體打模做出的專屬座椅。舒適並非客製座椅的目的，對俄國人來說，舒適並非首要任務，這是為了安全考量並節省空間——若非絕對必要，就不用打造多餘的座椅。這些客製化座椅可以支撐太空人的脊椎，在太空任務一年後，當太空人要重返地球時，替我們吸收降落時的衝擊力。

雖然在星城時，我已經在聯合號模擬艙內練習了很多次，但沒想到，要把我自己還有身上的壓力服塞進座位還是很困難。每次我都懷疑自己是否能塞得進去，但每次都成功——剛剛好塞滿。要是我坐挺，超出了座椅襯墊，便會一頭撞上牆。不知道比我高大的同事該如何適應。我們坐好、綁好繫帶後，便開始練習使用各種工具：伸手按按鈕、閱讀螢幕上的數據、伸手拿待辦事項清單。我們會討論有哪些東西要特別依個人需求來設定，下至計時器（用來計算引擎點燃的時間）該放在哪裡、鉛筆該放在哪裡，還有點狀魔鬼氈該放在哪裡，全都要安排好，這樣才能在太空中順利放「下」東西。

工作完成後，我們爬出機艙門，四處看看滿是灰塵的機庫。下一艘進步號（Progress）太空補給艦已經抵達機庫，進步號外觀和聯合號非常相似，如果某種設計合用，俄國人就不會做第二種設計。幾個月後，這台進步號會載著設備、實驗器材、食物、氧氣和物資包裹到國際太空站給我們。機庫內某處，下一次太空任務的聯合號機件正在進行組裝，還有下下次、然後再下次。俄國從我三歲時就開始發射聯合號了。

聯合號（Soyuz 一字即「聯合」，這個字在俄文中有「蘇維埃社會主義共和國聯盟」的意味）可以在太空中運作、停靠太空站，但火箭才是聯合號背後的動力裝置，是人類對抗地心引力的方法。這組火箭（火箭名稱也是聯合號，原因費解）會在機庫對面標號112的廠房和測試基地做好發射前的準備。

我和甘迺迪、米哈越過馬路，穿過群聚的俄國媒體記者，進入這個巨大的廠房，站在又一個寬敞安靜的空間，這次要來看火箭。青銅灰色的火箭側躺著。太空梭和最早巨大的阿波羅農神號都跟聯合號不太相同，聯合號太空船和其上的火箭會於水平組裝後再側滾到發射台。升空的前幾天聯合號才會被送到發射台並豎直站好，頂端朝向太空船的最終目的地，由此可見俄國人和美國人行事風格迥異。俄國人對於太空船亮相比較沒那麼講究，相較之下，美國太空總署會把太空船直立在巨大的運輸車上，讓它粉墨登場。

約五十公尺長的 Soyuz-FG 火箭明顯比組裝完成的太空船要小，但仍是個建築物等級的龐然大物，我們將會乘著這架火箭以二十五倍音速離開地球表面。火箭外的鐵灰色金屬板有很普通的鉚釘，不太美觀，但在功能上來說頗令人放心。史上第一顆洲際導彈 Soviet R-7 是 Soyuz-FG 的祖父。R-7 導彈是冷戰時期的產物，用來對美國領土發動核武。我小時候總是心想，要是蘇聯發動攻擊，紐約市和近郊新澤西州的西奧倫吉肯定首當其衝，會在一夕之間化為烏有。如今我正站在從前的蘇聯祕密基地，和兩個俄國人研擬計畫，把自己的性命交託在彼此手中，一同搭乘這架武器改建而成的大機器，航向太空。

我、甘迺迪和米哈在成為太空人前都曾從軍報效母國，雖然我們沒有討論過這些事，卻也彼此心照不宣，知道以前可能曾被指派幹掉對方的任務，而現在我們正共同參與這項史上最大規模的和平跨國合作計畫。若有人問，挹注龐大資金進行太空計畫是否值得，我總會告訴他們這個故事。見到昔日的宿敵把武器變成探索宇宙的交通工具，共同追尋科學新知，值得嗎？見到從前敵對的兩國，把各自國內的戰士變成同事，還成了終生摯友，值得嗎？金錢很難衡量這些事的價值，但對我來說，這一切讓這項任務值回票價，甚至值得我拼上自己的老命。

・・・

二〇一五年三月二十七日

國際太空站計畫始於一九八四年，當時雷根總統在國情咨文中宣布：美國太空總署正在規劃建設自由號太空站（Freedom），並將在十年內把自由號推上太空軌道。因為美國國會反對，接下來幾年中自由號計畫經費遭到大幅刪減，計畫內容也有許多調整、修訂。一九九三年，自由號太空站距離完工還天差地遠，柯林頓總統卻宣布自由號太空站將與俄羅斯聯邦太空總署的新計畫「和平二號太空站（Mir-2）」合併。歐洲、日本和加拿大等國的太空總署也協助完成這項任務，這項跨國合作計畫總計有十五個國家參與。總共耗費一百多次的太空船升空，才順利把所有零件運上太空軌道；總計耗費一百多次的太空漫步，才把這些零件組裝完成。國際太空站是前所未有的科技和國際合作大成就，從二〇〇〇年十一月起，國際太空站就一直有人待在裡頭，換句話說，上一次全人類同時間待在地球表面已經是十四年前了。國際太空站是至今最長時間有人居住的太空設施，總計共有超過兩百個來自十六個國家的太空人造訪。

這是史上最大規模的非戰時國際合作計畫。

在地球上的最後一天，我大約七點就起床。我花了一整個早上檢查每一個包包——其中一個會在哈薩克與我碰頭，其他的則要寄回休士頓。行李運送的動線安排很奇妙，我得想想著陸時立刻要用到的東西是哪些？哪些東西不會馬上用到？信用卡號和帳戶帳號寫下來了嗎？之後繳帳單、繳卡費得用到。光是要在地球上處理這些瑣事就已經夠麻煩了，我還必須在太空中繳費，還得做好充足準備才不會積欠房貸，也得定期幫艾美和女兒買禮物。

我在地球上最後一頓早餐是拜科努爾式的美式早餐：水水的雞蛋（每次跟哈薩克廚師解釋「六分熟」都失敗）、吐司，還有「早餐香腸（其實只是微波熱狗）」。要做好萬全準備迎接發射日，花的時間其實比想像中要長得多，就和預備太空船一樣。

接著我去俄式三溫暖享受最後的放鬆時刻，然後進行飛行前的例行灌腸——剛上太空時內臟會失靈，所以俄國人建議我們事先做個腸胃大掃除。俄籍太空人會讓醫師幫他們用溫水和橡膠管灌腸，但我選擇到藥房買藥，私下處理，這樣才不會影響我和飛行醫師的友情。我在按摩浴缸裡泡了熱水澡，然後小睡片刻（因為升空時間是當地時間凌晨一點四十二分）。睡醒後我沖了個澡，在浴室逗留了一會。我知道接下來的一年中，我會非常想念水的觸感。

出浴後沒多久，人稱「不准醫師」的俄籍飛行醫師就出現了。我們叫他「不准醫師」是因為他有權決定隔離期間家人是否可以探視。他的指令不可違逆，有時甚至有點不近人情，沒有轉圜餘地。他來用酒精幫我們擦拭全身，酒精擦洗最初的用意是要殺光所有想黏在太空人身上偷渡到太空的細菌，但回頭來看更像一種儀式。我們和資深管理階層和各自的另一半敬過香檳後，坐著沉默了一分鐘，這是俄國人在長征前的傳統。離開隔離所之前，俄國東正教的祭司前來祝福我們，在我們每個人的臉上撒上聖水。從尤里．加加林開始，每個俄國太空人都要走過這些步驟，我們也不能例外。我沒有宗教信仰，但我總是認為，若要準備挺進太空，來點祝福無傷大雅。

典禮時，我們走到外面，經過媒體，現場還放著俄國傳統歌曲，歌曲描繪俄國太空人思鄉之情，曲風像是在嘉年華會演奏的蘇聯行進樂隊曲目。

「我們思念的不是發射基地的隆隆聲，也非冷若冰霜的那片深藍。我們思念的是那片草原，家鄉的那片草原……綠油油的草原。」

我們搭上巴士，準備前往換裝地點。巴士車門在我們身後關上的那一瞬間，用來圍住人群的帶子立刻被剪斷，所有人都往前衝。現場一片混亂，我一開始還找不到家人，不過我隨即發現了他們，就站在前排：艾美、莎曼珊、夏綠蒂，還有馬克。

有人舉起十一歲的夏綠蒂，讓她可以把手放在窗上。夏綠蒂面帶微笑，她圓圓的雪白小臉綻放著笑容。若是她因為接下來的一年都看不到我而感到難過，若是她因為看我搭著難以掌控的炸彈離開地球而感到害怕，若是她明白一年後我再次擁抱她之前所要面對的各種危險，那麼她在這一刻藏得很好。她被放下來，和其他人一起站在柏油路上，揮著手。我看見艾美在笑，不過也看見了她眼眶裡的淚水。我看見莎曼珊，二十歲的莎曼珊。她燦爛的笑容蓋住了她對接下來的種種不安。接著，司機放開剎車，車子發出尖銳的聲音，出發了。

甘迺迪第一個被叫進房間脫衣服、穿尿布、配戴心電極片，並套上一條全新的白色長內褲（用來吸汗與隔絕 Sokol 壓力服上的橡膠）。甘迺迪出來後，換米哈進去穿尿布，下一個就是我。每次穿尿布我都忍不住想笑，我從沒想過在垂垂老矣之前就得要穿尿布。是時候穿上 Sokol 壓力服了，穿著白衣、帶著手術口罩的俄國專員幫我們著裝，他們熟稔地將壓力服的布料打了好幾褶，用那種很妙的橡皮筋封住開口。

我們三人走進另一間房，房間裡有一片隔間用玻璃。玻璃的另一頭是我們的親人、俄羅斯聯邦太空總署的管理階層、美國太空總署的高層和媒體記者，全面對我們排排坐著。我知道這個局面其實就像是美國太空總署的記者會，但這種時刻總讓我覺得自己像是動物園裡的大猩猩。

我馬上就看到了前排的艾美、馬克，還有孩子們。艾美開心地笑著，指指我離開休士頓前替她做的項鍊銀飾，吊飾圖案是一年太空任務的標誌。莎曼珊和夏綠蒂也戴著相同的銀吊飾。這次任務完成後，我會帶回新版本的任務吊飾，以金子為底，鑲上藍寶石，送給她們三個。這是艾美第二次陪著我經歷長途任務，所以她知道接下來會發生的事，而我不確定這是否能讓她好過一些。艾美也是美國太空總署的員工，服務於公共事務部門，所以她比其他太空人的伴侶清楚我在這次任務中會面臨的狀況。這樣的背景知識有時可以讓她好過一些，但在多數的情況，其實知道得越多、壓力越大。

我在很久以前就認識艾美。她以前和馬克在工作上相處密切，共同合作專案，和我前妻萊絲莉也有一些共同朋友。二〇〇九年初，艾美和我分別同時申請離婚，好幾個月後，因緣際會之下，我們見了幾次。幾週後，我又在派對上碰到艾美。我們聊了一整晚。見過艾美的人都知道，她身邊圍繞著眾多男性，我想是因為我真心想要認識她的內在，才能獲得美人的青睞。

艾美和美國太空總署公共事務部門的其他員工很不一樣，那個部門中有些人對新想法比較保守，也不願意改變。我問她如何在事業上走到這一步，她只簡短和我分享了一些人生經歷，但卻非常精彩。十五歲的時候，艾美挺身對抗母親的家暴，於是被趕出家門，身上除了衣服以外身無分文。她十八歲時結婚，二十三歲時，已經是兩個孩子的母親，並順利成為美國太空總署的祕書。從被錄用的那一刻起，艾美就開始努力申請參加太空總署的員工教育計畫，競爭非常激烈，總署會替前景看好的員工支付學費來修習大學課程。選上之後，艾美每個學期都修滿學分上限，同時還要一邊繼續從事全職工作，照顧兩個兒子。她順利取得傳播學位，ＧＰＡ滿分，所有大學部能拿的獎她都拿了。雖然我一直都知道她聰明、能力又好，但我越了解她，就越對她刮目相看。艾美的兩個兒子當時在讀高中，表現不錯，她便繼續替自己設下新的挑戰。多數人若是遇到她所遇到的挫折，都會不自覺退縮，但她憑著智慧、膽識和強大的意志力，打造出了自己想要的生活。她不會輕易為了任何男人改變自己。

二〇一〇年十月我出太空任務時，我倆對彼此的關係開始認真了起來。那是我第一次上國際太空站出長期任務，也是她第一次體驗成為被太空人丟包在地球上的伴侶。對於剛起步的感情來說，這是非常大的考驗。但我們雙方都很訝異，原來分離反而使我們的關係更緊密。我也知道有些朋友很納悶：我們怎麼還不結婚？我們已經交往五年半，大部分的時間也都住在一起。我們就像許多已婚人士一樣，對彼此忠誠，但因為我們雙方都曾有過婚姻，而且也都不是墨守成規的人，所以實在看不出結婚的必要。媒體有時會用我的「長期伴侶」來稱呼艾美，我倆都覺得這樣不錯。

莎曼珊坐在艾美旁邊。我有點不能適應莎曼珊出現在拜科努爾時的新造型，她把一頭長髮染成黑色，塗著粗粗的黑眼線、深色唇膏，身上只有黑色的服飾。自從我和莎曼珊的母親離婚後，我和她的關係就不是那麼融洽，父女關係還需要從離婚事件的陰影中復原。萊絲莉不顧我的反對，讓兩個女兒從休士頓搬到維吉尼亞海灘時，莎曼珊才十五歲，這個年紀特別難面對這類的劇變。對於離婚和接踵而來的各種問題，莎曼珊認為我是罪魁禍首。今天，我透過大片玻璃看著她，她藍色的眼珠在粗粗的眼線下閃閃發光，在我眼裡，她仍舊是我第一次看見她的面貌。那是一九九四年，帕塔克森河海軍航空站的產後病房，當時的我是試飛員。萊絲莉歷經了漫長的難產，急診剖腹才讓莎曼珊順利出生。當我第一眼見到她粉紅色的臉頰，睜著一眼、閉著一眼，一股難以言喻想要保護她的衝動油然而生。即便她現在已經成年了，我還是有相同感覺。

夏綠蒂出生時，莎曼珊已經快九歲了。感覺莎曼珊很喜歡身邊有個可愛的小跟班。萊絲莉生夏綠蒂的過程比生莎曼珊更艱困。我仍記得站在手術房，聽著醫師大喊急救代號。夏綠蒂好不容易出生後，卻渾身癱軟、沒有回應，我還記得看見她沒有血色的小手臂晾在剖腹開口處的樣子。醫師告訴我們她可能患有腦性麻痺，不過她現在是個健康強壯、聰明慷慨的女孩。我知道她今天一定經歷了很多情緒。她坐在姊姊旁邊，把淡褐色的瀏海梳開，露出眼睛對我微笑。有艾美做兩個女兒的依靠，幫助她們處理這一路以來的壓力，我感到很欣慰。

我還看到了綽號「Spanky」的麥克．芬克，他是跟我同梯的太空人同事，也是我的好友。隔離期間都是他在幫我照顧家人。沒有太空任務時，太空人會負責各種地球上的事務。Spanky 本人上過國際太空站，之後可能也會重返太空任務。他把我的家人照顧得很好——回答他們各種問題、照顧他們的需要、只要有機會就把我家人的想法傳達給太空總署。這是 Spanky 第二次負責照顧我的家人。

玻璃的這一端有張聯合號座椅的模型，我和甘迺迪、米哈輪流入座，躺在椅子上，技師替我們檢查太空服是否密封。我在座椅上躺了十五分鐘，頭罩也戴好，膝蓋彎曲靠在胸口，整個房間裡的人都靜靜看著，其中有許多我不認識的人。我一直很疑惑為什麼要公開展示這個過程？這大概又是某種儀式。檢查完後，我們在透明玻璃前坐成一排，透過麥克風和家人進行最後一次交談。

我們可能即將在哈薩克上空的大火團中被燒死，此時心裡想和親人說的話非常私密，但眼前有一大票來自世界各國的媒體，排排坐著聽我們發言，寫下我們的每句話。更尷尬的是，我們所有人共用一組對講系統，所以每個人的家屬要輪流，免得大家的聲音疊在一起。我不希望女兒對我最後的印象就是對著麥克風簡短地說了幾句話，所以我想，簡單的肢體動作應該可以傳達很多訊息。我向艾美和兩個女兒比出了「我正看著妳們」的手勢，指指我的眼睛，再指指她們的眼睛。她們都笑了。

儀式結束後，我們走向停車場，閃光燈簡直要把我們閃瞎了，兩旁還有一排排的媒體人士和湊熱鬧的人群，讓我們寸步難行。Sokol 壓力服的設計是要讓我們在聯合號內以胎兒姿勢坐好，不適合走路，我們三人搖搖擺擺地、像駝著背的企鵝一樣往前行，努力維持著人類的尊嚴。

載我們去發射台的巴士停在附近待命，閃光燈勾勒出團團廢氣的剪影。我們三人走向畫在柏油路上的三個白色小方格，每個方格都標示出我們在聯合號任務中分別的職位：甘迺迪是指揮官、米哈是技術工程師、我是技術工程師二號。我們走進自己的小方格內，等待俄羅斯聯邦太空總署的人輪流詢問我們是否準備好出任務。我相信美國太空人出任務前的儀式一定會讓俄國人感到一頭霧水：在發射升空前，我們會先穿上橘色的太空服，在太空總署的操作檢測大樓中，繞著一張桌子站著，來一局特別版的「lowball 撲克」。一直要玩到指揮官用光他當日的壞運，輸了一局後，我們才能前往發射台。沒人記得這個傳統始於何時，大概是某次任務組員在飛行前玩過，最後順利結束任務活著回來，之後大家就開始跟風。

相關人員上了巴士，包含任務組員、飛行醫師、加加林太空訓練中心的管理階層和幾個技師。我們坐在面對車外燈光還有躁動人群的位置。這是我最後一次看見家人，我向他們揮手，巴士緩緩地開走，他們也消失在我們的視野中。

一會兒我們便上路了，行進中的巴士很催眠，我們都進入半夢半醒狀態。過一陣子，巴士慢了下來，還沒抵達發射站就停了車。我們向彼此點點頭，下車、就定位。我們脫下了手套。我在右側後輪處站定位置，把手伸入 Sokol 壓力服裡，我其實不想尿尿，但這是傳統：當年尤里·加加林在前往發射台的路上，準備出史上第一次太空任務時，要求司機在大約此處停車，然後尿在巴士右側的後輪上。緊接著他就上太空出任務，並且成功活著回來，所以現在我們也比照辦理。大家都很遵守這個傳統，女性太空人也會帶上一瓶尿或一瓶水，灑在輪胎上，不用把整身的壓力服脫下。

這項傳統儀式順利完成，我們回到巴士上，繼續最後一段路程。幾分鐘後，巴士又停了下來，這次是要讓剛把燃料運送至火箭處的火車通過。巴士門打開了，我看見一張熟悉的面孔：是我哥。

這違反了隔離的原則，我哥昨天才一路從美國飛到莫斯科再到拜科努爾，飛機上有很多細菌，他身上可能帶著各種可怕的疾病。這整整一週中，「不准醫師」說了好多次「Nyet（不准）」，但這下他見到我哥卻忽然說了「Da（可以）」。俄國人總是以鐵腕嚴格執行隔離政策，但卻因為情感因素放行我哥；千辛萬苦替我們封上壓力服，卻又讓我們打開壓力服，尿在輪胎上。俄國人的善變常搞得我很煩，但這次這個舉動讓我在意想不到的時刻可以再次和我哥相見，對我意義非常重大。前往發射台的短短幾分鐘車程中，我和馬克靜靜共處，沒有太多交談。我們兩個來自新澤西藍領家庭的男孩，竟然跋山涉水來到這麼遠的地方。

第 2 章

窮鄉僻壤的後段班小子

ENDURANCE:

A YEAR IN SPACE, A LIFETIME OF DISCOVERY

我此生最早的記憶是在新澤西州西奧倫吉鎮米榭街的家中，媽媽在和煦的夏夜哄著我和馬克上床睡覺。窗外通常還亮著，因為窗戶開著，金銀花的香氣就隨著社區的各種聲音飄了進來——大孩子的嬉鬧聲、籃球彈在私人車道上的聲音、微風吹過樹梢颯颯的聲響以及遠方傳來的車輛聲。我還記得在夏夜中輕飄飄地進入夢鄉的感覺。

我和我哥在一九六四年出生，父親那邊的家人，叔伯、姑媽、堂表親，全都住在同一個街區附近。這個小鎮是個山丘，富裕人家會住在「山上」，而我們家在「山下」，不過我們是到後來才知道這在社會經濟學中代表的意義。我還記得很小的時候（大概兩歲吧），有天我和我哥一大早就醒了過來。爸爸媽媽還在睡覺，所以我們沒人管。我倆百般無聊，便想辦法開了後門出外探險，兩個剛會走路的小娃就這樣在社區中閒晃。我們一路晃到加油站，玩得滿身油汙，玩到加油站老闆發現我們。他知道我們是誰家的小孩，所以把我們放回家裡，沒有叫醒我的父母。母親終於起床下樓後，看見我們身上的油汙百思不得其解。過了一會，加油站老闆又來了一趟，告訴媽媽事情的始末，她才恍然大悟。

我們讀幼稚園時，某天下午，媽媽彎下腰來對我們說，有個重要的任務要交給我們。她手中拿著一個白色信封，如同拿著什麼特別的獎品一樣。媽媽要我們把這封信投到我家正對面的郵筒裡。

她說直接穿越馬路非常危險，不小心的話會被車撞，所以要我們先走到街角，從那裡過馬路，然後在對面往回走，寄信，接著按原路返家。我們向媽媽保證我們搞懂了。我倆走到街角，左看右看，過了馬路。我們在郵筒那側的馬路上，朝著家的方向往回走，馬克當我的腳凳，我拉下沉甸甸的藍色把手，自豪地把信投到郵筒裡。然後我們開始思考要怎麼回去。

「我才不要再走回街角呢，」馬克說：「我要從這邊過馬路。」

「媽媽說要從街角過馬路，」我提醒他：「不然會被車撞。」

但馬克已經下定決心了。

我獨自往街角的方向走回去，心想等一下一定會因為乖乖聽話被稱讚（現在回想起來，太空人接受初級訓練時，唯命是從滿重要的）。我走到街角，過了馬路，然後轉身往家的方向走。緊接著我聽見了緊急剎車聲和相撞的大聲響，我眼角的餘光瞥見一個幼兒形狀大小的物體飛到了空中。下一秒，馬克呆坐在馬路正中央，被嚇壞的駕駛趕來檢查他有沒有怎麼樣。有人衝去找媽媽，救護車來了，把他們送到醫院，我則整個下午和晚上都和喬叔叔在一起，思考我和馬克做出的不同選擇導致的不同後果。

往後的童年中，我們還是持續瘋狂大冒險。我倆都常受傷，縫傷口的次數非常頻繁，有時醫師在幫我們拆完線後就立刻要縫上新的線，不過只有馬克住過院，我常嫉妒他住院時得到的關注。馬克被車撞了；馬克從扶手滑下來摔斷手了；馬克有闌尾炎；馬克踩到裝滿蟲子的玻璃罐碎片然後得了敗血症。我倆小時候都很愛狂掃ＢＢ槍，但只有馬克被射中腳，然後還因為手術過失而受傷。

我和馬克大約五歲時，父母在澤西海岸買了一間度假小屋，我有很多美好的童年回憶都是以這間小屋為場景。其實它就只是一個簡陋的小木屋，也沒有暖氣，但我們都很喜歡去。午夜時分，父親下班後，父母會喚醒我們，把穿著睡衣的兩兄弟弄上家族旅行車的後面，還帶著毛毯，我們會在車上繼續睡。我仍記得車子移動時搖晃的感覺，記得自己看著車窗外馬路上的電話線，還有電線上方的繁星點點。

在海岸小屋的早晨，我和馬克會騎著腳踏車到一個叫做「惠尼之屋」的船廠，在那裡買捕蟹用的餌。我們會在小屋後方的船塢待上一整天，等待螃蟹咬餌上勾。我們也會用廢棄的籬笆木板做成小船，從潟湖中的小屋往巴尼給灣航行。當時的這種自由自在，是我的孩子所無法體會的。我還記得在學會游泳前掉下船塢，全身沉入漆黑混濁的潟湖中。我整個人無所適從，只能看著自己呼出的最後一口氣，氣泡往上浮的樣子。幸好我父親看到了我的頭頂（還浮在水面上），便立刻抓住我的頭髮，把我拉出來。

我父親是個酒鬼，有時他會消失好長一陣子去飲酒作樂。我還記得有個在澤西海岸的週末，父親消失了，留下沒食物又沒錢的母子三人。母親告訴我們，爸爸開著家裡唯一一台車去酒吧了；我們後來順利搭到便車去酒吧找他。那間酒吧是個破爛的地方，位在巴尼給灣的草澤中央，酒吧裡加壓處理過的褐色木材已被充滿鹽分的空氣漂淡了。爸爸不願意給錢，也不願意跟我們走，我還記得媽媽帶我們離開酒吧時臉上的表情。她很生氣，但她的臉上寫著決心：無論如何她會帶著我們度過難關。那個週末我們沒東西吃，我永遠不會忘記那個感覺，那感覺對我的影響直到今日，當我聽到有人三餐不繼時，都會非常難過。餓肚子的感覺當然很差，但更恐怖的是不知道這種情形要持續到何時。

我和馬克二年級時，父母把澤西海岸的小屋賣了，然後把錢拿來買「山上」的房子，父母希望我倆可以到比較好的公立學校就讀。

我們搬到一條種滿巨大櫟樹的街上，這條街名就叫做林蔭大道。我還記得街上春天的味道，樹木吐新芽，還有粉紅色、紫色的杜鵑花叢。怪的是，我們搬家後就幾乎沒再見過住在米樹街的親戚了。我父親不是很喜歡跟親朋好友打交道，所以很可能一搬家後就音訊全無了。

雖然我們實際上是搬到山上，但以社會經濟學的角度來說我們仍是「山下人」。山上的鄰居很多是真正富裕的猶太家庭，所以與我們格格不入。我和馬克常和鄰居小孩起衝突——雪球大戰、石頭大戰、甚至用樹上掉下來的小蘋果互丟。我們也會丟大人，隔壁戶的男人回丟時，我們發現他臂力超強。我們簡直就是小太保，但從未被逮，可能是因為我們的爸爸是警察。

每逢暑假，父親和他的警察同事便會在附近的公園野炊，稱得上是美好時光，至少一開始是。我們會在一旁吃熱狗、打壘球，但日子一天天過去，空瓶罐越堆越高，二十名醉醺醺的警察也開始吵架滋事，很難看。醉到不行的父親最後終於把我們趕上車，他疾駛在樂谷大道上，快速切換車道，我們害怕地對著他吼，要他別撞上其他車輛。

父親的警察朋友有時會來家裡狂歡，酒酣耳熱後便會興起拔出槍來。有一次，父親想要向同伴炫耀新配槍，於是他們決定用我前陣子在學校做的木頭雕刻當作槍靶。我把雕刻帶回家給父母看時可是很得意的，但他卻要射穿我的美勞作品，我心都碎了。

我和我哥以前有時會在最愛的爺爺、奶奶家過夜，只因為爸媽要出去喝酒。我奶奶海倫體型壯碩，總是打扮得漂漂亮亮，也總是戴著假髮。奶奶每週末見到我們都很開心，她非常疼我們，總是讓我們無時限看電視，還會唱歌哄我們入睡。爺爺以前是二戰海軍，是太平洋驅逐艦的飛行員。爺爺身經百戰、退役返鄉後，竟然在床墊工廠上班，度過他的後半輩子，很不可思議。但爺爺很知足，又有幽默感。他替自己和家人打造了美好的生活，即便他的學歷只有小學六年級。早上時，爺爺、奶奶總是會帶我們去同一間早餐店吃早餐。早餐飯後我們便會去新澤西北部歷史建築區周圍的花園逛上好幾個小時，我就是從那時起開始懂得賞花。後來在為期一年的太空任務中，我對花草的知識也派上用場，那時我要負責救活一株垂死邊緣的百日草。我很喜歡這樣的早餐時光和花花草草，也很喜歡和爺爺、奶奶在一起的日常，他們總是在相同的時間做相同的事，我喜歡這種生活穩定的感覺。

我和我哥大約十歲時，爸爸媽媽覺得已經不用照顧我們，可以自己出去喝酒了。他們常在半夜醉醺醺地回到家，開始大吵。小孩很深眠，所以大吵、摔東西的聲音一開始總是小聲，讓人以為是夢境的一部分，隨後聲音才越來越大，最後我和馬克便會醒來，躺在床上，在黑暗中緊張地眨著眼，聽著他們大吼大叫，聽著東西被摔在牆上。

母親有時會因為太害怕父親，索性帶著我和馬克離家，我們三人會跑到數公里外的爺爺、奶奶家，在大半夜用力敲門叫醒他們，請他們讓我們進去。但隔天總是得回到原本的家。我還記得早上回到家時，心裡會想：昨晚的一切會不會只是一場夢？但隨即映入眼簾的就是地上一堆摔壞的東西。我和我哥有時會設法修理這些東西：盤子、傢俱、小擺設等。我們好希望，修復這些東西也就可以修復大人的問題，但是怎麼可能。

青少年時期，我會開始介入父母間的爭吵。我從未親眼目睹父親打母親，但母親身上有時會出現瘀青，我再明白不過。我也記得某天晚上，他們又吵得不可開交，我到客廳看到醉醺醺的父親把槍塞到自己的嘴裡，說他要去死，我哥也出來了，我們倆一起說服他把槍放下。那幾年他沒真的死去，也是奇事一樁。

有時我真是覺得如果父親沒當警察，大概就會是通緝犯。他跟我們說過一個故事，說他還是菜鳥警察時，有次半夜接到輪胎店出事的假警報。爸爸的資深搭檔打開警車後車廂，搬出備胎，朝著店家窗戶扔進去，然後把店裡的新輪胎搬到警車上，能放多少就放多少，開車回他家，把新輪胎卸在草坪上，再回店裡繼續搬。他們還打給其他值班員警，叫他們一起來分贓。完事後他們便打給店主說：「你的輪胎店被搶了。」

雖然父親行為不檢，我還是對他敬重三分，甚至在某些方面相當崇拜他。父母再怎麼糟，他們還是你唯一的父母。我爸清醒時可是英俊瀟灑、風流倜儻，我覺得他就像是電視上的警探，是個厲害的狠角色，到處擒拿罪犯、維持法紀。當時我並不知道他充其量只是個藍領階級，上班日等週末、每年都在想退休。有些人的生活中就是不能沒有衝突，他們需要衝突才能活下去，於是到處滋事。我曾聽說愛惹事之人的子女在成長過程中，會發展出父母所缺乏的情緒管理能力，因此有些性情乖戾的人甚至會養出性情平和的孩子。我想我和我哥可能是這樣。

我爸媽買了很多艘船，但每艘都是快解體的狀態。我們會乘船航向地平線的彼端，一路駛入大西洋。不論天氣好壞我們都會出航，有時還直駛入一片迷霧之中。船上沒有導航設備，只有一個指南針，也沒有無線電。我們會花上一整天的時間釣魚，若覺得該回家了，就會想辦法跟在出租漁船後面回到港口。這些出租休閒漁船的速度比我們快得多，跟丟的話，只好向西航行，一直開到看到陸地，然後再沿著岸邊找尋熟悉的地標，判斷該往哪個方向走。有時船上的爛引擎會故障，我們就只好在海上漂流，直到配有無線電的船隻看到我們打的信號，再請他們幫忙打給海巡處，派人把我們拖回去。有時船身還會進水，一不小心就會沉船。每次我們回到家，都會恭喜自己又躲過一次鬼門關，然後一有機會又會再次出航。我們從未想過要停止冒險，因為我們總是能靠聰明才智戰勝一切，也總是能在每次冒險中學到新的事物。

我大約十一歲時，我媽決定要當警察。我小時候，媽媽有時會做外燴或當保姆來貼補家用，後來她跑去當祕書，但祕書的工作成就感和薪水都很低，而她想發展志業。一九七〇年代，很多產業都開始招募女性員工，當地警察局也跟風開放女性報考。許多男警官的妻子也想投入這份工作，卻遭到伴侶反對，但我父親沒有，他反而鼓勵母親從警。

母親便著手開始準備公職考試科目，花了好長時間和好多心力。通過紙筆測驗後，還要參加體能測驗。體能上，媽媽必須達到男性報考人的標準，對個頭嬌小的女人來說，這真是一項艱鉅的挑戰。父親在後院替母親搭了一個障礙賽練習區，讓她每天都有機會練習。媽媽抱著沉甸甸的工具箱在角錐間來回穿梭。她也用我來練習，拖著我橫跨後院走三十公尺（實際考試時要拖的是假人）。

考試最困難的部分是攀牆，牆高二點三公尺。父親知道攀牆考試的規格，便建了一座比考試用牆還要高一點點的牆。起初母親根本連碰都碰不到牆頂。她花了好長一段時間練習，才能成功一躍抓住牆頂，並把自己往上拉，一隻腳跨到牆的另一側。媽媽每天練習、精進攀牆技巧，最後她終於一舉成功翻牆。考試當天，媽媽的翻牆表現比在場的男性考生都還要好。母親是少數通過體能測驗的女性考生。這對我和馬克影響很大：看著自己的母親替自己訂下一個看似不可能達成的目標，然後靠著強大的意志力和身邊人的支持，成功達成目標。我當時還沒找到能讓自己這麼有動力的目標，但至少我已經見識過，為了目標努力奮鬥該是什麼樣子。

我對學校生活的印象大多是被困在教室裡，百無聊賴，老是在想，外頭不知道有什麼趣事。十二年的基本教育中，我幾乎都沒理會老師，只忙著做白日夢。我不知道自己想做什麼事，只知道一定要是了不起的大事，我也很確定這件大事絕對和歷史、文法和代數扯不上邊。反正我也很難專心學習這些科目。七歲時，我的閱讀能力落後同班同學一大截，所以父母請擔任特教老師的外婆幫忙評估我的能力，幫助我學習。但外婆陪了我幾天後，就宣布放棄了。

如果我是活在現代的小孩，大概會被診斷為過動兒。但在當時，大家只覺得我是個壞學生。在學業上，我會讓自己勉強及格，不過我從不寫作業。我哥說，高中的某一天，爸爸要我們坐下，然後告訴我們畢業後他可以把我們弄進焊工工會。爸爸在想，像我們這種壞學生，有個一技之長將來在職場上會比較吃香。馬克馬上意識到，若是往後要過比做焊工更刺激、更有賺頭的人生，他最好趕快在學業上加把勁，於是從那天起，馬克就切換成了讀書模式。我則是完全不記得這段對話，我猜我當時大概正在觀察窗外的松鼠。

於此同時，高中校長苦苦央求我不要退選三角學，試圖想要說服我，說只要能專心致志，就可能大有所為。我也努力向他解釋，上課專心對我來說難如登天，不論是三角學還是其他課程。校長的鼓勵不奏效，我退了三角學，在那之後，每次我在走廊碰到校長都會試圖躲避他。我壓根沒料到，讓他失望其實我自己也很難過。總而言之，校長還是沒有放棄我。多年後，我的兩次太空梭升空典禮校長都出席了，我想能見證自己對學生的信心終究化為成就，對他來說應該頗具意義。

緊急醫療救護員這份工作曾是我最大的成就感來源。馬克以前也和當地志工救護團隊共事過。後來，父親運用手腕（搞不好還是真的折斷了誰的手腕），讓我們可以在奧倫吉的給薪醫療救護團隊中工作，奧倫吉出的狀況可比西奧倫吉還多，於是我們便有機會可以見識到更多不同的急診案例，從中學習。高中畢業的那年暑假，我到澤西市擔任緊急醫療救護員，這簡直像是直接晉升大聯盟，我找到自己擅長又有意義的工作。我決定要當醫師，我知道只要我能撐過十年訓練，一定會成為一名優秀的醫師。

申請大學時我搞砸了，最後我進入馬里蘭大學巴爾的摩分校，當時我最想申請的其實是該校的學院市分校。剛上大一時，我滿心期盼想要逆轉情勢，開始當個好學生，過去每個新學年的起頭我也都會這樣想，這般決心通常只能延續幾天，幾天後我馬上會再次發現，不論是專心聽課或自主學習，對我來說都是不可能的。要不了多久，每天早上起床我都會掙扎著到底要不要去上課，我知道就算去上課也沒法吸收教授的授課內容。通常我都選擇翹課。這下我連畢業都成了問題，遑論靠優異的學業表現進入醫學院就讀。

在我拿起《對的事》的那個下午，一切都改變了，我從來沒有讀過如此震撼人心的文字。湯姆・伍爾夫寫道：「即便在這沼澤的中央、在一團腐爛泥狀的松樹幹堆中，到處都是廢泥汙油、菟絲子藤屍體、蚊子卵；即便在這充滿腐敗之物的汙水灘中，燒焦味還是掩蓋過一切。」文字的威力衝擊了我整個人，雖然有些用辭我還得查辭典，像是虎尾春冰、初出茅廬、狼猛蜂毒等等。我覺得自己找到了天職，我想要成為書中的角色，像他們一樣在夜裡駕著噴射機返回航空母艦，然後超帥地轉身離開。我想成為海軍飛行員，當然，我還是個沒有方向，沒受過什麼教育的十八歲毛頭小子，成績爛到爆，對飛機也一竅不通。但《對的事》讓我初步規劃了我的未來。

第 3 章

離開地球

音質頗差的通訊系統中傳來保羅・麥卡尼的歌聲。截至目前，我們聽了酷玩、布魯斯・史普林斯汀和蘿貝塔・弗萊克的歌。我全身塞在聯合號的右座裡，很難不去想下方兩百八十噸重的火藥。一小時後我們便會發射升空，但現在，我們靠著輕搖滾來分散注意力，盡量不去想這個擁擠小空間造成的不適感。

二〇一五年三月二十七日

巴士抵達了發射站，下車時，外面一片漆黑，閃光燈打在發射火箭上，所以從方圓好幾公里外就能看見。雖然我已經有過三次升空經驗，但慢慢靠近自己即將要爬入的火箭仍是令人難忘的體驗。我看著眼前這架威力十足的龐然大物，因過冷燃料（處於超低溫但尚未凍結的液體燃料）凝結而成的大片雲氣在雙腳間起起伏伏。一如過往，發射台圍觀的人數仍令我震驚，畢竟站在一個裝載完成的火箭（基本上就是一顆大炸彈）旁邊超級危險。在甘迺迪太空中心，發射台附近的區域都要淨空，方圓約五公里內不可以有閒雜人等，連幫我們繫上座椅安全帶、負責最後步驟的地勤組員都會開車到安全距離的觀測區觀看升空，今天卻有好幾十個人在附近晃來晃去，有些人在抽菸，有些人還打算從超近距離見證太空船發射升空。我曾擔任某位太空人的後備組員，那次我站在中控站的外面觀看聯合號升空，距離太空船只有數百公尺。引擎點燃後，發射台主任用俄語說：「深呼吸，準備好迎接震撼了。」

一九六〇年，一場發射台意外爆炸造成上百人死亡，美國太空總署全面調查相關問題，也提出一系列的新規範。蘇聯政府則假裝這一切是子虛烏有，隔年照舊把尤里・加加林送上太空。直到一九八九年，這起事件解密後，蘇聯才承認這場大災難。

依照慣例，我們還有最後一個儀式要進行：我和甘迺迪、米哈要爬上通往電梯的階梯，然後轉身向地球上的人類揮手道別。

接著我們便在聯合號座艙內等待升空，每個組員都有過太空任務的經驗，所以都很清楚自己的角色，也知道接下來會發生的事。我知道等一下膝蓋會劇烈疼痛，不管做什麼都無法止痛，所以我用工作來分散注意力：檢查對講系統、打開一連串的閥門把氧氣引入太空艙內等。身為二號技術工程師，這是我其中一項主要職責。我常說二號技術工程師就是太空船副駕駛的副駕駛。甘迺迪和米哈用俄文小聲地交談著，我能聽懂其中幾個單字：「點燃」、「晚餐」、「婊子（俄文的多功能髒話）」。等待的過程中，艙內溫度漸漸升高。我們現在聽的是莎拉・布萊曼的「永誌不渝」。

啟動逃生系統時發出的巨大聲響驚動了我們。聯合號逃生系統是外掛在太空船頂端的獨立火箭，類似於阿波羅神農號的逃生裝置，若是發射台爆炸或發射失誤，便可以帶著座艙與船身分離（聯合號的逃生火箭曾派上一次用場，在一九八三年把兩位俄籍太空人從大火團中救出來）。氧氣燃料渦輪幫浦全速轉動，發出尖銳的旋轉聲——渦輪幫浦會在升空時把大量的液態氧氣和煤油打到引擎裡做燃料。

俄羅斯控制中心提醒我們，距離發射只剩下一分鐘了。在美國太空船內，太空人不用人提醒也知道時間，因為艙內有個讀秒鐘會往零倒數。俄國跟美國的太空總署作風迥異，他們不覺得有必要做戲劇化的倒數計時。從前，就算已經坐在太空梭內，我還是要等到確切感受到火箭推進器在我下方點燃，才能確定自己今天是要上太空，因為任務取消的機率比順利發射大多了。但在聯合號上沒有這個困擾，從一九六九年那組太空人進入聯合號到現在，俄國人尚未取消過任何一次發射。

甘迺迪透過對講機說：我們準備好了。

中控中心一聲令下。點燃。

第一階段的火箭引擎火力全開。我們在發射台上晃動幾秒後，開始隨著引擎的強大馬力震動起來——要先燒掉部分的推進燃料、減輕重量，才有辦法順利升空。緊接著，艙內座椅大力地推擠到我們的背上，有些美國太空人會用「踢屁股（kick in the pants）」來描述這一刻。在一分鐘內由完全靜止狀態加速至音速，其產生的力道令人心跳加快，這下不會錯，我們要直搗太空了。

升空時是黑夜，但就算是在大白天時升空，我們也無法從窗外看到什麼。座艙外包覆著一個圓筒狀的金屬罩，叫做整流罩，可用來保護我們在衝出大氣層前，不受到空氣動力的壓力影響。座艙內又黑又吵，壓力服內的我們渾身是汗。我的遮陽罩起霧了，讓我無法好好讀待辦事項。

兩分鐘後，四個加掛式推進器分別順利脫離，剩下用來在第二階段挺進太空的四個引擎。當火箭開始以地心引力的三倍力量加速時，強大的後座力把我整個人推到椅背上，使我呼吸困難。

甘迺迪向控制中心回報，說我們都很好，然後讀著螢幕上的數據。我的膝蓋很痛，但發射升空的興奮感稍微削弱了痛感。第二節火箭燃燒了三分鐘，火箭的推力難以忽略，引爆裝置把整流罩炸成兩片，脫離太空船。我們終於能看見外面了。雖然我朝身旁的窗外看去，還是只能看見一片漆黑。

忽然間我們的身體被往前一拋，整個抵在安全帶上，然後又被甩回座椅中。第二階段完成，進入第三階段。在劇烈的階段轉換後，我們都感受到身體還在水平震盪，這是種輕微的前後搖晃感，沒什麼大礙。接著在一陣巨大聲響後，第三節火箭脫離了，天搖地動，有點像小車禍事故，然後就平穩了下來。

聯合號上有個「零重力護身符」，是甘迺迪小女兒的雪人娃娃，它正浮在空中。我們進入了無重力狀態。主要火箭脫落後的階段稱之為「MECO（main engine cutoff）」，這階段每次都很震撼。太空船進入軌道，開始繞行地球。在經歷如此強烈、非比尋常的力道後，忽然進入這般靜止狀態，感覺很不真實。

我們相視而笑，來個三人擊掌，很開心我們總算是撐到了這個階段。要在好長一段時間後，我們才會再次感受到重力。

但好像有哪裡不太對勁，過了一會，我知道是哪裡怪了。我對甘迺迪和米哈說：「沒有異物耶！」他們也覺得有點怪。通常進入 MECO 階段時，之前藏匿在太空船各處的垃圾就會現身，多是些本來被地心引力固定住的小東西，例如螺絲、螺帽、釘書針、小鐵屑、小塑膠片、頭髮和灰塵等，通稱為異物（foreign object debris），美國太空總署也會用縮寫「FOD」稱之。甘迺迪太空中心有一組人馬專門負責把這些異物清出太空艙。我也花了不少時間待在維修、組裝聯合號的機庫，知道和美國太空梭的軌道機作業場（Orbiter Processing Facility）相比之下，聯合號機庫髒多了。然而這次俄國人在避免FOD上竟然有超高水準的表現，令我相當佩服。

聯合號的太陽能板在機械艙（Instrumentation Module）的兩側自動展開了，天線也都就定位。太空船的功能已經完全啟用，也順利上了軌道，可以暫時鬆一口氣。

我們打開了頭盔。風扇和幫浦的噪音混在一起更大聲，我們很難聽見彼此說話。上次到國際太空站出任務時也是如此，我當然記得，但音量大成這樣還是相當難以置信，沒想到我還是得硬著頭皮適應。

「米哈，幾分鐘前我意識到一件事，」我說：「我們接下來的生活都必須跟噪音共處了。」

「各位，」甘迺迪說：「整整一年！」

「甘迺迪，別提醒我了。」米哈回應他。「你們他媽的都是英雄！」

「嗯哼，」米哈同意：「都是大英雄。」

接下來要進行對接。要把兩個以不同速度在不同軌道中航行的設備接在一起，是個漫長的過程。我們是這方面的專家，之前也對接過很多次了，但這項工作還是需要特別仔細謹慎。我們接到來自歐洲的奇怪訊號：

「……在一千四百英呎（約四百三十公尺）處散布。氣溫十九度。露點溫度十七。高度表撥定值二九九五。以上為奧斯卡的ATIS（航空廣播服務）資訊……」

這是某處機場的塔台廣播，知會機師氣候和降落方式的相關資訊。照理說我們不該收到這個訊號，聯合號的通訊系統爛得誇張。每次俄國控制中心聯絡我們，我都會聽到手機訊號干擾的「滴、滴、滴」聲音。我實在很想大吼叫他們關掉手機，但看在國際合作的份上，算了。

升空到現在已經過了幾個小時，我的視力仍好，沒有模糊感，這是好現象。但我的確開始覺得血液循環不佳，以前上太空時就曾經這樣。縮在座椅上幾個小時，我的腿有點抽筋，我的膝蓋也一直在痛。MECO 階段過後，太空人就可以解開座椅束帶，但就算解開了也無處可去。

甘迺迪打開通往軌道艙的艙口，軌道艙是聯合號上組員可以進入的另一個艙室，若是還要好幾個小時才能抵達太空站，組員可以先待在軌道艙內，不過這裡也沒有比較寬敞。我胸前繞著一條帶子用來測量發射時太空人的呼吸和心跳，我解開這條醫療數據束帶，然後飄到

聯合號示意圖。
聯合號太空船的三個艙段分別為：軌道艙、降落艙和服務艙。
（圖：NASA 提供）

軌道艙上廁所。壓力服只脫一半的狀態下要小便幾乎是不可能的任務，不敢想像女生要怎麼辦。回到座椅上後，控制室立刻大吼，要我快把醫療數據束帶繫上。還要好幾個小時才能對接，我們又綁回了座椅上。甘迺迪用平板電腦滑過待辦事項清單，便開始把各種指令輸入到聯合號的系統中。過程中大部分步驟都可以自動化完成，但甘迺迪仍必須好好監控，若是哪裡出了差錯便可以立刻處理。

該是時候對接探針自動啟動了，但此時卻沒有動靜。我們靜靜等待。甘迺迪用機關槍的速度對俄國的控制中心說了些話，控制中心的回應聽起來很不耐煩，然後他們的說話聲便唏哩呼嚕地消失在靜默裡，不知道他們究竟有沒有聽見我們說話。距離國際太空站還有好長一段路。

甘迺迪生氣地低吼：「他媽的。」

對接探針仍尚未部署成功，這下可能會有大問題。

太空船的對接程序從雙子星計畫到現在始終如一，沒有太大變化：一架太空船（就是此次任務中的聯合號）先伸出對接探針，把探針插入另一架太空船（這次的國際太空站）的對接器中，兩架太空船就這樣結合在一起，大家邊開黃腔邊檢查對接介面是否滴水不漏，最後打開艙門，和新組員見面。過去五十年來，這個程序都沒出現過問題，但這次對接探針好像失靈了。

我們三人互相對看，露出國際通用的「你他媽現在什麼情形」的表情。沒過多久國際太空站就會出現在窗外，緩緩逼近，太空站的八個太陽能陣列板在太陽光中閃閃發亮，看起來很像巨大昆蟲的八隻腳。沒有對接探針就無法連上國際太空站，我們也不得其門而入，這下三人都得返回地球，等著下一架聯合號預備好，也許要數週或數個月後才能再上太空。我們很可能會一起錯過這次的任務。

我們暗想著，掉頭返回地球的機率不知道有多高，也在想屆時爬出太空艙，和當時在地球上珍重道別過的所有人再打一次招呼會有多蠢。太空艙和地球的通信訊號斷斷續續，所以地上的工作人員也無法實際幫助我們找出問題發生的原因。我轉過頭看著米哈，米哈失望地搖著頭。

但在甘迺迪和米哈把電腦軟體切換到另一個模式後，我們才發現對接探針其實已經部署完成，原來只是軟體出包。

我們三人都鬆了一口氣，這天總算沒有白忙一場。我們要上太空站了。

我看著螢幕上模糊的黑白影像，國際太空站的對接艙口越來越靠近。不知道對接探針是不是真的部署好了。此次會合的最後步驟相當刺激，會比太空梭對接還要暴力。太空梭必須手動對接，像是芭蕾慢舞表演一樣。聯合號通常是自動與國際太空站對接，在接上的前一分鐘，聯合號會自己開始高速旋轉，燃燒引擎來做最後的位置調整。雖然我們都很清楚接下來會發生的事，但還是很難處之泰然。我望向窗外，國際太空站出現在眼前，金屬材質的太空站在陽光下閃閃發亮，如同著了火一般。引擎燃燒了一小段時間，我們能聽見、也能感覺到太空艙正在加速。廢棄燃料被排出太空艙，在陽光下閃爍著。引擎燃燒完成後，我們便各就各位，準備靠近對接艙口。

好不容易對上太空站後，我們聽見也感覺到了探針碰撞艙口的惱人聲響，接著探針便插入對接器中，發出金屬摩擦的聲音，最後的匡噹一聲相當振奮人心。這時開始，國際太空站和聯合號都必須進入「自由飄移狀態（free drift）」，不需要控制高度，可以自由地在太空中飄浮，直到兩架太空船更緊密地對接上。接上之後，探針便收了起來，好讓兩台太空船更靠近，接著艙口會啟動對接勾，加強連結。任務成功了，我們三個拍拍彼此的肩膀。

我到軌道艙內找甘迺迪，在軌道艙內費盡一番工夫想辦法脫下大約十小時前穿上的壓力服。我們都疲憊不堪、渾身是汗，但終於接上了新家，我們也都相當興奮。我脫下離開地球時就穿上的尿布，把它丟在俄國準備的溼垃圾袋中，準備等一下丟在國際太空站。我穿上藍色的太空服，我稱它為美國隊長制服，因為太空服正面有個大大的美國國旗。這種太空服很討厭，多年來設計這款太空服的俄國人怎麼都講不聽，太空人在太空中身體會膨脹個數公分，所以幾週後，這套美國隊長制服就會壓爆我的蛋蛋。

雖然我們滿心期盼想要趕快見到新組員，但還是得先檢查聯合號和國際太空站之間已經確實接合。漏氣檢查花了將近兩小時。必須先在兩架太空船的接口處灌滿空氣，然後檢查氣壓是否降低，氣壓若降低就代表兩個空間並非完全密合，此時打開艙門會導致國際太空站和聯合號漏氣。有時在等待的過程中，可以聽到另一端的組員猛敲艙門跟我們示好、打招呼，我們也會敲回去。

漏氣檢查終於完成了，甘迺迪打開聯合號端的艙門。國際太空站上唯一的俄籍太空人安東・希卡普羅夫打開了太空站一側的艙門。我馬上聞到一股奇怪的熟悉味道，沒有錯，就是美國國慶會聞到的刺鼻金屬燒焦味：煙火的味道。暴露在真空環境的物體都會帶著這種特殊味道，像是焊接時的氣味，而這就是太空的味道。

我們上站時，太空站上已有三個人：指揮官泰瑞・佛茲（四十七歲，也是我之外唯一一位美國太空人）、安東（四十三歲），還有一名代表歐洲太空總署的義大利太空人莎曼珊・克里斯多佛瑞蒂（三十七歲）。我認識他們每一個人。我在二〇〇〇年被選任為太空人時就認識泰瑞了，不過我們不常有工作上的接觸。安東和莎曼珊則是在去年開始準備這次任務時才慢慢認識的。我上一次見到安東時是在美國休士頓，我的前一次任務前夕。我們兩個在我家附近的一間酒吧喝個爛醉，結果只好在附近一個朋友家過夜，因為我們都醉得無法開車。

在這一年的太空任務中，我和米哈總共要迎接、目送十三個太空人上站、離站。聯合號會於六月載著泰瑞、莎曼珊和安東返回地球，七月會有三名新組員上來替補他們的位置。九月還會再有三名新組員加入我們，到時會有為期十天的時間，九名太空人一起在站上——這是相當不得了的人數。接著，在十二月時，會有三名太空人離開，幾天後再有人來替補。我和米哈都希望組員交替可以替任務注入一點新鮮感，讓這一年可以稍微好過一點。

早期的太空任務很注重太空人的駕駛技巧，但二十一世紀的任務在選擇太空人時，還要看我們處理各種不同事物和與人相處的能力，因為我們必須長時間處在充滿壓力和非常擁擠的環境中工作。身邊的所有組員不僅是一同處理高壓任務的工作夥伴，更是彼此的室友，以及地球人的代表。甘迺迪率先飄到艙口，給安東一個擁抱。相見總是歡喜——我們早就知道打開艙門時會見到哪些人，但從地球升空，大老遠來到太空中，看見自己的朋友已經先一步到這裡了，還是很令人振奮。電視上，美國太空總署轉播打開艙門的那一刻，太空人的擁抱和燦爛的笑容都是真心不騙。甘迺迪和安東打過招呼後，就輪到我和米哈了。我們知道地球上有很多人在看，其中還包括我們的家人。拜科努爾的人都可以看到現場轉播，休士頓的控制中心也是，網路上當然也能同步收看。畫面訊號和所有其他通信訊號都是從衛星反射回地球的。我忽然冒出一個想法，便轉向米哈。

「我們一起上前吧，」我說：「展現團結精神。」

「不錯喔，同進同出。」

兩人同時飄浮在狹小的太空艙中有點尷尬，但此舉使太空站上的人都露出了微笑。通過艙門後，我和安東握手。

接著我給泰瑞一個擁抱，再來是莎曼珊。莎曼珊是第一位登上太空的義大利女性，馬上她就會成為歷經史上最長單次太空任務的女性。

我們在拜科努爾的家人都在等著和我們視訊通話，這會在太空站俄國區的服務艙進行。我往下飄到服務艙，但轉錯邊了。重返國際太空站的感覺很怪——在這裡飄浮既熟悉又陌生，我亂了方向。才第一天而已。

太空站的氣味組成主要是器材釋放出的氣體混著其他東西的味道，在地球上我們稱之為新車的味道。但在太空中，這種味道更強烈，因為塑膠微粒沒有重量，會混在空氣中，所以呼吸時就會跟著吸進來，另外還有淡淡的垃圾味和一抹體味。雖然我們已經盡可能封好垃圾袋，但總是要等數個月後補給艦上站時，我們才能把太空站上的垃圾都卸到補給艦上，把它當垃圾車使用。

風扇的聲音和電器的嗡嗡聲很吵。我總感覺需要刻意提高說話音量才能壓過噪音，不過經驗也告訴我，我會慢慢習慣的。太空站的俄國區又特別吵，還很暗，也有點冷。我忽然意識到一件可怕的事：我得在這裡待上將近一年。我到底替自己找了什麼麻煩？有那麼一瞬間，我覺得這大概是我這輩子做過最蠢的事。

好不容易到了服務艙，我馬上發現這裡比上次來的時候亮多了，顯然是俄國人改良了燈泡。除此之外，這裡也比我記憶中更有規劃，我猜是安東想要在甘迺迪面前展現他的統整能力。

通話時，家人可以看到我們的影像、聽見我們的聲音，但我們只能聽到家人的聲音。回音很大，通信系統的設定有點跑掉。我聽著夏綠蒂描述發射升空時的情形，然後我和莎曼珊說了幾句話，再來是艾美。聽見她們的聲音真好，但我知道我的俄國同事也在等著和他們的家人通話。

通話結束後，我和泰瑞、莎曼珊一起前往下方的「美國區」。接下來的一年中，我在這裡的時間會快活些。雖然國際太空站是一個整體的機構，但俄國太空人通常只在自己的特定區塊工作、生活，其他人則在另一個區塊——「美國區」工作、生活。我發現美國區比印象中暗：燈泡尚未汰舊換新。這不是泰瑞和莎曼珊的錯，只是反應出一件事：從我上次上太空站到現在，這段時間裡，控制中心管理耗材不夠有效率。我決定在接下來的幾個月中，好好規劃如何更妥善地運用資源，反正我會在這裡待很久，良好的照明對我的健康也很重要。

泰瑞和莎曼珊帶著我熟悉環境，告訴我太空站目前的運作方式。泰瑞先介紹最需要學會的設施：馬桶，又名「WHC（Waste and Hygiene Compartment，衛生設施）」。

我們也迅速確認了相關安全措施。在這裡隨時都有可能發生意外——失火、氨氣外洩、失壓等——我必須隨時準備好應變緊急事故，就算是第一天也不能鬆懈。

接著我們回到俄國區，按照慣例參加了歡迎晚會——每逢週五、節慶或生日，這裡都有晚餐聚會，聯合號完成任務準備返航時也一樣。太空人上站當然也不例外，泰瑞幫我熱了我最喜歡的烤肉醬牛肉，我靠烤肉醬的表面張力把肉塞到墨西哥玉米薄餅中（太空人常吃玉米薄餅，因為保存期限長，又不易掉屑）。週五的晚餐時間我們也會一起享用經典太空食物——蟹肉和魚子醬。會後我們互道晚安，我和泰瑞、莎曼珊便一同返回美國區。

我找到了自己的睡眠艙（Crew Quarters，CQ），這是我在國際太空站上的私人空間。睡眠艙的大小和老式電話亭差不多。二號節點艙內有四個睡眠艙，分別位於地面、天花板以及左右兩側。我這次的位置是在左側牆上，上次我在天花板上。睡眠艙內很乾淨，空無一物，但我知道接下來的一年中這裡會慢慢累積雜物，所有住處都是這樣。我進入睡袋、拉上拉鍊，睡袋是全新的，我覺得很感動。接下來的一年中我會更換幾次睡袋內襯，但不會清洗也不會更換睡袋本身。我關上燈、闔上雙眼，在飄浮狀態下睡覺不是那麼容易，缺乏練習又提升了難度。雖然我閉著雙眼，宇宙射線的閃光還是會時不時點亮我的視野，這是因為輻射線經過我的視網膜，造成有光的錯覺。阿波羅時代的太空人首先發現這個現象，但原因至今仍不明。我知道我會漸漸習慣，但現在宇宙閃光仍不斷提醒我一直有輻射線射入我的腦袋中。過一陣子我仍輾轉難眠，於是吞下了半顆助眠劑。我慢慢開始昏迷，但腦子還沒有停止運轉，此時我忽然想，我總共得在這裡睡三百四十次！而今天才第一次而已。

第 4 章

發憤圖強！

一九八二年的秋天，我走在馬里蘭大學巴爾的摩分校校園時，對未來的人生已經有了不同的想法。我以前總是納悶，怎麼大家的意志力都好強大，可以起個大早去上課。晚上狂歡時音樂都還沒停、還有啤酒沒開，他們竟然有辦法先離開。現在我明白了，他們每個人都有自己的目標。而我也找到了自己的目標，這感覺真好。我感覺自己何其有幸可以找到一本替我清楚指引未來的書，所以我下定決心要達成目標。當海軍飛行員還不夠呢，我心想搞不好自己能成為太空人。這可是我這輩子最挑戰、最刺激的目標，我已蓄勢待發。我眼前待解決的問題只有一個：海軍飛行員這個職缺非常競爭，而我的成績是滿江紅。我想成為海軍軍官，但一大票高中學業成績優異的年輕學子都擠破頭想要拿下這個職缺，而且還有美國參眾議員推薦他們進入美國海軍官校就讀。他們的 SAT（美國的學術能力評估考試）成績也非常亮眼。我高中時都在做白日夢跟鬼混，所以接下來的必修課如微積分、物理、工程學背後的基礎概念我通通沒有。而且我知道就算去上補救教學，可能還是會跟不上。不管我的決心多強，現實就是我學習無方。

我四周都是些可以在教室專心聽課一個小時的學生，他們不但能提出有深度的問題，還會做筆記。他們總是準時交作業，而且還照著規定把作業寫得漂漂亮亮。他們會帶著教科書和課堂筆記做一件事，他們管這件事叫「學習」。如此這般，他們便可以在考試上有優異的表現。上述這些事我通通不會。如果你不曾有過這種感覺，我也很難跟你解釋這感覺究竟有多糟。

此時我哥已經在紐約王角的美國商船學院當大一新鮮人了。我們的外公在第二次世界大戰時期曾擔任海軍的商船軍官，後來則擔任紐約市消防局的消防船船長。馬克想追隨外公的腳步成為海軍商船的一員，但也不是非做這個工作不可，他覺得在商船學院受教育是個好的開始，有可能由此發展出各種不同的職涯方向，相當不錯。就我的新目標來看，用紐約商船學院當作跳板似乎也不錯，因為在這裡很有機會可以被任命為海軍。就算我上不了軍官學校，商船學院也有相當制度化的軍事訓練環境，我很需要。最棒的是，我在商船學院已有內應，可以幫助我這個轉學生適應環境。我趁著聖誕假期和就學輔導員預約討論入學相關事宜。

一月造訪商船學院時，我身上穿著衣櫃中能找到的最正式的服裝：卡其褲搭 polo 衫。招生部主任穿著全套的正式軍裝親自迎接我。我這輩子從來沒和穿著制服的軍官打過照面（當然了，警官除外）。主任請我進他的大辦公室，整個辦公室看上去全由木材打造而成：木家具、木書櫃、木椅、木質船艦模型以及牆上各式各樣的海軍相關收藏品。辦公室遠處的角落站著一只孤單的俥鐘（船上用來傳達指令的通信裝置，扳動時會發出銅鐘般的聲音）。主任看著我的眼睛，問我為什麼想轉學。

「報告長官，我想成為海軍軍官。我的夢想是要開著戰鬥機降落在航空母艦上。」

在我心中，這是個明確又崇高的理想。但我繼續往下講的同時，主任眼神空洞，不斷看手錶，好似已經在想著下一個預約，或在想午餐要吃什麼。他望向我身後的窗戶，沒有直視我的眼睛。我說完之後，他清清喉嚨，蓋上桌上夾著我難看的學業成績的資料夾。

「是這樣的，」他邊說邊嘆了口氣。

不妙。

「你的高中成績很差，SAT的成績比今年大一新生的平均值還低，大學第一學期的表現也不比高中好到哪去。我看不出來你要怎麼在這個競爭激烈的環境中生存下去。」

「我打算現在開始努力趕上，」我說：「我知道我做得到。至於SAT成績——我當時考前根本沒有準備。如果再考一次，我想我可以表現得更好。」

「我們會看兩次考試成績的平均值，」主任向我解釋：「所以你這次要考滿分才有辦法追上我們學校的平均成績，但就算考滿分，你的平均成績還是太低。」

我怎麼也沒想到這次面談會變成這樣。

我告訴他自己被兩名警察養大的故事，告訴他父母買的破爛小船，告訴他自己擔任過緊急醫療技術員。我告訴他我讀了《對的事》之後，找到了自己的夢想，也弄清楚了人生的方向。我告訴他我喜歡噴射機、航空母艦、冒險，還有希望可以成就大事的心情。我告訴他我認為商船學院會是這一切的起點。我問他我得做什麼才能讓他改變心意。

主任只是搖搖頭說：「孩子，我很抱歉。這樣的成績是不可能的，你在這裡不會有未來。」他站起身來，說謝謝我跑這一趟，還告訴我他是看在我哥的面子上才見我的，因為我哥在這裡的表現非常出色。他和我握了手之後，便把我請出辦公室了。

走到戶外的豔陽下，我瞇著眼環顧四周，無法相信這一切。我不能跟我哥在這裡一起學習，也沒辦法展開人生新的一頁。從有記憶以來，這是我第一次這麼想哭。

我這下明白了，招生部主任大概常要花時間聽年輕人滔滔不絕地說著遙不可及的夢想，但其實這些孩子根本沒有達成理想所需要的才幹和足夠的動機，對他來說，我跟他們大概沒啥兩樣。也許我真的跟他們沒兩樣。現在我能站在他的角度想了，但他當時的冷漠還是給我很大的打擊。商船學院是我唯一的希望，我覺得要是申請其他學校也只有吃閉門羹的份。想當然，我上不了安納波利斯的海軍軍校。我沒有想好備案。而於此同時，和我同年又有相同目標的其他人都正朝著理想邁進，我這一落後就會是好幾年。看樣子光要拿到入場券就得花好長一段時間——海軍等到最後大概都不要我了。我也知道被任命為海軍軍官是有年齡限制的。

截至目前我人生中的其他成就（例如擔任緊急醫療技術人員）都是順著自己的專長而做出的選擇，不太需要面對自己的弱點。現在這個新目標會暴露我所有的缺點。

在馬里蘭大學巴爾的摩分校的第二學期，我選修了更困難的課程，督促自己努力學習，這可是史無前例。還記得微積分預備課程的第一堂課，我走進教室時心想：「不成功便成仁。如果我不能證明自己可以搞定這門課，就只能停在原地打轉了。」第一個學期時，我修了最簡單的數學課：代數（因為這是必修），然後險些被當。我修的課會用到先前沒學好的科目，而且我還必須表現更好，要非常好才行。

第一堂課結束後，我坐下來寫作業。我必須強迫自己黏在椅子上，但腦子一直在想著自己得去另一個房間做這個、做那個，給自己找藉口離開宿舍。我得削鉛筆。我得裝杯水。不過我最後還是留在椅子上。我強迫自己反覆閱讀課程內容，但我還是看不懂，因為裡面有很多早在高中就該弄懂卻沒有弄懂的術語。我強迫自己把習題給解了，雖然我很確定比較簡單的題目都答對了，但難度較高的題目還是讓人一頭霧水。我寫完作業時已經很晚了，我也試著不去想班上其他人可能只花了十五分鐘就快速解完了所有習題。我努力專注在自己設下的目標上：讀完指定章節、解完指定習題。我都做到了。我關上燈，感覺自己總算開始可以有所改變了。

過了幾週後，寫作業好像變得簡單了一些。雖然寫作業很像去撞牆，但上週讓我痛不欲生的某些內容現在好像開始有點通了。我拖泥帶水地多解一題，整體學習過程的痛苦程度就降低了一點，我的學習也更扎實了一點。要好好坐在椅子上仍是個大挑戰，最後我的學期成績也只有B⁻。不過B⁻對我截至目前的人生來說，已經是個重大的里程碑了。我下定決心要學習困難的知識，而我成功了。

於此同時我也向兩所學校提出了轉學申請：羅格斯大學和紐約州立大學海運學院。這兩所學校都在附近，在這兩所學校就讀都有機會被任命為海軍軍官。

紐州大海運學院是位於布朗克斯的小型軍事學校，建校目的是為了在海運產業中訓練出船務官。這是美國第一間海運學院，校舍建在史凱勒碉堡上。史凱勒碉堡的建設是為了要在一八一二年戰爭的餘波中，保護曼哈頓免受海上襲擊。我在申請學校時完全不知道這些事，只是我夠格申請的學校也沒幾所，而海運學院是其中之一。紐約州立大學發入學許可給我時我立刻接受了。我的學期平均成績只剛好低空飛過通過門檻。

那時我還不知道羅格斯已經拒絕我了。羅格斯的通知信寄到家裡時，我父母打開看了，看完後他們就把信扔了，沒告訴我。他們不想看我難過。我父母就這樣守著這個祕密好幾年，直到我被選任成為太空人之後好長一段時間，我才知道這件事。

一九八三年的夏天，我來到了史凱勒碉堡。我知道這一年的課程會先從兩週的新兵訓練開始，但對於訓練的實際內容，我只有粗淺的概念，大多都是從電影看來的：剃頭、被學長當面臭罵、踢正步、不斷反覆清潔鞋子或皮帶頭等東西。而事實證明，我預想的情節完全正確。

紐州大海運學院的校園出奇地美，校地位在長島海灣和紐約東河中間的一塊土地上，其上是窄頸大橋。這塊未開發的土地保存完好，位於莊嚴的舊碉堡上，四周環繞著許多新大樓。搬入校舍的第一天，我身上只有一台老式音響，以及旅行者樂團、布魯斯·史普林斯汀、迷幻搖滾樂團死之華和英國搖滾樂團超級流浪漢的錄音帶。我找到我的房間，是個米色的小方室，裡面塞了兩張單人床、兩張桌子、兩個衣櫃。我室友已經在房間拆行李了。他自我介紹，說他叫包伯·克曼。包伯很友善、很外向，常露出苦笑，說話很賤但很好笑。我們一邊整理一邊小聊個幾句，彼此互相熟悉一下。

「那你畢業以後要做什麼？」包伯問。

「我要當太空人。」我臉上不帶一絲笑容，直視著他的眼睛回答。因為我想要從自己開始，認真看待這件事。包伯眯起眼睛，上下打量我。

「是喔？」他說。

「是。」我故作嚴肅地回答。

他若有所思地點點頭，說：「嗯，我要當印度餐廳的廚師。」

他一邊調侃我，一邊狂笑。當時我覺得他很討人厭，但後來我們成了好朋友，再回想起他當時的反應，我們都覺得很好笑，尤其是在我真的當上太空人之後。

我們邊拿出行李箱裡的東西，一邊討論即將展開的新兵訓練，揣測著訓練內容。我邊笑邊提剃頭的事。

「什麼？」包伯呆住了，手上還捧著一疊書。「不是真的要剃頭吧？你是開玩笑吧？」

我跟他說我很確定會剃頭。「這就是新兵訓練呀，新兵訓練不都會剃頭嗎？」

包伯想了幾秒後覺得應該不可能。「不會啦，」他說：「要剃頭會先跟我們說吧。如果真要剃應該會簽個什麼東西。」

隔天早上五點，學長們就拿著鍋碗瓢盆、垃圾桶蓋敲敲打打、大吼大叫，把我跟包伯給叫醒了。我們有五分鐘的時間可以從夢鄉中出來穿好體育服、鋪好床，然後在走廊立正站好。從那天開始的每個早晨，我們都要跑步一小時，還要做健身操。

訓練的頭幾天，我們要背下和海運學院歷史有關的各種格言金句。我們第一個學到的是城門上的引言，刻在舊碉堡的拱廊上方：「軍人、軍官的職責是放下情感、聽命行事；立刻唯命是從才能維持軍紀，進而捍衛國家安全；軍紀至上，不論在何種情形之下，蓄意違抗軍紀便是危害國民之共同福祉。──石牆傑克森將軍」。其實整句話就是在說要「遵守規定」，如果石牆傑克森用字可以精簡一點，我新訓的日子就會輕鬆多了。我個人比較喜歡一則較簡潔有力的格言：「大海有其所好，會慢慢發掘努力不懈、天資聰穎之才，但也會迅速淹滅不適生存者。」我到今天還記得當初背誦的這些佳句。

第一天早上，我們踢著正步走到另一棟樓，在那裡輪流被叫到小房間裡。我坐在椅子上行剃頭刑時，可以一邊觀察包伯的反應。我不介意剃頭，但我還記得包伯當時的表情，他臉上滿是悲慘和恐懼。我笑瘋了，笑到手上拿著剃刀的人得一直大吼，要我坐好。幾分鐘後，包伯的黑捲髮掉落在地上，跟我的頭髮混在一起。

遵守軍紀對我來說並非難事。我其實一直很想過有規律的生活，讓人來告訴我該做什麼、怎麼做，這樣反而比較輕鬆。班上很多同學對訓練的許多地方都頗有意見，總覺得哪裡不合邏輯，哪裡不公平，處心積慮想便宜行事，老是抱怨。但我開始發現我需要一個明確的目標來做我的動力。學校的課業還是很困難，但因為可以按照規定行事，我的表現也還算穩定。我接受這種安排。

新訓最後會有結訓典禮。我父母都來了，他們穿著最體面的私服出席，爺爺奶奶也來了。我的隊伍行進的同時，我看見父母以欣慰的眼神看著我，我壓根沒想到，原來他們的到場支持對我來說意義如此重大，原來我也可以讓父母以自己為榮。但我也意識到，前面還有好長一段路要走。

學期正式開始後，我一共修了六門課。我等於是要回到大一新鮮人的狀態從頭來過，因為這裡的課綱和馬里蘭大學零散的人文、科學課程大不相同。我修了微積分、物理、電機工程、航海工程還有軍事史。課程內容頗具挑戰性，連高中表現特別傑出的同學都覺得困難，沒想到我還可以撐下去，我覺得自己很棒。

勞工節連假在即，我的高中死黨打電話約我去羅格斯大學兄弟會宿舍狂歡。我說我會到。

我打電話給我哥，邀他一起，但立刻被拒絕。

「我無法，」馬克秒回：「我快考試了。」

我花了幾分鐘想說服他一起，但他打斷了我，說：「你不是也有考試嗎？開學已經好幾週了耶。」

「是啦，」我承認：「下週週末前有微積分期中考，不過我一回來就會開始讀書呀，所以還有週二、週三、週四……。」

「你發神經嗎？」馬克說：「你是學生，想要迎頭趕上就得考高分，學業表現必須要好。你得整個週末都黏在書桌前，讀完考試範圍中的每個章節中的每個習題。」

「你是認真的嗎？」我說：「整個週末？」我覺得很不可思議。

「整個週末，」他說：「還有接下來週間的每一天。」

我在消化這番話的同時，出現了一段尷尬的沉默。我不喜歡雙胞胎哥哥吼我。我很想說服自己，我哥就是個討厭鬼，不要理他就好。我一度打算關上耳朵，但我哥這席話已經搞得我心神不寧。雖然我很想去參加派對，但我心裡深處知道他是對的，他說得這麼直白是為了要讓我明白重要的道理。馬克剛上高中時也是不專心、不愛讀書的學生。但跟我比起來，他很早就決定要振作了，表現也相當出色。我從沒問過他是怎麼辦到的，但他現在正在與我分享他的人生經驗，所以即便心裡不情願，我還是決定聽我哥的話。

於是整個週末我都待在宿舍（對我而言真是太折磨了），解著每個章節中的每個習題，聽我哥的話把所有題目做完。週五考試時，我人生首度覺得自己竟然看懂考卷上的每個問題，也覺得自己應該答的還算正確。這真是個奇妙的感受。一週後我們領回自己的考卷，我的考卷上方有個圈圈，裡頭用紅筆寫著一百。我盯著成績看了好久好久，這是我人第一次考滿分，接下來的數學考試我也得了滿分。原來大家都是這樣考高分的。我感覺有扇門向我打開了。

那時起，我便很享受學業上的挑戰。我知道要如何認真讀書才能換得成就感。這一切變得很像我跟自己玩的遊戲：我們來看看我究竟可以表現得多好。怪的是，要得A⁺好像比得B還容易。降低目標反而像拿弓箭瞄準較小的靶心。「剛好就好」就像是把目標設定為「穿縫衣針」，而「挑戰極限」則是更崇高的目標。於是我決定要試著學會「所有東西」。這樣我就可以一直得A。

馬克這通電話對於我人生的影響簡直可以和《對的事》並駕齊驅。《對的事》讓我看見自己希望成為的人，我哥的建議則讓我知道如何成為這個人。

學期開始後沒多久，我就到預備軍官訓練辦公室報到，表示我想要加入他們的行列。辦公室說我可以參加課程和訓練，但要至少拿出完整一個學期的成績才可以申請獎學金。於是我便開始和軍校生一起受訓，參加演習、週末的練習，也上了一系列課程，如領導、武器系統、軍隊禮儀等。除此之外，所有海運學院的學生都必須準備美國海岸防衛隊的考試，取得證照，這是加入商船海軍的必要條件。我們也學了天文導航、地面導航、航海學，海洋氣象學還有海上「用路規則」。第一個學期結束後，我以將近4．0的GPA申請到預備軍官訓練的條件式獎學金，也就是說我之後至少要從軍五年，不過空軍學院的要求年限更長。我很開心，因為我又更靠近我的終極目標了，當然我父母也很開心，因為接下來不用籌學費了。

學年結束時，我們花了幾週的時間整備訓練用船艦，準備首航。由海軍巴洛（Barrett）船艦改建而成的帝國五號（Empire State V）是退役的運輸艦，我們現在正在學習如何操作，每個學生都被分配到一項特定的船務。船好不容易開始移動了，我站在船首觀看，離開碼頭時，灰灰的東河在眼前展開，我們便駛入了長島海灣的一片迷霧中。我刻意盯著濃厚的東河瞧，彷彿整艘船艦和船上的每一個氣息要仰賴我的洞察力：訓練告訴我，在船首觀察不只是能眼觀四面，更能耳聽八方——我聽著其他船隻的聲音，一旦發現什麼潛在的威脅，便準備好立刻打給基地請求支援。引擎室開始加速運轉，鍋爐油的特殊氣味飄在空氣中。我站著，望向紐黑文後方的城市島，看見了蒙托克。過了轉折點，我們便往東駛入北大西洋，我深深吸了一口海洋空氣。我們到了海上。我感覺自己終於有了進展。我想這開啟了往後一連串刺激的探索旅程的序幕。一定是的。

我還是不太能相信我們正航向歐洲。船上的起居間又黑又髒，通風很差。每次走到髒亂的甲板吃飯時，都會看到有人吐在房間旁邊的大垃圾桶裡。夜晚時分也會有人因為暈船而在床上呻吟。我好像對暈船免疫。

我們的工作以三天為一週期：第一天維護船艦，第二天實習，第三天上課。最棒的實習體驗是舵輪，因為可以實際掌舵，控制船身。船首守望只需要望向海洋，看看有沒有其他船隻。守望的目的是要注意是否有人掉下船，不過目前沒有人掉過。上課日我們會擠進擺滿高中課桌椅的小房間，聽老師講課。有些課很有趣：航海、氣候學、緊急事故處理（如打火和搜救）。晚上我們會演練天文導航的技巧，學習使用六分儀來測量地平線和某顆星星的位置，進而調整船位。這牽扯到複雜的數學，不太好懂，但這是航海的必備技能（後來我發現這也是太空任務的必備技能）。

我們第一站停靠的是西班牙馬約卡島的港口（超美的海灘），接著是漢堡。接下來我們停在英國的南安普頓，然後搭火車到倫敦（這麼大的都會城市，食物竟然如此難吃，令人震驚）。

回程時，我覺得自己對船務和課程內容已經開始得心應手了。我們回到海運學院時，都變得比來時更強大、更有韌性、能力更好。我們學會了如何挺過艱難的環境，如何面對突發狀況，順利度過一切。我本來就知道此行是為了訓練我們航海技術、領導技巧和團隊精神，但最後還是很驚訝自己竟然可以學到這麼多。我下帝國五號的那一刻，已經不是剛上船時的那個我了。

商船學院的第一次航海訓練結束後，我搭飛機到加州長灘參加預備軍官訓練的海軍航海訓練，目的地是夏威夷。這裡有其他學校的海軍學生，也有美國海軍官校的學生，他們都是第一次航海。雖然我也只比他們多出了幾個月的經驗，但感覺上好像比他們熟練很多。

這是我第一次接觸海軍。預備軍官訓練的新生和海軍官校的學生必須做水手兵的工作，這樣以後我若成為軍官，需要帶領小兵時，就會很清楚他們的工作內容。這次我仍住在擁擠的船艙中，一個房裡有大約二十個人，床鋪疊了三層。這是個挺不錯的練習，可以幫助我習慣往後在狹小空間生活。這裡和帝國五號一樣，我們在船上要做些基本的勞動工作，有些人覺得很煩，但我無所謂，只要能待在船上我就開心，因為我又離海軍更近一步了。

• • •

我第二次上帝國五號是大二升大三的暑假，這次我的工作內容比之前理想多了，也掌握更多實權。在西班牙阿利坎特港的第一個晚上，我和同學在房間狂歡慶祝。船上禁止飲酒，但我們心想，不惹事應該就不會有問題吧。幾個小時後我們都有點醉了。我喝完了一瓶伏特加，那是船上剩下的最後一瓶酒，我打算把空瓶朝堤岸砸碎，藉此宣告派對結束。可是酒瓶不但沒砸破，還彈了回來，敲到我同學的後腦勺。

我們繼續玩下去，還想出了一個鬼點子：我們決定把折疊梯（用粗繩和木板做成的垂掛梯）從船尾丟下去。這樣我們就可以爬下船，游到岸上，偷溜到附近的酒吧。我們派了幾個人去船頭找梯子，把梯子拖回來。他們拖著約四十五公斤的梯子到船尾跟我們其他人會合。放梯子時，我和一個同學吵了起來，爭執著誰要先下去。我們大吵大鬧，互不退讓，簡直要打起來。最後我成功說服他，說我對這個工作比較有經驗，然後洋洋得意地爬到欄杆外測試梯子是否綁緊了。但其實梯子根本連綁都還沒綁。我連人帶著四十五公斤重的梯子掉入了九公尺深的漆黑海水中。我還記得重重掉到水上的感覺，就像掉到人行道上一樣痛，我很驚訝自己竟然還可以保持清醒。我馬上沉了下去，纏在身上的沉重梯子把我往下拉。我努力掙扎，游回水面。我滑到了機艙邊的舷門，這個門是船隻靠港後用來上物資的地方，幾個工程學生已經在那裡等著拉我上船了。我整個人因為受到水面重擊和伏特加而無法動彈，不過同學還是順利把我從舷門拉了進來。我悄悄回到船尾，沒被人發現，長官也完全不知道這次的荒唐冒險。如果被長官發現，我絕對會被退學，而我替自己創造的唯一機會也會隨之幻滅了。

第 5 章

工作清單滿滿滿

二〇一五年四月三日

成年的這些日子中，我幾乎只有一個目標，那就是要駕駛飛機和太空船。現在有時想到國際太空站其實並不需要駕駛員，感覺還滿奇妙的。得跟不懂太空站的門外漢解說時，我會說國際太空站其實比較像是一艘航行在宇宙中的大船，而不是飛機，像美艦拉荷亞號（USS La Jolla）一樣。我讀大學時曾經在拉荷亞號上見習，這是艘自給式船艦，也可以自行發電。國際太空站不需要人力駕駛，一切由軟體操控，即便需要人力干預時，也是由太空站內的太空人或地面人員透過筆記型電腦來操控。太空人住在太空站裡，就跟你住在大樓裡是一樣的。我們在太空站內工作，如同科學家在實驗室內工作。我們也會對太空站進行各種工作，如同船隻迷失在國際水域中，離開了海岸巡防隊員的救難範圍時，技師對船隻執行各種工作一樣。

有些人會用「物體」來指稱國際太空站，例如：「國際太空站是史上最昂貴的人造物體」，或「國際太空站是唯一一個由各國分別製造組建後再於太空中進行組裝的物體」。此言不假。但在太空站中住了幾個月後，你就不會覺得它只是個「物體」了。太空站是個「地方」，一個有特殊功能的地方，有著自己的個性、自己的特色。太空站分內外，還有許多隔間交疊在一起，每個空間都有特殊功能，有自己的器材和設施，自己的氛圍和氣味，和別的空間大不相同。每個艙室都有自己的故事、自己的乖僻性格。

我在太空站已經住了幾週。早上醒來時也比之前能更快知道自己究竟身處何方。頭痛的時候，我知道自己已經飄離通風口太遠，所以臉上吹不到乾淨空氣。但我還是常搞不清楚身體的方向——有時醒來我會以為自己頭上腳下，因為在無重力的黑暗環境中，我的內耳會自己揣測身體在小空間中的方向。打開燈的時候，我會出現視覺上的錯覺，以為房間快速旋轉了起來，繞著我打轉，雖然我其實也知道這只是大腦在重新適應新的感官刺激。

我的睡眠艙內的燈要等個幾分鐘才會完全亮起來。睡眠艙的大小只剛好夠容納我本人、我的睡袋、兩台筆電、幾件衣物、盥洗用品、艾美和兩個女兒的照片以及幾本平裝書。睡醒後，我沒出睡袋，直接叫醒一台掛

離鄉背井的一年當中，太空站是我們的家，而睡眠艙就是我的房間。
（圖：NASA / Scott Kelly 提供）

在牆上休眠中的電腦，寫下還記得的夢境。

接著我會瀏覽當天的工作內容。我點開新郵件、伸懶腰、打哈欠，然後把手伸到左膝下方掛在牆上的盥洗用品包，摸出牙膏和牙刷。我在睡袋裡刷牙，然後把牙膏給吞了，再用吸管從水袋裡吸一口水，把牙膏沖下去，因為在太空中沒有辦法好好把水吐出來。我花了幾分鐘的時間看完休士頓控制中心寄來的本日工作重點節錄，他們寄來的是一份電子檔，上面列出太空站還有站上系統的目前狀態，控制中心前一晚想到要問太空人的問題也列在上面，還有當日任務的注意事項。文件的最後還有一張卡通圖片，內容要不就是嘲笑我們，要不就是他們自嘲。今天的待辦事項看來都頗具挑戰，我最期待這種日子了。

控制中心會幫我們安排好每項任務的執行時間，短任務甚至可以短至五分鐘。任務時程控管程式叫做 OSTPV（Onboard Short Term Plan Viewer，機上短任務排程介面），這個程式支配著太空人的生活作息。介面的日排程表中有一條紅色虛線一直不斷地在筆電的視窗中移動，把標註著預計完成時間的任務窗格一直往後推。美國太空總署的工作人員各個天性樂觀，不巧是這種樂天的性格也反映在任務所需時間的評估上（例如修理某個硬體或做某項實驗）。如果我完成任務的時間比預期的長，多出來的時間就要從排程上的其他事情中扣掉——例如吃飯、運動的時間、每天工作結束後短暫的私人時間（這段時間在介面上標為「睡前時光」），犧牲睡眠時間是最慘的。多數太空人最後都對 OSTPV 上的虛線有著錯綜複雜的情感。有時我在執行特別困難的任務時，這條線感覺好像會惡意加速，讓我覺得一定是系統出了問題。有時紅線又會慢下來，恢復正常速度，和我對時間的感知達到一致。當然如果把介面拉遠，遠到整年的任務都一目瞭然，這條紅線的移動速度就會慢到像是根本沒有在動。今日工作排程看起來還挺合理，但仍然有些可能出差錯的地方。我和泰瑞還有莎曼珊今天有一項耗時的任務占掉了介面中很大一格，任務代號為「抓龍」。

國際太空站的外觀像是數個巨大的空汽水罐，從底部一個一個接在一起。太空站的總長度是五個組件頭尾相連的長度——分別是三個美國艙和兩個俄國艙。太空站的左舷和右舷也分別向外連著其他國家的組件，包含歐洲、日本和美國艙段；另外還有三個俄國組件分別接在太空站的上下兩側（我們稱這兩個方向為天頂和天底）。我第一次出太空站任務一直到這次任務的這段時間內，太空站又添了七個組件，以太空站的規模來說，拓展度可說是相當高。太空組件不能隨意添加，而是從一九九〇年代剛開始計畫建置國際太空站時，就已經預先規劃好將來添加組件的順序。每當來訪的太空船泊入太空站後，就會有一段時間站上多出了「新房間」，這個新房間通常是在太空站朝地球的那面，要進入新房間，就得「往下走」，而不是往左或往右。補給品卸貨完成後，這些空間就會變寬敞，然後我們會用垃圾填滿寬敞的新房間。我們其實不怎麼需要多餘的空間——特別是美國區本來就已經頗為寬敞，老實說在這還常找不到人。新空間忽然出現又忽然消失（在我們放走補給艦後）的感覺還滿奇妙的。太空站早期是使用無載人的一次性太空船來運送物資，物資送達後太空船便脫離太空站，返回大氣後燒毀。天龍號是比較新型的太空船，可以安全重返地球，比較好靈活運用。

這次任務我預計會有兩次太空漫步，而在第一次太空漫步（還要再等快七個月）之前，我都不能離開國際太空站。要穿上太空服離開太空站進行太空漫步得花上幾個小時準備，還需要站內至少三名太空人以及地面幾十名工作人員的全神貫注。太空漫步是宇宙之旅中最危險的任務。

如果太空站著火了、充滿毒氣，或流星撞入某艙段導致空氣流失，逃離太空站的唯一方法就是聯合號座艙，但要搭著聯合號順利逃脫，也需要周全的準備和規劃。我們會定期演練各種緊急狀況，在多次的練習中，我們還會比賽以最快的速度準備好聯合號。截至目前，聯合號還沒有發揮過救生艇的功能，也沒人希望走到這一步。

我大多時間都待在美國區的其中一個艙室內，這個艙室的正式名稱為命運號（Destiny），但我們通常暱稱它為「實驗艙」。命運號是最高端的科學實驗室，牆壁、地板和天花板上都擺滿了器材。因為太空中沒有重力，所以所有表面都可以當作儲物空間。命運號內有科學儀器、電腦、電線、攝影機、器材、文具、冷凍庫——有的沒的都在這。實驗艙內塞滿了東西。有強迫症的人大概無法在此生活、工作，但對我來說，在這裡只要幾秒就能找到常用的物品。當然有些物品在無重力狀態下失蹤，地面的工作人員會寄電子郵件來，附上消失物品的通緝海報。有時我們也會不小心找到消失了好幾年的工具或零件。物品從消失到失而復得，最高紀錄曾長達八年。

我常出沒的幾個艙段大多沒有窗戶也沒有自然光，只有日光燈和醫院會出現的白牆。艙內沒有地球上的大自然色彩，感覺有點冰冷、不近人情，有點像監獄。太陽每九十分鐘就會升起、落下，所以無法使用太陽推測時間。若是沒有手錶來提醒我格林威治標準時間，也沒有每天的任務進度表，我應該就會完全失去時間概念。

我們很難向沒有住過太空的人解釋自己究竟有多想念大自然。在未來，一定會出現一個特別的詞專門用來形容我們對生命氣息的思念。太空人都很喜歡聽大自然的錄音——雨林、鳥囀、樹林裡的風聲。米哈甚至有蚊子聲的錄音，我覺得有點太超過。雖然這裡的一切都死氣沉沉，但還是有窗戶可以讓我們用超讚的視角來觀看地球。向下觀看地球的體驗很難用言語形容。我感覺自己和地球特別親密，看過別人未曾見過的地球面貌——海岸線、各種地貌、還有壯麗山川。地球上有些地方（特別是亞洲）籠罩在空氣汙染之中，看上去就像是生病了，得好好休息、療養。地平線上的大氣層是一條細細的線，就像覆住眼球的隱形眼鏡一樣；它看起來是那麼脆弱，需要人類的保護。我最喜歡的地球景觀是巴哈馬群島——群島面積很大，深淺顏色的反差，好不美麗。充

從國際太空站上的穹頂艙俯瞰地球。（圖：NASA / Scott Kelly 提供）

滿活力的深藍色海面上點綴著顏色較為明亮的綠松色，陽光打在淺沙灘和珊瑚礁上，反射出明亮的金色，如漩渦漩在一起。每每有首度登上太空站的新組員來訪，我都一定會帶他們去穹頂艙（Cupola，完全由窗戶組成的艙段，可以在此俯視地球）看巴哈馬群島。這片景象總是會提醒我，要停下來好好欣賞這平常人看不到的地球景致。

有時我望向窗外會不禁想起，我所珍愛的一切事物以及全人類（除了我們六個以外），是生、是死，都在地球上。不過我也很清楚，現在和我一起住在國際太空站上的太空人，對目前的我來說就是全人類。如果我想要面對面跟人交談、看著某人的眼睛、請人幫忙、與人分享食物，就是只有這幾個人。

雖然美國太空梭已經退役了，但太空總署仍和私人企業簽約，共同研發補給太空船，好將物品送上太空站，也希望未來可以用新研發的太空船送新組員上太空。截至目前最頂尖的私人航太企業是太空探索技術公司（Space Exploration Technologies），也就是大名鼎鼎的 SpaceX。天龍號太空船就是該公司的產品。天龍號已於昨天成功由甘迺迪太空中心發射升空。升空之後，天龍號就一直在國際太空站十公里外的安全距離繞行。我們的任務就是要用太空站的機械手臂抓住天龍號，把它裝到對接器上。要抓住來訪的太空船有點像在玩夾娃娃機，只不過我們用的是貨真價實、價值好幾百萬的設備，而且還要一邊用不可思議的超高速航行。若是出了差錯，還不只是夾不到或弄壞天龍號而已，一不小心手滑就可能導致來訪的太空船撞上太空站。進步號貨運太空船就曾經撞上俄國以前的和平號太空站（Mir），當時的組員實在很幸運，沒有因為空氣壓力快速降低而死亡。

要從地球取得足夠的民生物資，除了使用這些無載人火箭之外別無他法。聯合號太空船的設計足以載三個人上太空，但坐了三個人就沒有空間再放任何東西了。到目前，太空探索技術公司在天龍號太空船和獵鷹號火箭（Falcon）的研發上大有成就。二〇一二年，太空探索技術公司也成了第一個成功登上國際太空站的私人公司。太空探索技術公司希望在接下來的幾年中就可以讓天龍號載著太空人上太空。若能成功達成目標，該公司就會成為第一間帶著人類飛向太空軌道的私人機構，該次升空也會是二〇一一年美國太空梭退役後，首度有太空人從美國境內離開地球。

而現在，天龍號正載著太空站需要的物資，重達一千九百五十公斤。天龍號上有水和氧氣；維持生命系統的備用零件和物料；醫療用品如針頭和針筒，供抽血用；樣本瓶和藥物；衣物、浴巾和小毛巾。以上這些東西我們都會盡量用到不能再用才丟掉。天龍號也帶著之後要做的新科學實驗的器材，也有現行實驗需要用到的新樣本。所有科學實驗中尤其重要的一項是觀察二十五隻活體白老鼠，研究無重力狀態對骨骼、肌肉還有視力的影響。每一艘補給太空船也都會帶上家人替我們準備的愛心小包裹，這總是最令人期待！其中也會有珍貴的新鮮食物，夠太空人吃上幾天，直到吃光或壞掉。蔬果在太空中腐爛的速度好像比在地球上快。原因我也不是很清楚，但看到蔬果迅速腐爛的過程，不免會擔心：自己的細胞會不會也是這樣？

天龍號的來訪特別令人期待，因為原本十月要上站的補給火箭剛升空就爆炸了。爆炸的火箭是另一間私人承包商「軌道 ATK（Orbital ATK）」的天鵝號（Cygnus）。太空站上存放的物資一定會比組員需要的量還多出很多，這樣如果補給火箭無法順利抵達，也不會有斷糧或氧氣不足的立即危險。但這是好幾年來接軌國際太空站的補給火箭第一次失誤，這次失誤也燒毀了價值數百萬美元的器材。大家實在很難不擔心，深怕這次事故會觸動一連串的不幸。天鵝號爆炸過後幾天，一架由維珍銀河公司（Virgin Galactic）部署的實驗飛船一頭栽進了加州莫哈韋沙漠，副駕駛麥可・奧斯伯理不幸身亡。當然，這兩次失誤之間並沒有關聯，但兩起事故發生的時間點實在讓人很難不悲觀，使人懷疑是否好運都已用盡？前幾年一直都太順利了，接下來可能會有厄運接踵而來？

我一邊著裝，一邊瀏覽「抓龍」任務的流程。升空前，我們早已受過完整的訓練，用模擬器演練，抓過許多架假想天龍，所以現在只要回想一下就可以了。在沒有辦法坐下或站著的情況下，實在很難好好穿衣服，但我也習慣了。其中最困難的環節是穿襪子，因為沒有地心引力幫助我彎下身子。思考要穿什麼倒是容易，因為我每天都穿同一套衣服：有很多口袋的卡其褲，大腿的地方還黏著幾條魔鬼氈，沒辦法把東西好好放下時，魔鬼氈就能派上用場。我本想做個實驗，看看我的衣物究竟可以穿多久，這樣若是未來真的上火星，這些數據還可以派上用場。一條內褲可以穿超過兩天嗎？超過四天嗎？一雙襪子可以穿一個月嗎？一條褲子可以穿六個月嗎？我可以提供最精準的答案。

穿好衣服，準備吃早餐，我打開了睡眠艙的門。我推了一下身後的牆，好讓自己飄出去，但不小心踢倒了一本平裝書，是歐弗雷德・藍星的《冰海歷劫７００天（Endurance: Shackleton's Incredible Voyage）》。前次任務我也帶著這本書，有時忙了一整天後，我會拿出來翻，想著這些探險家在將近一百年前所經歷的一切。他們一下被困在浮冰上好幾個月，不得不把自己養的狗殺來吃，在冰天凍地的環境中險些凍死，最後終於爬上所有專家們都認為不可能通過的高山。而該次探險中他們整隊人員全數生還，令人欽佩。

換作是我，我想不確定的感覺大概會是最可怕的敵人。不確定是否能活下來的感覺，比飢餓和寒冷還要駭人。我讀著這些探險家的經歷，一邊心想：他們的處境真是比我還要艱難太多了。每每我因為思念家人，或因為當天諸事不順，或因為孤獨感席捲而來開始顧影自憐時，讀個幾段《冰海歷劫700天》便會知道，就算太空生活在很多方面都很不容易，我所吃的這些苦，都還遠不及這些探險家。

一號節點艙主要的功能是廚房和客廳，我在那裡取下固定在牆上的食物容器，打開來，拿出一小包脫水的三合一咖啡。我飄到實驗室，實驗室的天花板上有個熱水供水器，我把熱水器針頭插到咖啡包上的接嘴中。咖啡包裝滿水後，我把針頭取出，換成可以扣在包裝上的吸管然後扣上。頭幾次用吸管喝塑膠袋裡的咖啡感覺很怪、很不過癮，但我現在已經習慣了。我在各式早餐中拿了脫水雞蛋，然後用熱水供水器還原，再用食物加熱箱加熱經輻射滅菌的香腸串，加熱箱的外型就像是個金屬公事包。我把包裝剪開，然後把剪刀上沾到的食物舔乾淨，因為這裡沒有水槽（但每個人都有自己的剪刀）。我用湯匙舀出包裝中的雞蛋，放在玉米餅上（表面張力讓雞蛋乖乖待在餅上，真是謝天謝地），然後再放入香腸和一些辣醬，捲起餅皮，邊吃捲餅邊看CNN晨間新聞。同時我還得固定住自己的身體，把右腳趾稍微塞在地面的把手下。每個艙段和連接艙段的艙口牆壁、地板和天花板上都有把手，這樣太空人才有施力點讓自己穿梭在各艙段中，或固定在某處不飄走。

住在無重力的環境中吃東西一點都不好玩。我很想念坐在椅子上吃飯，好好放鬆，一邊跟人聊天。在我工作的國際太空站上吃飯，一天三餐都得浮在空中，還得想辦法穩住身體，這是非常不同的體驗。如果手沒抓好，我的雞蛋捲餅就會飄走，湯匙、雞蛋屑、上一台補給火箭帶來的芥末瓶，還有小滴咖啡，都會一起飄走。太空人用來吃飯的「桌子」上有長條形魔鬼氈和封箱膠帶，用來幫助固定東西，但要控管隨時可能飄走的各種物件，真的很費神。我必須含住飄在空中的咖啡滴，以免讓它有機會飄到器材內部、組員身上或我的褲子上（這條褲子得穿六個月）。最麻煩的情況就是食物卡在兩艙

工作日，我和泰瑞・佛茲在一號節點艙稍事休息。一號節點艙是國際太空站上的客廳和用餐區。（圖：NASA 提供）

段間的艙口封條上，因為若有緊急事故，必須要以最快的速度封好艙口才行。

我吃著早餐，泰瑞飄來和我道早安，一邊尋找咖啡。他吃著楓糖瑪芬時，我又再吃了一包加水還原的葡萄乾燕麥粥。為了避免浪費，太空食物的份量都很小，所以我們一餐通常會吃好幾種不同的東西。早上會很忙，不知道幾點才能休息吃午飯。

我和其他組員到美國區的實驗室開早會，與會的還有休士頓的控制中心，總署其他辦公室的工作人員，還有俄國、日本和歐洲的太空中心。我發現自己來開會的速度比上次快，一面是實際在無重力環境中生活行動的速度加快了，一面則是跟上每日例常進度、使用器材、完成工作的速度也加快了。這次我會在太空站待上很長一段時間，工作態度也會因而有點不同。這是馬拉松，不是短跑。在調整這一年的工作步調時，我必須一再提醒自己，做某些工作時得先求有再求好。

早會開始的時間通常是我們的早上七點半。莎曼珊已經到了；甘迺迪、米哈和安東會在俄國區同步開會。大家都到齊之後，泰瑞從牆上的魔鬼氈上取下麥克風。

「休士頓，太空站至地面一號，準備好開早會。」

控制中心精神奕奕地回：「早安，太空站！」即便當時休士頓的時間是凌晨兩點半。我們花了幾分鐘核對當天的工作，其中大部分都是抓龍任務的細節。和休士頓的通話結束後，休士頓把我們轉給位於阿拉巴馬州亨次維的馬歇爾太空飛行中心（Marshall Space Flight Center）。亨次維再把我們轉給慕尼黑的控制中心，讓我們和歐洲的太空中心討論相關事宜。接著我們透過日本電信公司「J-COM」和筑波宇宙中心通話。再接下來就要和俄國通話了。泰瑞把話權轉給俄國太空人，說：

「早安，莫斯科控制中心，安東，交給你。」接著安東便接過話權，因為俄國區是由安東負責，和俄國工作小組的早會便由安東主持。俄國會議風格跟美國大不相同，俄國地勤會問太空人感覺如何。我覺得問感覺很浪費時間，因為太空人永遠都只會回「khorosho」：很好。有時我會叫俄國太空人故意試試回「不好」或「普普」，甚至是「爛透了」，但他們都不願意照做，就算用錢收買也不肯。

俄國太空人會向地面回報站內的氣壓，但其實飛行控制人員從控制台就可以清楚看到相關數據了。接下來太空人會閱讀一大串離軌參數，一樣，其實地勤早就有這些數據了，畢竟這數字就是地勤傳給我們的。這樣浪費時間讓我很光火，但這麼做也許只是要創造更多溝通機會，以保持大家的好心情，減低壓力。

俄羅斯聯邦太空總署的太空人支薪制度和美國有很大的不同：俄國太空人的底薪比我們低很多，但他們在太空中度過的每一天都有日勤補助（我的日勤補助只有五塊美金，但我的底薪比他們好太多了）。但當俄國太空人「犯錯」時，日勤補給就會被扣，而錯誤的判定通常相當草率。我猜想抱怨應該算是犯錯的一種，就算是合理抱怨也一樣，不但會導致扣薪，甚至有可能剝奪他們往後航向宇宙的機會。所以他們才會無論如何都回「khorosho」：很好。

和世界各地的控制中心確認相關事宜聽起來非常耗時，有時真的也會花上許多時間，但不曾有人提出過異議。因為參與太空站計畫的太空總署太多了，我們一定要確保大家知道彼此的工作內容。計畫瞬息萬變，一旦中間有什麼誤會，不僅會造成鉅額的財物損失，更可能致命。我們每天都要和所有控制中心開會，早晚各一次，一週五天。我決定不去思考在返回地球以前總共要開多少次早會和晚會。

天龍號在太空站十公里外的軌道航行，速度與太空站一致，一小時約二十八萬公里。透過外部攝影機可以看到有燈在朝著我們閃。接著，太空探索技術公司位於加州霍桑的控制中心便會把天龍號移到距離太空站兩公里處。再來主管機關會將任務移交給休士頓的控制中心。天龍號靠近的過程中會有幾個暫停點，先是三百五十公尺處、兩百五十公尺，再來是三十公尺，最後來到十公尺的抓接距離。地勤人員會在每一個暫停點檢查一次天龍號的系統運作情形，評估天龍號的方位，判斷是要進入下一個任務階段或暫停。當距離來到兩百五十公尺之內，太空人便會開始參與任務，確認天龍號位在安全的軌道內並且一切都在控制中。天龍號來到夠近的距離時，莎曼珊便會用太空站的機械手臂抓住它。抓接的過程非常緩慢，也要特別小心謹慎。現實生活和電影情節可是不一樣的。在電影《星際效應（Interstellar）》和《2001太空漫遊（2001: A Space Odyssey）》中，來訪的太空船向上靠近太空站後，穩穩地卡好，泊在站上；接著艙門就會打開，太空人紛紛上站，整個過程不出幾分鐘。但現實生活中，兩架太空船對彼此來說是都潛在的危險，距離越近，風險越大，所以我們在操作時總是把步調放得很慢，格外謹慎。

今天莎曼珊會在穹頂艙內的機器人工作站負責操作機械手臂。泰瑞負責支援莎曼珊，我則幫忙接軌、會合等相關程序。我和泰瑞擠到莎曼珊的工作站，從她背後盯著數據螢幕上顯示的天龍號速度和位置。

莎曼珊在義大利空軍開過戰鬥機，她的能力毋庸置疑。莎曼珊很好相處，笑點很低，除了和航太技術有關的各種專長之外，她還有語文能力。莎曼珊的英語和俄語都說得和母語一樣流利。英、俄語是國際太空站的兩個官方語言——有時俄國太空人和美國太空人想說些無聊小事或談論複雜議題，會請她幫忙口譯。莎曼珊還會說法語、德語以及她的母語義大利語，除此之外她目前也正在學習華語。對某些想要航向太空的人來說，語言是一大挑戰。太空人必須至少要會說一種外語（我學俄語好幾年了，但俄國同事的英語還是比我的俄語好太多），但因為站上還有歐洲和日本太空人，如果他們不會說英語或俄語，我們麻煩就大了。

第一次見到莎曼珊時，我覺得她是個前衛的歐洲女性。後來我發現她還有另外一面：她是個認真的宅女。她常在推特上發《神祕博士（Doctor Who）》和《星際大奇航（The Hitchhiker's Guide to the Galaxy）》等科幻片的文。《星際爭霸戰（Star Trek）》演員李奧納德・尼莫伊過世時，她在推特上貼了一張自己穿著電影中制服的照片，還比出瓦肯族的手勢，很多人看了非常感動。莎曼珊很擅長和歐洲太空總署在慕尼黑的控制中心交手。慕尼黑的控制中心有時會讓人覺得他們對太空站上的任務漠不關心，又常心不在焉，有點討人厭。但不管是多無趣或多討厭的局面，莎曼珊都可以從容以對。

莎曼珊在離開地球前，帶泰瑞到休士頓的理髮廳，叫她的設計師教泰瑞如何在太空中幫自己理髮。國際太空站上的太空人常得替彼此剪頭髮、進行簡易醫療測試、抽血、做超音波等。當泰瑞和莎曼珊一起執勤的時間進入中段，重要的大日子來了：莎曼珊覺得頭髮太長了，便請泰瑞拿出理髮工具。因為不能在太空中留下任何一點頭髮渣渣，否則呼吸時會不慎吸入，我們的理髮工具都帶有吸塵器。泰瑞已經很努力，但還是搞砸了——莎曼珊的設計師在示範打層次時看起來好簡單，但那是因為當時有地心引力，在太空中，頭髮都到處亂飄。最後莎曼珊被理了個男生頭，每根頭髮都向上豎起，像刷毛一樣，害我老是想到俄國毛帽。

今天在地面負責與我們通話的通訊員（capcom）是加拿大太空人大衛・聖雅各。「capcom」一詞源於水星計畫，當時太空人搭乘太空艙（capsule）上太空時，地面控制中心會有一個人專門負責擔任「座艙通訊員（capsule communicator）」，這是當時唯一一位會與太空中的太空人直接通話的人。座艙通訊員（capsule communicator，簡稱 capcom）這個職務名稱便沿用至今。大衛會一步步告訴我們要如何接到天龍號，地勤人員把天龍號調整到預先設定好的暫停距離時，大衛也會一邊把天龍號的即時位置回報給我們。

「太空站、休士頓、太空至地面二號頻道。天龍號目前已進入兩百公尺的淨空範圍（keep-out sphere）。」

淨空範圍是太空站四周的假想疆界，用來保護我們免於意外碰撞事故。「太空組員現在有權可以決定是否中止任務。」休士頓這句話的意思是，如果太空站與休士頓失聯或天龍號不在對接器的通道上，我們可以自行決定中止任務。

「休士頓，二號頻道，會合。」泰瑞說：「休士頓，抓接條件已確認，準備好抓接天龍號，可以進入第四步驟。」

「收到，待命準備抓接，向各位報告，抓接過程預計耗時五至六分鐘。」接著地勤會再向我們做最後確認，決定是否繼續任務。

天龍號來到十公尺的距離時，我們停下了太空站的推進器，避免不必要的震盪。莎曼珊負責操控機械手臂，用左手控制手臂的方位（進、出、上、下、左、右），用右手控制手臂的動作（丟、轉、偏）。

「太空站、二號頻道、會合，」控制中心說：「可以開始執行抓接了。」

「太空站收到。」莎曼珊回。

莎曼珊伸出機械手臂，從螢幕中觀察攝影機傳回來的機械手臂（又稱端效器，end effector）畫面，也看著另外兩個顯示天龍號位置和速度數據的螢幕。她也可以直接從穹頂艙的窗戶往外監控自己的動作。莎曼珊把機械手臂從太空站向外移動——動作非常緩慢、謹慎。她小心翼翼、按部就班地拉近兩台太空船之間的距離，不能猶豫、不能失手。從中間的螢幕上可以看到天龍號的抓接器越來越大。莎曼珊作出精確的判斷，讓機械手臂完美對齊太空船。

機械手臂慢慢、緩緩地爬了出來。就快碰到天龍號了。

莎曼珊拉下開關，說：「抓接。」

非常完美。

「中部標準時間早上五點五十五分抓接成功，抓接時太空站與天龍號處於北太平洋上方，靠近日本東部。」

莎曼珊神色嚴肅認真，眼睛看似連眨都沒眨過一次。確認抓接成功的那一刻，她的表情放鬆了下來，露出了微笑，並和我們擊掌。

泰瑞說：「休士頓，抓接完成，莎曼珊完美抓龍。」

「收到、同意。各位，幹得好，恭喜。」

莎曼珊接過麥克風：「我想感謝太空探索科技還有休士頓控制中心的各位。天龍號非常穩固，能順利對接完成，我們很開心。多了一個天龍號艙，艙內載著更多的科學實驗品，還有咖啡，真是太棒了。我想再次感謝各位，做得好。」

「謝謝妳，小珊，也謝謝泰瑞，地面所有見證天龍號順利對接的人都很感謝你們。你們很棒。」

接下來由休士頓控制中心的機器人技術執行官接手，執行官會調整天龍號的角度，讓它可以卡在二號節點艙上，面向地球的對接器。執行官在系統中鍵入機械手臂各關節的角度。這些角度都是由軟體分析出來的，如此才能確保執行動作之前軌道安全無虞。天龍號位置調整好後，我的工作又來了，我必須監控天龍號，在它距離太空站夠近時，進行「軟配接」：四個艙門伸了出來，抓住天龍號，把它拉到國際太空站上。接下來則是「硬配接」：在太空站和天龍號接觸的地方，用十六個螺栓把兩台太空船鎖在一起。

在天龍號和太空站之間的空間加壓要花上好幾個小時，而且務必要按照步驟準確執行。天龍號可能對太空站造成的危險還沒有解除，步驟中只要出了一個差錯，就有可能會失壓。我和莎曼珊按部就班確認每一個步驟。我們先檢查太空站和天龍號連接的地方是否呈現密封狀態，接著把空氣灌到兩架太空船之間的空間，一次只灌一點點。如果前庭內的空氣壓力降低了，就算只降低一點點，也代表艙內並非呈現密封狀態，艙門的縫隙會使太空人賴以為生的空氣逸散到宇宙中。

同樣的步驟我們重複了好幾次——灌入空氣、等待、測量空氣壓力、再來一次——最後宣布太空船處於安全密封狀態，但還是要等明天才能打開艙口，因為打開艙口又是另外一整套特殊步驟。我知道以前有些太空人會急著一次完成這些步驟，因為他們很想趕快拿到愛心包裹還有新鮮食物。但開艙口的過程又要花上好幾個小時，況且我們今天整個早上都在抓接，現在硬要急著開艙口實在不是好主意——此時若是出了差錯會非常危險。接下來我們會花五週來慢慢卸完天龍號上的物資。

我飄回睡眠艙快速檢查了一下電子郵件，這是我今天首度有機會暫停下來思考。今天的二氧化碳濃度很高，在水銀濃度計上達到將近四公釐的高度。我可以在筆電上看到精確的二氧化碳濃度數值，但我不用看，靠感覺就夠了。我的體感非常準確，透過身上的各種症狀就可判斷二氧化碳濃度：頭痛、鼻塞、眼睛灼熱、過敏等。所有症狀中最危險的大概就是認知功能受損，因為太空人得仰賴高度專注力以及對細節的注意力來執行任務，有時還會有臨時任務需要處理，而且在緊急情況下（隨時有可能發生），我們必須一次就把該做的事做對、做好。哪怕只喪失了一丁點的注意力、運算能力或問題解決能力，都有可能讓我們喪命。何況我們其實還在研究吸入這麼大量的二氧化碳對人體的長期影響。這可能會導致我們未來出現心血管問題或其他未知的健康問題。

我和二氧化碳之間的恩恩怨怨，從我第一次出太空任務時就開始了。我的首航在太空中待了七天，那次我要負責更換機上用來吸收空氣中二氧化碳的氫氧化鋰罐。氫氧化鋰罐早晚各要換一次，我還記得每次換完時，我才會深刻體會到呼吸新鮮空氣的感覺——那時候我才發現原來我們一直以來都在吸不純的空氣。太空梭任務之前的地面訓練也包含讓我們體驗、認識高濃度二氧化碳會引發的症狀。我們每個人都要進入航太醫務室內的一個小房間裡，戴上呼吸面罩，吸入二氧化碳濃度慢慢增加的空氣。

我第二次上太空也是搭乘美國的太空梭，那時我已更明白二氧化碳會對我造成的影響，也和機上組員討論了他們的症狀。當二氧化碳濃度破新高時，我的身體會立刻察覺。我決定更嚴正看待此事，和更多人討論二氧化碳的影響。當時總署指派了一位新的太空站計畫負責人，我一返回地球就立刻協助安排帶他參訪正在佛羅里達海峽出任務的海軍潛艇。我想潛艇的環境在很多方面都可以拿來和太空站作對照，我也特別希望同事都有機會可以仔細觀察海軍如何處理二氧化碳的問題。該行使我們增廣見聞：原來只要二氧化碳濃度在水銀濃度計上的刻度超過兩公釐，海軍潛艇就會開啟空氣清淨裝置。反觀國際太空站，二氧化碳濃度的國際協議規定只要水銀濃度計刻度在六公釐以下就算安全！海軍潛艇的工程長官解釋道，高二氧化碳濃度對人體造成的影響會威脅到海軍的工作，所以保持低二氧化碳濃度是當務之急。我覺得美國太空總署應該也要有這樣的意識。

首度替登上國際太空站做準備時，我學會了一套新的二氧化碳排除系統。氫氧化鋰罐很簡便也很可靠，但其中使用的金屬罐不能回收，最後都要丟掉——這樣很不切實際，因為一趟六個月的任務就要用掉好幾百個金屬罐。所以現在有了一套新的系統叫做 CDRA（二氧化碳移除設備，carbon dioxide removal assembly，簡寫讀作 seedra），這套系統於是成了我生存的關鍵。太空站上有兩套 CDRA，一套在美國區實驗室，另一套在三號節點艙。每一套設備都重達約兩百二十七公斤，外型像個汽車引擎。CDRA 外部有棕綠色的絕緣體包覆，裡面是一系列電子零件箱、感應器、發熱器、閥門、風扇和吸附床。吸附床利用沸石結晶吸收空氣中的二氧化碳，接著實驗室內的 CDRA 會把吸收來的二氧化碳透過真空閥門排放到太空中，而三號節點艙中的 CDRA 則會運用一部叫做「薩巴提耶（Sabatier）」的設備，將二氧化碳中的氧以及機上造氧系統產生的廢氫結合在一起。氫氧結合的產品便是水（太空人的飲用水）和甲烷，甲烷也會被排放到太空中。

CDRA 是個龜毛的大怪物，需要細心照料才能正常運作下去。該次任務，我在太空站上待了大概一個月左右，才開始發現某些身體症狀和二氧化碳濃度有關。水銀濃度計刻度兩公釐時我沒什麼感覺，但到三公釐時我就會開始頭痛，整個人覺得腫脹。四公釐時我的眼睛會有灼熱感，而認知功能好像也受到了影響。如果此時從事複雜的工作，我會笨手笨腳。水銀濃度計顯示高於四公釐時，我身體的各處都會極度不適。二氧化碳濃度變高的原因有很多。有時太空站當下的方位收不到足夠的太陽能，沒有足夠的能源，我們就必須關掉 CDRA。舉例來說，進步號補給艦停靠時，太陽能陣列板就必須轉到一側，以免進步號的推進器把太陽能板敲壞。有時 CDRA 會突然自己罷工，沒什麼原因，它就是壞了。

CDRA 會用到的多數指令都可以由地面操控完成，太空站上絕大部分的硬體設備也都是如此。控制中心可以利用我們收發電子郵件和打電話的同一組衛星來發送訊號給硬體設備。但偶爾還是得要仰賴太空人實際操作複雜的硬體維修。維修過程可不容易。首先要將 CDRA 關機，待其冷卻。接著要移除 CDRA 器材架底層所有的接頭、水冷線和真空管。所有用來把 CDRA 固定在架上的螺帽也都要拆掉，才能從架上取下 CDRA。上一次出任務時，我用力拉了 CDRA，但它完全沒有鬆動，感覺好像整台 CDRA 已經被焊在那個位置上了。我打給地面求救，但地勤人員也不知道怎麼辦。接下來的幾天，強森太空中心召開了多次會議，專家學者都商討著要怎樣解決這個問題。

那次之後我又再檢查了一次所有的螺帽，發現有一個漏網之魚還鎖在架上。於是問題解

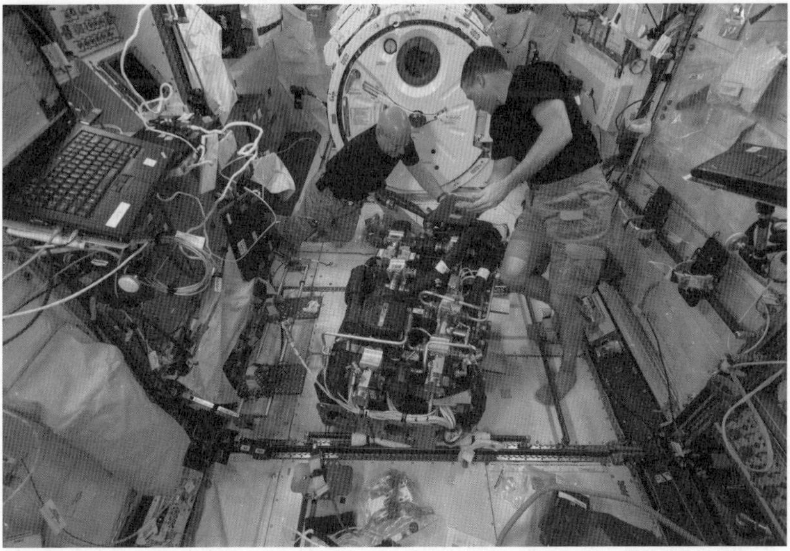

我和泰瑞・佛茲在國際太空站的日本艙內操作 CDRA。（圖：NASA 提供）

決了。我把這頭巨獸拉了出來，最後還得拿掉外面的絕緣體才能看到裡面的一堆接頭、水冷線，還有超級難搞的 Hydro Flow（水流）接頭。在太空維修複雜的硬體比在地球上難無限倍，因為在地球上放下工具、零件時，它們不會亂跑。太空站上有太多複雜的硬體了——美國太空總署估計太空人有四分之一的時間都花在硬體維修上。維修 CDRA 最困難的部分就是把絕緣表面拼回去，這過程有點像在玩巨型3D拼圖，所有的拼圖片都飄在半空中。重開機之後，CDRA 開始運轉了。不知道這巨獸之後還會不會再出什麼大招。

而在這次的任務中，兩架 CDRA 又給我們出了新的難題。三號節點艙內那架較常使用的 CDRA，只要氣體選擇閥門（活動組件）被沸石塞住或卡在不對的位置時，整台機器就會停擺。實驗室內的那台則是偶爾會短路，原因不明。一天當中，有時二氧化碳濃度會開始慢慢升高，有人在運動時特別明顯。一天下來我會開始鼻塞、眼睛灼熱，還有輕微頭痛。我用 Sudafed 鼻炎藥和 Afrin 鼻噴劑來緩解症狀，但這治標不治本，而且很快會產生抗藥性。幾天前，我問泰瑞和莎曼珊有沒有不舒服，他們都說二氧化碳濃度高時會覺得腦袋鈍鈍的。但地勤人員好像不把這當一回事，我很不高興。

雖然站上有兩架 CDRA，但地勤只准我們使用一架，另一架晾在那裡當備用。我們用的是三號節點艙那架，因為它比較穩定。只有在它忽然故障時，或站上同時間有超過六名太空人，才可以兩架都開。休士頓控制中心只要撥一個開關，太空站上的二氧化碳濃度就能下降到忍受範圍內，但怎麼說服他們就是不肯開。有時我真不禁懷疑不開第二架 CDRA 是因為地勤嫌維修麻煩。控制人員自己在地球上吸著新鮮空氣，讓我實在很難站在他們的角度替他們著想。太空站的二氧化碳濃度高到我覺得不合理。俄國的負責人堅稱，刻意保持較高濃度的二氧化碳是為了使組員免受輻射線的危害。截至目前我還沒看到這種說法的科學證據。而我懷疑俄國太空人若是發表意見就會被扣薪水，所以他們才都不敢抱怨。

如果有天真的要上火星，我們絕對需要更好的二氧化碳解決方案。現在這個龜毛的系統會使火星太空人身處嚴峻的情境中。

晚會在晚上七點半，會後緊接著就是晚餐時間。因為是週五，我們都很期待在俄國區跟大家一起共進晚餐，這是週五的慣例。

當晚會議結束後，我把要帶去週末晚餐的食物收到密封袋裡，也帶上自己的湯匙和自己的剪刀，用來剪開食物包裝。我把要與大家分享的食物裝好，有我多準備的食物，還有我從地球帶來的罐頭鱒魚、經過輻射滅菌的墨西哥肉品，還有甘迺迪最愛的一種加工起司，吃起來很像 Cheez Whiz 起司醬。俄國太空人都會帶黑漆漆的魚子醬來分享，我也愛上了這種魚子醬，他們還會帶罐頭龍蝦肉。莎曼珊帶的點心都很好吃——歐洲人最懂吃了。

我用手臂夾著分享包飄到一號節點艙，經過了加壓對接適配艙（pressurized mating adapter，PMA-1），也就是連結美國區和俄國區的漆黑短道。這個通道不美觀也不寬敞，大約兩公尺長，傾斜角度很大。通道本身已經很窄了，我們在那裡放了許多裝滿東西的白色布袋，所以又更擠了。我經過俄國區的功能貨艙後才進入了服務艙。服務艙內，甘迺迪和莎曼珊正用筆電看著電影，安東剛完成牆上一項實驗，飄到他倆旁邊。筆電螢幕上閃過一個年輕女子的臉，女子眉頭深鎖，露出憂慮的表情，畫面的音軌是一名男子的聲音，男子用俄語嚴肅地說著話。

「你們在看什麼？」我問。

「《格雷的五十道陰影》，」莎曼珊說：「俄語配音。」

甘迺迪試圖說服莎曼珊《格雷的五十道陰影》是文學巨作。

莎曼珊眼睛仍直盯著螢幕，嘴裡邊回：「太扯了。」她和甘迺迪半開玩笑地吵著《格雷的五十道陰影》的文學價值，此時米哈正從廁所出來。泰瑞也帶著他的分享包出現，和大家打了招呼。

安東和米哈都會讓甘迺迪掌控全局，雖然實際上安東才是俄國區的指揮官。甘迺迪一直都是個很厲害的人——只要有他在，一切都會很順利，大家也都向他看齊，他是個天生領導者。甘迺迪不會為了掌權而使手段，但他有著讓大家願意服從的人格特質。

米哈也一直是個很好的任務夥伴。他打從心底關心別人，每次問我最近好不好時也都是真心想知道。他很關注朋友的生活、感覺，也會努力想辦法幫助朋友。米哈最重視朋友和同儕間的情誼，不論做什麼事情也都會發揮團隊精神。

常有人問我跟俄國人相處的感想，我每次說沒有任何問題，大家好像都不相信。美俄兩國一天到晚對彼此的文化產生誤解。俄國人一開始可能會覺得美國人很弱，好傻好天真。對美國人來說，俄國人則是固執、高傲，但就我自身的經驗，這只是其中一個面向。我常想起以前讀到描述俄國人個性的一段話：「賤民之間的兄弟情誼」，背後的原因是俄國人被戰爭和災難的歷史給制約了。我們都得學習並尊重彼此的文化，既然都決定要攜手一同參與這個充滿挑戰的大計畫，就要努力互相了解，發掘彼此最好的一面。和我一起航向太空的同事，在任務的各方面都扮演著非常重要的角色。同事好，最辛苦的工作日也可以過得很快樂，同事不好，最簡單的任務也可以使人痛苦萬分。共事的人可以決定我這一年在太空中的時間，是否充滿各種不必要的危險、衝突，還是得每天容忍不對盤的人，又無處可躲。

待所有人都來到餐桌邊，甘迺迪清清喉嚨，表情莊嚴肅穆，讓大家知道他要準備敬酒了。俄國人非常認真看待敬酒，晚餐前的第一次敬酒是最重要的一次。第一次敬酒是向在座的各位以及我們的團聚獻上敬意。

甘迺迪先開口：「各位，沒想到我們真的能這樣一起在太空中，我們六個人現在是全地球人的代表，能與你們一同在這裡，真是三生有幸，太美好了。敬，我們，和我們的友誼。」

「敬我們。」我們其他人跟著敲杯，週末夜正式展開。

一行六個人要在如此狹小的空間吃飯很不容易，但我們還是很期待和全體組員共進晚餐的好時光。我們用魔鬼氈和封箱膠帶來固定食物，但總還是會有些水袋、湯匙、餅乾等漏網之魚逃離主人，飄到其他地方，等人去撿。所以大家一起吃飯時，若有誰的飲料飄到誰頭上，就得伸手幫忙攔截。我們吃飯時會聽音樂，通常是聽我帶來的 iPod 播放清單——U2、酷玩、布魯斯·史普林斯汀等。俄國組員特別喜歡流行尖端樂團。有時我會偷偷插播平克弗洛伊德（Pink Floyd）和死之華的歌。我放六〇年代的搖滾樂，俄國同事好像沒什麼意見，但他們對嘻哈就不感興趣，我曾多次試圖向他們推薦傑斯（Jay Z）和阿姆（Eminem），但也沒用。

我們會聊聊一週下來彼此的工作進度。俄國同事問我們抓龍任務執行得如何，我們問他們進步號補給艦下一次什麼時候來。我們也聊家人，也會提一下兩國的時事。如果有什麼與美俄情勢有關的大新聞，例如兩國對敘利亞的同時干預，我們就會點到即止，沒有人想長篇大論。

稍晚，俄國組員開始第二輪敬酒，這次敬酒通常是針對比較特定的事情，例如最近在做的事。這次我們敬天龍號，還有天龍號帶上來的物資。

大家互道晚安後，我們便飄回美國區，也沒忘記帶走自己的湯匙和剩菜。回到個人睡眠艙後，我看了一下隔天的工作進度。在太空站上，常常週末也要工作，我還必須利用週末把一定要做的健身做完。我把褲子脫掉，放在鬆緊繩下方固定好，上衣我懶得換了，我直接戴上耳機打給艾美。她那裡的時間還是傍晚。我告訴她抓龍任務的事、《格雷的五十道陰影》、二氧化碳把我逼瘋的事，還有甘迺迪的聯合號故事。她告訴我今天的工作情形。她同時還得幫十八歲的兒子崔斯坦處理汽車著火事故。她也很照顧我女兒莎曼珊，還替我父親辦事。有艾美在地球幫忙處理事情，我真的很幸福，但有時想到我沒辦法幫她做什麼，心裡還是不好受。

二〇一五年四月四日

週末起床時身處太空站的感覺很怪。週六早上起床，我仍要工作，週日早上起床，還是工作。

幾個月後，我還是在這裡工作。週末我們通常會有時間做些私事——打視訊電話給家人、收個人郵件、閱讀、暫時不管 OSTPV 上跑個不停的紅線、為接下來一週的超長工時和吃力的工作內容好好休息。

但有些工作會偷偷占掉週末的時間。我們被規定週末至少要有一天做幾個小時的運動，因為無重力狀態對人體造成的危害是24小時每分每秒。太空站維修也不能等到週一，因為週一沒有時間做。週末也是掃除的日子，在無重力狀態下掃除有很多要講究。在地球上，灰塵、棉絮、頭髮、指甲屑和食物殘渣會掉在地上，所以只要靠掃把和吸塵器就可以清掉多數髒汙。在太空站上，灰塵可能會黏在牆上、天花板或昂貴的器材上。空調系統的濾網很容易藏汙納垢，髒東西卡太多時，就會影響空氣循環。站內的牆壁很容易潮溼、變髒，所以常會發霉。此外黴菌孢子不會掉到地上，而會懸浮在我們吸入的空氣中，可能會嚴重危害太空人的健康。所以，每個週末我們都必須用吸塵器和殺菌紙巾清理站上大家固定會碰到的各種物品。我們也會從牆壁上取樣，放在培養皿中帶回地球做研究。截至目前地面並沒有發現什麼有毒物質，但親眼看見牆上繁殖出來的東西，還是讓人覺得很驚嚇也很噁心。

週六早晨也會進行科學實驗。除此之外，我們還得替天龍號卸貨。天龍號上有些東西有時效性（尤其是活的白老鼠和新鮮蔬菜）。大家都起床喝過咖啡後，泰瑞和莎曼珊便到二號節點艙與我會合。我們身上帶著清單和攝影器材：相機用來記錄每一個工作步驟，以供美國太空總署和太空探索技術公司日後分析，還有一台攝影機，讓任務控制中心即時監控我們的工作。太空人準備就緒後便打給地面，讓地勤跟著我們一起行動。

莎曼珊打開太空站連接著天龍號的艙口，拉開艙門時，一股熟悉的氣味向我襲來：微微的燒焦味，微微的金屬味——太空的味道。莎曼珊也聞過這個味道，一次是之前搭乘聯合號上站時，她在站上的同事走過相同的步驟打開聯合號艙門，另一次是她與兩個同事執行漫步任務時。兩次都是這個氣味。

我們掀開用來保護艙口的帆布，把它放到一旁。接下來，我和莎曼珊便一起卸下用來啟動對接螺栓的四組電源。要拆掉連接在一起的電線，還要把露出來的公母頭套好，需要長時間的聚精會神。這項工作最大的風險就是弄壞連接線或弄掉公母頭的套子，其實要弄壞或弄掉都很容易，但所有東西都會浮在空中，非常麻煩。我們終於把兩架太空船之間的能源線和數據線都接了起來。

我們告訴地勤所有步驟都已經順利完成。

座艙通訊員說：「太空站、休士頓、太空至地面二號頻道，站上組員可以開始執行步驟六，進入天龍號。」

「收到。」

要先戴上護目鏡和防塵面罩才能打開天龍號的艙門。護目鏡和面罩的作用是要保護我們不被在機艙內亂飄的灰塵和小碎屑攻擊。莎曼珊打開艙門，將門滑到一旁，接著打開天龍號裡的燈。我們的第一個任務是要確保兩架太空船內的空氣可以均勻混合——天龍號很有可能帶著二氧化碳或其他氣體的氣泡，因為沒有重力來幫助空氣均勻混合，我們需要架設通風管線來保持艙內空氣循環，和太空站上其他艙室一樣。我們採集了天龍號的艙內空氣以便日後送回地球做研究，俄國太空人則會自己另外採集研究用的艙內空氣。美國太空總署有時很質疑俄國聯邦太空總署的空氣標準值，所以也會要求美國太空人採集空氣進行測試。我們環顧該區，檢查兩個太空艙的艙門是否都完好、沒有損壞。兩端的對接器都重複使用了好多次，但仍未故障過，也沒看出耗損的跡象，我很佩服。一切都照著計畫走，非常順利，現在我們得開始卸下約一千九百五十公斤的貨物了。

每個太空人的愛心包裹上都有清楚的標示，一打開艙口就可以馬上拿到，實驗白老鼠、新鮮食物和冰淇淋也都是。我和泰瑞幫大家分愛心包裹，覺得自己有點像聖誕老人。好幾個月之前我們的親朋好友就已經準備好包裹內的東西，這樣才來得及打包送上天龍號。愛心包裹內的東西必須小巧且不易腐壞。我要等回到自己的睡眠艙再私下開箱。

新鮮食物袋中有蘋果、梨子、甜椒、青椒。味道好香。接下來的幾天當中，幾乎每餐都會出現這些食材，直到食材腐爛。

我打開白老鼠的箱子，一隻隻把牠們從發射升空用的容器中接到美國實驗艙內的設施中。老鼠到處亂竄，想要搞清楚這個無重力的環境。我看著牠們的臉，心想這些小腦袋瓜不知道能不能理解這一切。老鼠也和人類一樣，不適應的時候看起來狀態很糟。

從天龍號上卸下的物品每一件都必須裝到有標籤的布袋裡。標籤上有條碼，就和超市裡的食物一樣，也都標示著內容物的文字說明。每件物品都有其用途和目的地——不只是要知道什麼東西要送去哪個艙段，還要知道該放在哪個特定的袋子裡或鎖在哪個特定的箱子裡、擺在哪個指定的牆上

（或地板、天花板上）。在太空中很容易弄丟東西，如果放錯了位置，可能就會再也找不到。在天龍號和太空站之間忙碌了好幾個小時後，我覺得手臂沾上了太空的味道。

今天是週六，所以我有比較多自己的時間可以打給親朋好友。我忽然很想念母親。她過世到今天已經過了整整三年。我很希望她可以看見我在太空的工作。我和馬克成為太空人時，她非常欣慰，我倆在佛羅里達的六次升空她都有到場見證。隨著事業發展越來越上軌道，我也越來越清楚媽媽早年給我和馬克的身教，對我的一生有多大的影響。當初看著媽媽替自己設下無比困難的目標（通過男性的體能測驗，加入警察的行列），最後克服萬難完成任務，對我而言，這比全世界任何的精神喊話都有價值。還記得看著她把體能鍛鍊表進度貼在冰箱上，仔細列出哪天要舉多重的重量，或要跑多遠。一週又一週就這樣過去了，進度表上許多待辦任務都被劃掉了，我也發現她變得更強壯。母親並非刻意給我和馬克做榜樣，但她確實做出了好榜樣。

母親從警那些年的故事，使我深信她是最善良的警察。她發自內心關心所接觸的人，哪怕這些人幹了些蠢事也一樣，而且她總是不顧自己，盡量以對方的安全為優先考量。她用聆聽取代威脅來化解危機，下判斷時也會換位思考。有時其實直接把壞人抓起來還比較省事，但她很討厭把人抓去關，她甚至還時常親自開車送人回家。母親因公受了不少傷，十年過後，她的背疾已經嚴重到她不得不領殘障津貼退休，在那之後她就再也沒有工作過。對於退休一事她不覺得難過，因為警察的工作壓力很大，而她對自己曾經的付出已經相當滿意，我們也以她為榮。退休後的母親很快樂，花很多時間在藝術創作上，之後則大多把時間花在孫女身上。

當我終於有時間回到睡眠艙時，我看到艾美寄來的信。今天，她到我母親的墳前擺了花，拍了張照片寄給我。看見墓碑上刻著母親的名字、鮮花亮麗的顏色，以及四周綠油油的草地——我彷彿一秒回到了地球。這張照片讓我感受到花草這類小生命的奇妙珍貴，也明白只要身而為人，總是無法避免在某天失去至親至愛的人。艾美此舉讓我非常感動，她的週末總是非常忙碌，但她仍記得這一天，替我開車到墓地，做了一件我做不到的事。

我打給艾美說：「謝謝妳，這對我意義重大。」我心裡還有更多話想說，但卻兜不成句子。

此次任務期間，國際太空站上同時進行著超過四百項實驗，這些實驗是由許多來自不同國家、不同學科領域的科學家所分別設計而成。絕大多數實驗都會探討到重力，只是切入點不同。人類身處的世界中，幾乎所有事物都受重力影響，一旦受試對象（不管是老鼠、萵苣苗、液體或火焰）失去了重力這個控制因素，一個新的大變因便就此解鎖。這也是之所以太空站上的科學實驗範圍這麼廣；幾乎所有科學學科都能從這項研究中有所斬獲。

美國太空總署的科學家把太空站上的研究分為兩大類。第一類是對地球生命有益的研究。這類研究包含：（一）可運用在新藥中的化學物質特性研究；（二）如何讓燃料在燃燒時更有效率地進行研究；（三）新材料的開發。第二類則是用來解決未來太空探索時會遇到的問題：（一）測試新的生命維持器；（二）解決太空飛行時會遇到的技術問題；（三）研究如何滿足人體在太空中的需要。由我本人擔任主要受試者的實驗大多是第二類研究：針對我和雙胞胎哥哥馬克的身體做一年的比較；研究在太空中待上一年對我和米哈會有什麼影響；還要研究我的眼睛、心臟和血管。我的睡眠品質和營養攝取也都會成為研究對象。分析我的DNA也可以更了解太空飛行在基因層面上會造成的影響。其中還有一些心理和社會層面的研究，例如：長期隔離和禁閉會對人體造成什麼影響。

我在站上約有三分之一的時間都花在科學實驗上，而其中四分之三的時間都在研究人體。我得替自己和組員抽血，日後地面會分析我們的血液，我也必須如實記錄生活細節，舉凡吃下肚的食物和我的心情。我必須在一天當中的某些時段測試自己的反應能力，並進行血管、心臟、眼睛和肌肉的超音波檢查。接下來的任務中，我會參與一項名為「體液轉移」的實驗，用實驗器材把體內的血液引流至下半身，就像重力把血液集中在下半身一樣。這項實驗目的在證實一個主流理論，探討太空任務導致某些太空人視力受損的因素。

其實，不同類別的研究間都有相當程度的重疊。若能學會如何抗衡微重力環境造成的骨質流失，也許就可以把這個知識運用在治療骨質疏鬆或其他骨骼相關疾病上。若能了解在太空中如何維持心臟健康，也許可以幫助我們更了解如何在地球上保有一顆健康的心臟。太空生活的後遺症跟老化產生的症狀非常相似，而我們每個人都會面臨老化。這一年中，我們還會在太空上種植萵苣，這項研究雖是為了未來的太空行鋪路（將來要上火星的太空人只能吃自己種的食材），但研究結果也能幫助我們學會在地球上用更有效率的方式種植作物。專為國際太空站設計的封閉式供水系統可以處理太空人的尿液，將其淨化為乾淨的水資源，這項技術對火星任務來說非常重要，但另一方面，也可以運用在地球處理水資源的方式，尤其可以為淨水資源稀少的地區帶來希望。研究和探險的價值最後都會留傳於後世，我希望我在太空站所做的這些實驗也是如此。

我開始整理環境，把所有工具和器材歸回原位，並移動到一號節點艙覓食。只有週五我們才會到俄國區一起吃飯，因為平日工作太繁忙了，沒有時間一起吃。我把輻射滅菌後的肉品加熱，沾上辣醬，包在玉米餅裡，邊吃邊在空中飄浮、看美劇。差不多快吃完的時候，泰瑞來了。

「別忘了天龍號有送冰淇淋來喔！」泰瑞提醒我。他從實驗室天花板上的小冰箱拿出兩個冰淇淋三明治。這是真正的冰淇淋。這是我第一次在太空吃冰淇淋——太空人很少有機會吃冷食。真是好吃到不行。

回到睡眠艙後，我把天龍號載來的愛心包裹再打開來看一次。裡面有美式辣醬一罐；我哥寄的明信片，還有我女兒們合寫的一張卡片。

我拿了塊巧克力來吃，把其他東西收了起來，然後再收一次電子郵件。我飄到睡袋裡待著，想著我的孩子們，不知道我不在的日子裡，她們好不好。然後我便進入了夢鄉。

第 6 章

菜鳥天上飛

讓我說點我仍在海運學院的某段日子。

某天凌晨五點，天仍未明，我悄悄溜入B中隊的宿舍。我輕聲打開三樓一間房間的門，房內兩名十八歲的少年——海運學院新鮮人——正安穩地睡著。整個房間都是臭襪味和汗臭味。我站在左側學生的床頭，短短兩年前，我自己還睡在這張床上。房間的另一側，另一位新訓官站在包伯・克曼以前睡的那張床邊。接著我開始同時狂敲金屬垃圾桶蓋，一邊使盡吃奶之力大聲吼著：「起床！菜鳥！起床！懶屁股！」

海運學院指派我擔任該班的新訓總執行官，負責督導這期間的各種嚴格操練、訓練新兵。這份工作雖然相當吃力，對我來說卻是至高的肯定——因為這表示我的表現很出色，上級發現我有領導的潛力。我也下定決心要藉此好好證明自己的能力。這是我生平第一次有機會當個真正的領導者。

我總共要訓練兩百五十名新生。我要負責告訴他們海運學院的傳統和期望，還必須協助他們調適離家的生活。身為新訓的最高督導，我告訴自己要當一個嚴格而公正的領導者。

我曾經收到轄下新生寫來的一封匿名信，警告我下次出海時最好不要太靠近船邊——也就是威脅要推我下海。所以我很早就學到一件事：在上位者不可能討好所有人。我也能理解為什麼這名新生和轄下其他學生覺得各種規則很煩人。但我深信，光亮的皮鞋和閃閃的皮帶頭雖不是什麼重要之事，卻能幫助我們學會重視細節。要安全有效率地在大海中航行，就需要注重細節。

每年暑假我們都會乘著帝國五號停泊各個港口，任務結束返校後，我便立刻開始參加海軍的航海訓練。某年暑假我參加了一個叫做CORTR-AMID（Career Orientation and Training for Midshipmen，海軍校生職涯方向規劃與訓練）的營隊。我們花時間分別和陸、海、空三軍朝夕相處，一個軍種為期一週，另外還有一週的時間分給海軍陸戰隊。這是要讓我們有機會接觸海軍服務的各面向。海陸體驗週中有各種爆裂物的詳細介紹，我還拿著M16步槍在夜晚的樹林裡奔跑。空軍體驗週我乘著E-2C鷹眼（E-2C Hawkeye）預警機翱翔天際。海軍體驗週我則參加了海豹部隊超緊繃的障礙訓練。還有三天的時間我待在潛艇上。

大四那年，海軍預備軍官訓練指派我為營長，這是我的第二個領導職。那時我修了不少難度比以前更高的課程，例如電機工程。我已經掌握了讀書的訣竅，覺得自己很棒，也很喜歡學習。我還修了電路設計、網絡分析以及其他進階的工程相關課程。如果海運學院有物理學系，我應該會轉系。有時我也會想，如果可以把自己在學習困難科目時理出的訣竅傳授給這些年輕學子，會是件很有意義的事。

大學時代我無所不用其極想要替自己增加機會，我做的各種努力中還包含照顧視力。我有很多也想成為飛行員的朋友會彼此討論如何維持良好的視力，到最後大家都有點走火入魔了。每個想成為飛行員的學生都一定聽說過這類慘痛故事：含辛茹苦一輩子就為了成為海軍飛行員，最後卻因為視力略低於標準值而被刷掉。我很注意不讓眼睛疲勞，閱讀時一定會有足夠的光源。現在回想起來，其實刻意做這些事幫助都不大。

剛上大四時，我參加了一個名為航空資格考／飛行員性向測驗的標準化考試。資格考的部分有點像是智力測驗，而飛行員性向測驗的部分包含空間概念測驗以及視覺邏輯測驗，視覺邏輯的題目是從飛機座艙看出去的地平線圖像，考生必須看圖選出對應的機身方位。

我知道這個考試會決定我的未來，所以非常努力準備應考。因為沒有應考相關參考書，我便自己整理筆記，畫出飛機方位圖以及該方位的座艙視角。考試當天，考完離開教室時，我感覺自己應該可以達到自己的最佳表現。成績要好幾週後才會公布，公布後還要好幾個月才會知道我被分到海軍哪一個部門。就算我在考試中奪得好成績，也沒有人可以保證我一定會被選上飛行員組，更別說駕駛噴射機了。

某個寒冷的一月天，我和室友喬治吃飽午飯坐在房間裡看著魚缸旁的舊型彩色小電視，電視上播著《星際爭霸戰》。電影被新聞插播打斷了：挑戰者號太空梭在升空的七十三秒後爆炸了。我們看著螢幕上不斷重複播放的爆炸片段。

意外之後過了好幾週，此次事故原因的相關理論才浮出檯面，原來是佛羅里達當時異常寒冷的天氣導致其中一個固態火箭推進器的橡膠O型環故障。

「你還要繼續嗎？」連續看了好幾個小時的事故新聞後，喬治這麼問我。

「什麼意思？」我問。

「太空梭啊，」喬治說：「你還想開太空梭嗎？」

「當然。」我說。我學了越多關於航空飛行的知識後，想駕駛複雜飛行器的志向也越來越堅定。太空梭就是最複雜的飛行器（也是最複雜的太空載具）。挑戰者號事故告訴我們，太空之旅非常危險，但我其實早就知道了。我相信美國太空總署一定會找出爆炸的原因，並且予以改善，設計出更好的太空梭。說來也怪，但在知道太空任務的風險後，奔向太空卻更加吸引我。

事發多年後，我才知道除了O型環異常之外，爆炸背後另一個主要原因是管理疏失。固態火箭推進器的工程師曾數度表示O型環在寒冷的天氣中會出現問題。在挑戰者號升空前一晚的視訊會議中，工程師努力試圖說服太空總署的管理階層延後任務，待天氣回暖再復航。大家不僅在會議中忽視工程師的建議，操太空任務生殺權的高層長官收到的會議記錄中，壓根兒就沒有提到這件事。長官根本不知道O型環的事情，也不知道工程師曾提出警告，賭上性命的太空人更是對此一無所知。

總統針對這次意外親自召集的專案調查小組建議太空總署修繕固態火箭推進器，不過更重要的是，小組也提出，總署的決策過程必須做全面性的調整。這些建議成功改變了太空總署的文化。

事隔多年，我剛成為太空人時聽的其中一個簡報就是在講挑戰者號事故。胡特・吉布森是挑戰者號上三名太空人的同班同學，他解說一月那天究竟是哪裡出了差錯。他也告訴我們，組員最後幾分鐘的生命中可能經歷了什麼。吉布森希望我們了解航向太空必須承擔的風險。他說的話我們都謹記在心。那次簡報後，沒有任何一人退學。

・・・

一九八七年我從海運學院畢業，有點時間暫停一下、思考人生。當初申請入學時，對我來說是不成功便成仁，我永遠不會忘記。我在海運學院的教室中、船艦上以及同學和師長身上學到的一切，改變了我的一生。我和四年前那個初出茅廬的傻小子已經完全不同了。海運學院為我做的一切，我不勝感激，這下要離開充滿這麼多美好回憶的地方，我也深感不捨。

我在航空資格考拿下了高分，過沒多久，我就被派至佛羅里達州彭薩科拉的飛行員學校了。一九八七年的夏天，我把所有家當搬上我的寶馬老白後一路往南開。彭薩科拉位於佛羅里達狹長的翡翠海岸上，雖然是位在佛羅里達，但其實整體感覺比較像是阿拉巴馬。彭市規模不大，主要建設就只有一個海軍航空站，海軍飛行員訓練之外，旅遊業是彭市的主要產業。彭市也是個非常典型的「軍城」，隨處可見拖車營區、當鋪以及菸酒專賣店。

飛行員學校的開學日，我到視力檢查中心報到，那裡有四名穿著制服的軍官面對著我。我原以為會有個忙碌的軍醫叫我讀一讀眼前看到的表，然後我就可以正式開始訓練（至少是我希望啦），但整個檢查過程中，眼前這一排不苟言笑的高階軍官都細細打量著我。他們令人很不安，搞得我一直在想自己是不是答錯了什麼。最後我通過了視力測驗，視力健康一百分。多年後，我碰到了一名海軍飛行員軍醫，我做視力測驗那天他也在場。他向我招認，當時的布局是刻意安排來嚇新人的。

海軍飛行員的新兵訓練就此展開，接下來的數週中會有辛苦的體能、游泳、生存訓練。其中有越野課程，要我們在一定的時間內找到方向。障礙課程則須跨欄、在障礙物下方匍匐前進、爬過沙堆、爬上高牆。電影《軍官與紳士（An Officer and A Gentleman）》中描繪的飛行員新兵訓練還原度很高，我們這些新兵也和電影中的菜鳥一樣，幾週後就必須接受「菜鳥落水機」的考驗。「落水機」的設計是用來模擬飛機迫降在水面上或墜入水中時的狀態。新兵穿上整套的飛行服、戴上安全帽，綁在模擬座艙中，然後從軌道上直直落入水池最深的水段。我們事先就被警告落水衝擊力之大，很可能會導致暫時無法呼吸，而且沒入水中後我們只有幾秒的時間可以卸下裝備，緊接著座艙便會翻覆過來。我得解開安全帽上的通訊器材、把自己從五花大綁的狀態解開、想辦法逃出座艙，然後潛到更深處，因為真正迫降水面時，海洋表面可能會有汽油在燃燒。我前面有幾個人無法順利脫困，最後得讓潛水救生員把他們從座艙拖出來。但輪到我時，我只花一次就成功脫困了。

此外還有一個直升機落水器的類似訓練。新兵被綁在模擬直升機中，隨後直升機便掉入水池中，在水裡翻了過來，沉到水底。和「菜鳥落水機」訓練一樣，我得解開身上的束縛，游到安全的地方。但直升機落水器的難度又更高了，因為我們被矇住眼睛，落水器上坐著好幾個人，逃生的出口又只有一個。曾經有人在直升機落水訓練時溺水，我還聽說甚至有人心跳停止。我們被綁在落水器上，看著水面慢慢升高，在水面覆蓋過鼻子之前深吸了最後一口氣。要等到座艙翻過來，停止動作時，我們才能開始解開安全帶。我打算在座艙內找一個把手或什麼的，這樣就算眼睛看不見，起碼也有個定位點。但座艙一翻轉過來，我便感覺天旋地轉，還不免被胡亂揮舞找出口的同學踢到臉，或踢到肚子，導致呼吸困難。我知道自己也踹到了後面的人。順利通過直升機落水測驗後，我開心得不得了，雖然我也知道每四年都還要再測驗一次。幸好當初各種緊急情況訓練最後都沒有派上用場。

游泳訓練比上述訓練還要更困難。我們得游一英哩（約一點六公里），接著涉水十五分鐘，整個過程還得穿著全套飛行裝，包含靴子。游一英哩對我來說不算什麼，但涉水簡直要了我的命。其他新兵好像天生就很輕盈，但我的輕盈度大概跟磚頭一樣。我反覆不斷地練習，最後通過了測驗，但成績是低空飛過。

我還學到了各種不同的水中求生技巧，例如脫掉褲子，在褲管中灌滿空氣後綁緊，就可以當成漂浮裝置。我學會水母漂：冷靜地漂在水面上，面朝下，需要換氣時才輕輕把嘴巴舉出水面，這樣可以在水中生存很長一段時間。我學會如何在水中把掛在身上的降落傘繩索解開。我練習讓直升機把我救出水中，把叫做「馬項圈」的吊索勾在自己身上，讓自己被拖到空中。垂降訓練最困難的點是直升機會濺起大水花，狠狠打在我臉上，我一度以為自己要溺斃了。

某日，學生分批被帶入了海拔室。海拔室是一個密閉空間，空間內的氣壓會慢慢降低，模擬海拔約七點六公里的環境。這個高度的稀薄空氣不至於致人於死地，可以讓我們知道自己在空氣中氧濃度較低時，身體會出現哪些反應，其中可能產生的症狀有嚴重發麻感、指甲和嘴唇發紫、無法清楚說話以及意識錯亂。在海拔室練習過幾次後，我想要測試一下自己的極限，看看最糟的症狀可以多糟。最初的症狀有點像微醺，我覺得自己傻了，這種微醺帶來的少許愉悅感沒多久後馬上轉變成一陣狂喜。狂喜後是困惑感，接著我出現了管狀視覺，接下來我只記得有安全監控人員幫我戴上了氧氣面罩——我在裡面拖太久，已經無力自己戴上氧氣罩。低氣壓室讓我學到了一課：人不能玩火。之後我還是會固定到海拔室進行測試，但我絕對不會再讓自己在危險邊緣徘徊。

新訓期間也有很多不同課程。課程內容有空氣動力學、航空生理學、飛機引擎和系統、天氣與飛行、導航，以及飛航規範與法規。大部分的課程我都是第一次修，但內容其實跟大學所學差不了太多。我知道整個訓練當中，對我而言最好掌控的就是這些課程，只要努力就會有好成績，所以我很認真讀書。這裡的成績計算方式和大學時的GPA算法不同，但總而言之，我知道若是盡可能在新訓的各環節中表現出眾，被指派駕駛噴射機的機率就越高。

生存訓練其中一環是要在樹林裡待上好幾天，學習搭帳篷、發烽火、找方位、獵捕和採集食物餵飽自己。除了一條我們用大樹枝殺死的響尾蛇之外，我們沒找到其他食物。

結束為期約六週的課程和體能訓練後，終於到了學開飛機的時刻。一開始我們先上T-34C「渦輪導師」，這是台螺旋槳軍用教練機。T-34C渦輪導師是二戰後的機種，機身小巧，座艙內座位為串列式，一個在前，另一個在後。我們得讀完跟電話簿一樣厚的飛行手冊，手冊內有一堆圖表，不時還會出現艱澀的術語和簡稱。手冊內容無聊到了極點，但必須先詳讀才能上機。

我的讀書策略是先讀完當日進度，然後花點時間預習下一課的閱讀內容。我也依照規定把緊急危難程序給背了下來。如果老師問我T-34壞了一個引擎時該怎麼辦，我會回他：「油門控制桿放至怠速位置，T型桿下放至定位，備用燃油幫浦和啟動器設在開啟位置，監控啟動的低壓渦輪轉速和渦輪級間溫度（高、低壓渦輪間的燃氣溫度），渦輪級間溫度達到最高或沒有啟動指示時，將啟動器扳回關斷位置。」我的T－34實戰飛行經驗其實只有七十二小時，但我到現在還是可以反射性背出這一大串程序。若是現在該機種壞了一顆引擎或發生各種意外，我也仍然有辦法處理。

終於，我通過了測驗，接下來就是第一階段的實務訓練。我在簡報室和萊克斯・勞列塔上尉見了面。勞列塔以前是P－3獵戶座海上巡邏機的飛行員，目前正在累積飛行時數，打算轉開民航機。我頭幾次試飛幾乎都是由勞列塔指導，他不但得盯著我，也要負責訓練、開導我。勞列塔還必須替我打分數，他的評分會決定我是否可以完成駕駛噴射機的夢想，或要被派去駕駛直升機或其他較大型的定翼飛機（機翼是固定無法活動的飛機），或什麼都別想開。

那天在簡報室，上尉和我討論課綱，也關心我的準備進度。我也首度試穿屬於自己的綠色連身衣，也就是我的飛行服。我們走到室外，這是我首度走向飛機。那是個寒冷有霧的早晨，我還要好長一段時間後才能在這種天氣狀態中獨立駕駛。進入座艙、繫好安全帶後，我開始感到興奮緊張。我花了好多精力在描繪當航母戰機駕駛員的藍圖，也經過好長一段努力才走到今天這一步，但我真的不知道自己是不是開飛機的料。有些人天生就不是，再怎麼努力都沒有用，而且這種事不到真正飛上天是不會知道的。

在停機坪上，我看見好幾百架T－34排成一排，一架接著一架，向地平線處延伸，T－34特有的圓頂式座艙罩外覆蓋著一層凝結的水珠。勞列塔上尉指出我們的飛機，走向飛機時他替我上了第一堂保命課程：絕對不可以經過螺旋槳下方，就算螺旋槳沒有在運轉也一樣。找到我們的配機後，上尉跳上機翼，打開兩個座艙罩，把裝有安全帽的兩個袋子丟到座椅上——我的在前、他的在後。上尉帶著我走過一次起飛前的安全檢查。我們檢查了機翼、襟翼（安裝在機翼前緣或後緣的活動面，可提供升力）以及機翼上的飛行操縱裝置，接著打開整流罩檢查引擎，也檢查了油箱。我們端詳了下螺旋槳，確定沒有損壞，也檢查輪胎都充飽了氣，剎車片沒有過度磨損。上尉和我都同意飛況正常，雖然老實說就算有哪裡不正常，我應該也是看不出來。勞列塔上尉盡可能仔細告訴我，檢查時該從哪些地方看出端倪。接著便來到了爬上飛機的時刻。

在座椅上就定位的那一刻感覺很不真實。從翻開《對的事》的那個午後，一路至今的長期奮戰中，我有數度以為自己撐不下去了。現在我可以說我做到了——我成了海軍的學生飛行員。但在另一方面，這也是一系列全新挑戰的開端。

勞列塔替我繫好安全帶，接著我倆都闔上了各自的座艙罩。我早已經仔細讀熟了T－34的座艙圖表，彷彿我的生命都掌握在這張表上（事實上真的是）。控制面板我也讀熟了，也上過模擬器操作。但現在我眼前有上千個旋鈕、開關、工具和把手，是當初學的好幾倍。我告訴自己要想辦法搞懂這一切，告訴自己我已經準備好了。是時候啟動飛機了。

在勞列塔的指導之下，我啟動了引擎，開始往前移動。滑行比我想像中還要困難，因為這架飛機的方向並非由鼻輪（靠近機頭的輪子，幫助在地面滑行時導引方向）驅動，跟開車不一樣。我必須靠煞車的差速制動（可對每個輪子施加不同力量、使之減速的裝置）來控制滑行方向，也就是說，如果我要左轉，就要輕踩著左側剎車，要右轉則要輕踩著右側剎車。這種方法很違反直覺，我覺得自己很像在學騎腳踏車，試圖保持平衡的同時，我身後還有人在全程監督，替我打分數。

飛行員還必須學習使用無線電，這也比想像中困難。要一邊做事一邊講話並非易事，因為這兩件事用的是大腦不同的區塊。當然我也希望自己在海軍無線電上聽起來帥一點。勞列塔下了指示，我便對著對講機說：「懷庭塔台，殷紅騎士四七一準備起飛。」

不知為何我覺得自己聽起來一點也不帥，像是在玩扮家家酒的小屁孩。但塔台仍把我的廣播當一回事，也給予回應：「收到，殷紅騎士四七一，滑行至預備位置等候。」意思是我們可以上跑道了，但還不能起飛。最後塔台終於回覆了：「殷紅騎士四七一，允許起飛。」

我一口氣把油門推到最大，加速在跑道上奔馳，盡我所能用腳尖剎車讓機身對準正確的方位。速度加快後就比較容易用方向舵控制機身方向了，勞列塔在一旁指導，我慢慢把操控桿往後拉，讓機鼻離開地面。向上拉入空中時，跑道、建築和樹木都向後傾斜，然後掉出視線外。我花了一點時間才找到飛行姿態（飛機在空中的方位），所以一開始機身有些搖晃。但總而言之，我們在空中飛著。那一刻我真是欣喜若狂。我在開飛機呢！雖然開得很爛。

照著「航線規則」中的指示，可以知道如何從地面上的參考點判斷該往哪裡飛。這套規則是為了避免海軍的學生飛行員在空中相撞。我用對講機回報目前的位置，這樣其他飛機才能避開我們。

飛機穩定下來後，我開始專心駕馭最基本的飛行技術：維持高度。我望向窗外，從地平線判定目前的高度，我的時速只有一小時一百九十公里，但我還是硬拉了機頭，導致機身猛烈震盪，沒有辦法保持在指定高度一百五十公尺內。訓練機首飛讓我覺得難以駕馭，不管我怎麼做，訓練機就是不聽使喚。

經過大約四十五分鐘的折騰後，勞列塔上尉開始指示我靠近遠方的停機坪，準備練習連續起降，此時我真是鬆了一口氣。第一次先由上尉示範，他仔細解釋他做的每一個步驟。靠近跑道時，上尉放慢飛機的速度，放下起落架和襟翼，讓機身盡可能貼近跑道，然後將節流閥收至怠速，教我如何減速至合理速度，這樣著陸時才不會失控或失速。著陸後上尉又立刻加足馬力飛向空中——完美的連續起降。看上尉示範好像很簡單，T－34也的確是相對容易掌控的機型，所以才會成為訓練用機。接下來看我了。

降落時需要控制飛機的方向、高度以及空速（飛機相對於空氣的速度），讓飛機落在跑道前段數百公尺處，著陸時力道要輕，起落架才不會被撞到機翼上。雖然這架飛機機身很小，跑道很寬，控制介面也不算複雜，很聽使喚，但我竟然還是搞了半天，無法順利接上起落架和跑道。最後機輪重重砸上了跑道表面，然後我便立刻又拉起機頭升空再來一次、再來第二次、第三次。我不覺得自己有任何進步。

我本來期望自己可以初試啼聲就一鳴驚人，但顯然我還需要花很多時間學習，飛行不可能一蹴可幾。但勞列塔還是說，就首飛而言，我的表現很好了，也在「智能展現」項目上給我高分，代表我可以做出合宜的決定。總計十幾個評分項目中，「智能展現」是少數教練可以用主觀看法評分的項目。我猜是因為我的態度不錯，所以他才給我好成績，畢竟我的表現實在很差。

我們開始依據「目視飛航規則」來進行訓練，也就是在良好的天氣環境下飛行，這樣飛行員才能清楚看見地平線，避免撞上障礙物或其他飛機。和教練一起飛了十二次後，我終於取得「准許單飛」的認可。

第一次單飛對飛行員來說是個重要的大日子。我爬上飛機時實在沒什麼把握，前一晚也沒睡好，因為我忙著躺在床上思考哪裡可能會搞砸。不過這天天氣倒是很好，萬里無雲，微風徐徐。漂亮起飛後，我飛了大約一個半小時，展示我維持高度和空速的能力，也沒有撞上任何東西。接著便要準備降落了。我在腦海裡回想著前幾次降落時的每一個步驟。其中一個重要步驟是要在飛機低於一定速度時放下起落架。我腦子一直轉著降落的各種細節，結果反而不小心太早放下起落架，當時我的空速還太快，空氣動力很可能弄壞起落架，最糟的情況是起落架整個斷掉。放下起落架的那一秒我就知道自己搞砸了，但木已成舟。我得承認失誤。

我和地面上的塔台聯絡：「塔台，這是殷紅騎士八三二。」

「殷紅騎士八三二，請說。」

「我太早放下起落架，現在起落架已經就定位。」等待塔台回應時，我一顆心七上八下。

「收到，往回拉高至兩千四百公里，等我們想想解決辦法。油還剩多少？」

我回報剩下的燃料量後鬆了口氣，因為塔台控制人員聽到後好像沒有特別緊張——他的口氣就跟每次聯繫時聽起來一樣。塔台最後的決定是要我飛過塔台旁邊，這樣控制人員就可以看見我的起落架，確定起落架已經放下，檢查是否損壞。放下的起落架沒有損壞，塔台允許我降落。

學生飛行員出現這類失誤是常有的事，我也知道自己有天會釋懷，但我還是很沮喪。我真想在第一次單飛的時候就來個完美表現。

關於失誤，海軍中有句俗話說：「每個人都會失誤，遲早而已。」看到別人犯錯，很容易說出：「我絕對不會犯這種錯。」但只是還沒輪到你。將這點謹記在心，可以避免驕傲自滿惹來的殺身之禍。現在我回頭看自己當時過早放下起落架的事件，也算是提早學到功課了。

單飛了幾次後，我開始學特技飛行。我再次跟著教練上飛機，聽著教練解說他即將示範的各種動作。我發現自己在這方面頗有天分，在所有訓練項目中，對特技飛行也情有獨鍾，因為它帶給我一種奔向自由的感覺。在胖胖的大雲朵間翱翔，隨心所欲地駕著飛機上下翻轉，感受加速度把我推到椅背上的感覺——我從來不會覺得頭暈或想吐。可以找到自己擅長的飛行項目真是爽快！完成了課綱上的特技訓練後，我躍躍欲試，很想趕快駕駛更猛的機種大試身手，也等不及一邊做特技動作，一邊假想和空中的敵軍作戰。

有些學生在單飛之前就被刷掉了：有的沒通過游泳訓練，有的沒通過生存訓練，有的沒通過「安全單飛」前的訓練。課綱的設計並非要刻意淘汰學生。海軍在我們每個人身上都已經投注了這麼多資源，當然希望我們都能夠成功。但他們同時也必須確保，我們在這裡不會危害自身或他人的安全。飛行學校中只有極少部分的學生會被分派至戰機中隊，而我為了成為戰機中隊的一份子，所有能做的努力都做了。

週五我們就會知道自己會被派到什麼組別。週五當天，我們站在走廊上等著知道自己的命運。

有些同學看起來很緊張，但我一點也不。我知道我已經付出了最大的努力，沒有任何保留，在自己的控制範圍內把每個功課做好，不去想自己不能控制的事。不管結果是什麼，我都準備好了。

祕書終於來了，他在布告欄上釘上一張單子。我們一股腦全湊上前。單子上有依照字母順序排列的十個名字，名字後面寫著個人分派到的組別。我看到我的名字，後面寫著：比維海軍航空站。

我成功了。我們這組只有兩個人被分到戰機中隊，我就是其中一個。我替沒被選上的同學感到難過，但知道自己離夢想又更近了一步，整個人欣喜若狂。

第 7 章

每天都有新狀況

二〇一五年四月二十五日

我發現我的任務即將屆滿兩個月，泰瑞正在替一隻老鼠安樂死。昨晚我們接到地面的電話，說有隻老鼠「極其痛苦」，今天就必須替牠安樂死。我們早上的第一件事就是去看鼠籠，發現那隻老鼠狀況極差，牠少了一條腿，看上去像是被其他老鼠或自己咬掉的。我們立刻替牠注射。想到昨天睡覺的時候，這隻老鼠整晚都處在痛苦中，實在令人生氣。我們告訴控制中心以後如果還有類似的事情，務必立刻告知。控制中心認為太空人時間寶貴，但這類的情況我們希望可以自己做決定。地勤人員對於我們激烈的反應好像感到很驚訝。我當然知道這些老鼠最終的命運，也並沒有和牠們產生感情，但我實在很難對牠們漠不關心，因為牠們經歷的身體變化，和我們完全一樣。剛上站時，老鼠看起來病懨懨地、六神無主，用奇怪的姿勢移動著，但日子一久，老鼠看起來就健康多了，也比較能掌握無重力環境下微妙的移動方式，就和我們一樣。

處理完老鼠，和地面確認完畢後，我打了第一通視訊電話給我女兒夏綠蒂。視訊電話和一般通話不一樣，必須預先安排好時間。時間到了，我也已經準備好筆記型電腦和耳機，夏綠蒂的圓臉浮現在螢幕上，露出大大的微笑。視訊通話的介面就和 Skype 或 FaceTime（蘋果公司推出的視訊通話軟體）差不多，從筆電的主視窗中，我能看見夏綠蒂的臉蛋和她身後的房間景象，筆電畫面左側較小的視窗中則是浮在睡眠艙中的我。我上一次見到她是一個月前在拜科努爾。夏綠蒂十一歲，每一次見到她，她都長大了一些。

我花了一個小時帶夏綠蒂參觀太空站內部。我上次來時也用視訊帶她參觀過一次，但那時她才七歲。我拿著筆電飄來飄去，把鏡頭對準各艙段內部，讓她看看我工作和生活的環境，組員剛好飄過時，我也向她介紹同事，我還大致跟她介紹了我的工作內容（幫老鼠安樂死的部分跳過）。夏綠蒂好像真的很感興趣，她的身體往前靠向螢幕，笑著問了好多問題。能和活潑的夏綠蒂互動真好。參觀行程的最後一站是穹頂艙，我還特地算好時間，帶她到那裡時，太空站正剛好在巴哈馬群島上方。夏綠蒂對這畫面大為驚嘆。和她說話時我一邊用相機拍了幾張照片，打算過陣子傳給她。我知道她已經看過很多太空視角的地球照片了，但希望她收到特地為她拍攝的照片還是會很開心。

和夏綠蒂道別後，我開始準備莎曼珊的生日晚餐。俄國文化很重視生日，所以在太空站上我們也會特地慶祝。這次的生日晚餐還有一個特殊意義，因為莎曼珊、泰瑞和安東很快就要離開我們了。雖然我會非常想念他們，但我也很期待空氣品質提升（太空站呼氣的人數減半，二氧化碳值就會下降）。我知道地面看到二氧化碳濃度下降後搞不好還會覺得問題自己解決了，他們要是真的這樣想，我會非常生氣。

要想上火星或造訪太空中其他地方，正常運作的馬桶絕對是你的救命恩人。太空站上的馬桶不僅能儲存排泄物，還帶有尿液處理器，可以從尿中蒸餾出飲用水。出星際任務時，餾水系統會是必備品，因為你根本不可能帶著幾萬公升的飲用水上火星。國際太空站上的供水系統是個幾近封閉的循環，我們還會淨化部分的存水來製氧。

補給艦會替我們帶來天然淨水，不過我們也很少用到。俄國地勤會給俄國太空人送乾淨飲用水，俄國太空人喝下後，把水變成尿，送給美國太空人，美國太空人再把這些尿餾成水。太空站上美俄兩國的太空人一直都會以物易物，或交換服務，俄國尿就是其中一種交換品項。俄國人給美國人尿液，美國人把太陽能板製造的電力分給俄國人。俄國人用他們的引擎把太空站重新推到正確的航行軌道上，美國人在俄國人物資不足時伸出援手。

但我們的尿液處理系統已經壞了將近一週，儲尿槽已經快滿了。要不了幾天時間，儲尿槽就會滿，滿了後警示燈會亮起來。就我個人的經驗而言，警示燈很常在半夜亮。換槽是件苦差事，半夢半醒之間進行尤其討厭，但可不能留到早上才處理，因為這樣第一個起床的人就無法小便，有失太空站禮儀。

現在我得更換故障的部分，也就是餾水系統。我已經諮詢過地面的意見，他們也認為該換。若一切順利，大概半天的時間可以處理完。我把三號節點艙廁所的「kabin（牆和門）」都拆掉了，這樣才能修理底部的機械（「kabin」是俄文要轉換成英文字母拼音時拼錯的產物，但沿用了下來）。雖然都有定期打掃，「kabin」還是滿髒的。我推著「kabin」飄到一號節點艙，在我完事之前，它會一直在這擋路，又是一個我得快點完成任務的原因。

我在清理、移動「kabin」時，地面一邊「確保器材安全」，也就是確保我等一下會碰到的所有東西的電源都已經正確關閉，以免我把自己電死或造成電器短路。在太空站被電死的風險一直都很高，特別是在美國區。美國區的電壓是一百二十伏特，比俄國區的二十八伏特危險。為了避免不慎電死，我們都接受過相關訓練，也常在站上練習進階心肺復甦術，使用去顫器和從脛骨注射的心臟藥物。

一經地面確認可以開始動作，我便拔掉餾水系統的連接線，在接頭套上套子，保護接頭，並且鬆開螺栓。餾水系統是一個很巨大的銀色圓柱體，作用方式就和一般蒸餾機差不多，能從尿液中蒸餾出水來。我手上的是唯一的備用餾水系統，所以要格外小心，不能弄壞了。

拜科努爾今天發射了另一架補給艦，是俄國的進步號（Progress）。站上的俄國同事都很關注進步號的風吹草動，隨時從俄國控制中心取得即時回報。進步號順利進入軌道後，安東特地向下飄到美國區告訴我們這個消息。但現在，進步號上軌道還不到十分鐘，莫斯科的控制中心就回報進步號嚴重故障，目前正失控地打轉。能試的都試了，還是無濟於事。

我們在站上討論著損失進步號對我們會造成的影響。我們清點了站上剩下的物資——食物、乾淨衣物、氧氣、水和備用零件。早在八月時已經有一架補給艦在發射台爆炸，爆炸的火箭是美國廠商「軌道ＡＴＫ」的產品，也就是說，站上的物資其實已經不是很夠了。接下來俄國人的食物和衣物可能會開始不足，我們就必須分享物資給他們，最後美國的物資也會越來越少。

我也很想多花點時間陪俄國同事聊聊，但我手邊還有一個拆到一半的馬桶要處理。我得拔掉管線，把接頭套好。尿液會通過管線進入餾水系統，剩下的鹽水和廢水會從另一條管線排出。每隔幾天我們就會把儲尿槽內的鹽水打到俄國的儲水槽裡，待日後再打入進步號上的空水槽，最後離開太空站，在大氣中燒毀。剩下的廢水則會經過處理，變成飲用水。

我把壞掉的餾水系統拉出來，用兩層袋子包好、標示清楚，然後拿到永久多功能貨艙（Permanent Multipurpose Module，簡稱 PMM）存放，直到天龍號準備好帶它返回地球。地面上的工程師會檢查餾水系統的問題，如果可以修理，就把它修好再送上太空。下一步是要卡上新的餾水系統，按照設定值把它扭上馬桶。我小心地把各種管線接回去，再三確認沒有誤把乾淨水源的管線接到尿液管線上，接著把電線接上。我也拍下工作步驟的照片，方便到時地面確認我的步驟無誤。

在我修馬桶時，地面傳來消息，正式宣布我們失去了進步號。我帶著沉重的心情飄到俄國區，打算和同事討論相關事宜。我在服務艙和米哈碰頭，他的樣子明顯是已經聽到了壞消息。

我說：「需要什麼儘管向我們開口。」

「謝謝你，史考特。」米哈說。我從來沒在任何人的臉上看過如此絕望的神情。我們很少擔心物資不足的問題，但這次失去進步號讓我們驚覺，一定要持續有補給艦上站，我們才能繼續走下去。一兩次的失誤並不至於造成斷糧，但我們的確必須開始計畫性分糧了。

此外還有件比斷糧更值得擔心的事，就是即將升空的同事的安危：載人聯合號使用的火箭就是造成進步號事故的火箭。五月二十六日，剩下不到一個月的時間，三名新組員就要把性命交託給這次出事的同一組軟、硬體。俄國聯邦太空總署必須調查失誤的原因，確保不會再次發生相同的悲劇。我們在太空站上的工作進度當然也會因此受到影響，但沒人想要搭乘可能步上進步號後塵的聯合號。這種死法很恐怖：在靠近地球的太空軌道中失控旋轉的同時，知道自己即將被二氧化碳嗆死，或缺氧致死，死後屍體會繞著地球飄浮好幾個月，最後才在大氣中燃燒殆盡。

我把尿液處理系統的線路都接回去了。隨著進步號離開我們的還有乾淨的飲用水，這下太空站要是無法自行製造淨水，我們六個可能撐不了多久。

因為下一台聯合號的升空延誤了，所以泰瑞、莎曼珊和安東也必須延後返回地球的時間。我知道這對他們來說一定非常難熬。都跟家人說好回家時間了，要打給他們說不回去，還不知道什麼時候能回去，這我連想都不敢想。我真的很同情俄國的組員。

好不容易完成了尿液處理器這項大工程，太空站又可以繼續從尿液中餾出淨水，真是很有成就感。但另一方面，想到自己辛苦了半天做的，其實只是把每個零件裝回原位，也令人有點洩氣。我把「kabin」裝回去，確認所有的工具都物歸原位，把工作照片傳回地面，然後登上跑步機，跑了半小時。

跑到一半，煙霧警報器忽然大響。我腳下的跑步機便自動停止了。我解開身上的跑步用束帶，趕緊去處理警報，但我心裡早就猜到警鈴大作的原因——一定是我跑步時揚起了跑步機上一些灰塵，或想要跑快一些提升心搏速率，導致跑步機的馬達冒出微微的煙。警報響起時，三號節點艙內的通風系統和 CDRA 也會自動關閉。我們好不容易關掉站上的警報系統後，地面卻告訴我們他們無法重啟 CDRA，原因不明。在 CDRA 再次順利運作之前，二氧化碳濃度可能又會慢慢攀升，想到這我就悶。

我和艾美視訊通話。我們每週會進行一次視訊通話：她會拿起 iPad 在屋內走一遭，讓我看看每個房間裡面的樣子。能看見陽光灑在家中的沙發、我們的床、泳池還有廚房內，看見每件物品都被地心引力向下拖住，讓我覺得自己離家其實沒那麼遠。

艾美說泳池旁邊的音響壞了，但她還檢查不出問題出在哪裡。

艾美說：「週六前我會搞定。」

「現在就搞定吧。」我說。幾分鐘後，艾美把 iPad 鏡頭對準音響後方櫃子裡的一團接線，我瞇著眼仔細看著模糊的螢幕，想找出是哪裡出了問題。

我和艾美說：「按左邊的按鈕。」她試著照我說的話做。「不是那顆，是旁邊那顆。」

「按了呀，」她說：「但沒反應呀。」

後來訊號變差了，視訊通話於是被迫中斷。我電腦螢幕上的影像定住了，大視窗顯示著艾美在大櫃子裡疲勞、面無表情的樣子，小視窗則是我自己的臉，話說到一半的樣子。我倆的表情都很煩躁。如果這就是我們最後一次見到對方怎麼辦？我盯著我倆的臉看了半晌後便直接關機。二氧化碳濃度升高了，我隱隱感覺頭要開始痛了。

幾個小時後，站上的訊號恢復了，我打到艾美的手機。

「我想跟妳道歉，實在不該浪費視訊的時間來修音響的，」我說：「音響的事，之後再說就好了。」

她說：「我知道你不喜歡事情做一半。」艾美聲音的溫度回暖了。我們又聊了一會兒後便互道了晚安。

我告訴艾美可以上音響廠牌的網站下載使用說明，這樣要解決問題就容易多了。一週後，我們的視訊派對非常順利，沒有任何故障。

進步號故障的原因究竟為何，仍沒有消息。不知道他們是心裡已經有個底，只是還有待確認，還是壓根搞不清楚到底是怎麼一回事。泰瑞、安東和莎曼珊也還不知道哪一天可以返家。每天下午，泰瑞都會從一號加壓對接適配艙那端漆黑、傾斜的通道飄到功能貨艙，飄越繫在貨艙地上的大批貨物。飄到寬敞的俄國服務艙時，泰瑞會停下來看看腳下面對著地球的三面窗，這三面窗讓服務艙看起來像是艘有透明玻璃地板的大船。接著泰瑞會問安東，是否有聯合號返航的新消息。據泰瑞說，安東總是聳聳肩說沒有。甘迺迪跟我們說，莫斯科已經找到進步號可能的失誤原因。他還說我們的聯合號，也就是載我們上來的那艘太空船，可能也有相同的問題。這算是一記迎頭棒喝，讓我們知道自己如果衰一點，搞不好已經無助地飄浮在外太空了。不是什麼好消息。

火警警報過後，地面一直沒能修好三號節點艙的 CDRA，所以我要跟泰瑞一起把它修好。修理 CDRA 的過程滿像是在修理汽車的變速箱，極其複雜，需要長時間專注，還要注意各種小細節，不同之處是 CDRA 和我們的生命息息相關。另一台 CDRA 一直都不太靈光，所以這台一定得修好。

有泰瑞從旁協助，不用孤軍拆卸這架巨獸，輕鬆許多，但這傢伙的難搞程度仍是不可思議，非常惱人。CDRA 的各個閥門都位在人手無法觸及的地方，我們總共用了四種不同尺寸的扳手來轉螺帽，每一種尺寸的扳手負責轉個十幾、二十度。光是鬆開一顆螺帽就要用掉半小時，過程中泰瑞一直刮到手，最後甚至得纏上繃帶。在太空中，流出來的血會聚成小圓點，一不注意就會到處亂飄。我們好不容易把 CDRA 從架上弄了下來，推到日本區，因為日本區的工作空間比較寬敞。要移動體積這麼龐大的物品相當耗時，也要特別謹慎。午休結束後，我們繼續修理 CDRA。我們覺得差不多修好時，便把 CDRA 推回三號節點艙，打算裝回架上，卻裝不上去。我們試了各種不同的角度、不同的方法，用力一點、輕一點、慢慢搖進去、用肩膀撞進去。甘迺迪也下來助我們一臂之力，都沒用。我和泰瑞檢查了一下巨獸，發現底部有幾個墊圈其實沒什麼實際作用，只是在機器上架後可以幫助固定（墊圈的存在大概是為了在發射升空時可以使 CDRA 不會因為劇烈晃動而碰撞）。如果拿掉墊圈應該就可以再把 CDRA 向下推一點，讓整個機身進入機架內。

我打電話告訴地面我對墊圈的看法，心想大概會得到太空總署的標準回應：需要進一步評估研究，還必須商討專業人士，意味著要花好幾天通信、通電話、開會，然後才能決定這個做法是否行得通。美國太空總署的行事風格總是格外謹慎，也會非常仔細分析情勢，這有好有壞。如果某些事情舊有的做法不曾造成太空人喪命，也沒有弄壞重要器材，我們通常就會墨守成規。但老實說這種態度會使人不願意嘗試新做法，而新做法可能有辦法省下大把時間和精力。我不覺得控制中心有認為太空人的時間和氣力是寶貴的資源，不可以隨意浪費。

經過簡短的討論後，這次地面居然直接回應我們說可以試試拆掉墊圈。我和泰瑞互相投以訝異的表情。也許控制中心的文化有所改變，也許飛行控制員現在比較懂得信任太空人的判斷能力。

提案被批准後，我開心地用鐵撬撬開墊圈，費了好大的工夫。撬鐵圈時泰瑞必須幫我固定住CDRA，因為在無重力環境下，我沒有施力點可以在這台大機器上使力。這下我和泰瑞終於可以順利地把CDRA嵌入器材架裡，卡進去時發出的聲音聽起來好有成就感。我們得等到隔天才能啟動CDRA。

收工具時，泰瑞忽然用小朋友一般興奮的口氣喊了一聲：「喔！糖果！」一小塊看起來像食物的東西飄了過來。在太空站，常會有小塊食物從手中飄走，幾天後就會有別人意外撿到美味的點心。

「記得站上有老鼠，」我警告他：「這可能不是糖果。」

泰瑞仔細一看。「是用過的ok繃。」他說。他把ok繃拿起來丟到垃圾袋裡。那天晚上我們告訴莎曼珊這件事，她說上週她撿了疑似糖果的東西來吃，放到嘴裡才發現是垃圾。

某晚我在睡袋裡閉著眼睛飄浮著，快要睡著時，身體一陣抽搐，就好像快要踩空，又要趕快把自己拉回來的那種感覺。在太空中這種狀況會更劇烈，因為沒有地心引力把我固定在床上，身體就會猛烈地前後晃動。這次尤其嚴重，因為還伴隨著閃爍的宇宙射線。我試著再次入睡，不知道剛剛踩空的感覺是宇宙射線觸發了我身體的反射作用，或只是巧合。

每日例常會議時，我們得知泰瑞、莎曼珊和安東會在六月十一號返回地球，比原本預計的日期晚了超過一個月，新的組員則會在七月二十二號上太空。聯合號從十一月開始就停在太空站上了，太空船若太久沒啟用，也會有安全上的疑慮。不知道這個返程日期是因為怕太空船閒置太久而定，還是評估過後排除了聯合號會步上進步號後塵的可能。無論如何，俄國聯邦太空總署已經完成風險評估，認為差不多可以讓他們返家了。

早晨的日報結束後，我立刻著手開始處理 CDRA 開機的前置步驟。我和地面說我準備好了時，地面沉默了好長一段時間。

「開機，」座艙通訊員說：「準備就緒。」

我們在一旁待命。

失敗了。

「……幹！」我一邊罵髒話一邊小心不要按到麥克風，因為控制中心開著擴音。

「我們研究過後會再給你們回報。」座艙通訊員說。

「收到。」我沮喪地說。

這天是週五，也就是說整個週末我們都得在高濃度的二氧化碳環境中度過。一架 CDRA 故障的時候，另一架 CDRA 也要等上一陣子才能開始全速運轉，而且地面的飛行控制人員要等到週一才會開始檢查到底哪裡出了錯。這下我整個週末都會很不舒服，更慘的是，二氧化碳濃度會不斷提醒我這整件事真的太扯，國際太空站的高層人員根本一點都不關心太空人的身體狀況。

我知道這一年對我來說，心理的挑戰比生理的挑戰還要大，我也認為自己準備好了。畢竟我以前就參加過長期的太空任務，我知道自己一定要分配好每天、每週，在每件事上用掉的精神，也要慎選哪些事情值得我發脾氣。但這次真的讓人很挫折。我飄到睡眠艙，在那裡生悶氣。

週五晚餐時，我們在聊著泰瑞、莎曼珊和安東的新返程日。新組員上站前，我會有六週的時間要獨自一人待在美國區。自己一個人飄來飄去六個禮拜是有點久，但獨處不見得不好。我喜歡身邊有同事，也特別喜歡和泰瑞、莎曼珊一起工作，但一下子有了和自己相處的時間並非壞事。而且每次站上有舊人走或新人來，都算是我此行的一個新里程碑，代表我成功完成了階段性的任務。

大家吃飯時，我說：「之後我應該就可以在美國區裸體飄浮了。」

「你們覺得聯合號真的能在六月返航嗎？」安東問我和泰瑞。

我和泰瑞互看了一眼，然後看向安東。

「安東，你不是聯合號的指揮官嗎？」泰瑞反問。安東微笑著搖搖頭，知道現在這個局面有點尷尬。接下來的事，應該是我們問他，不是他問我們。

安東說：「我以為你們會知道什麼我不知道的事。」有時我覺得俄國聯邦太空總署好像是故意對他們的太空人有所隱瞞。

「如果有什麼消息，我一定會告訴你。」泰瑞答應他。

感覺太空總署的訊息傳遞還有好多進步的空間。

• • •

一個物件要在太空中繞著軌道運行（好比國際太空站），就需要以夠快的速度前進，這樣地心引力才能順利拖著它繞著地球轉。我們常會以為在太空軌道繞行的物體能以固定距離穩定地在星球上方前進，但實際上，即便我們以一小時約兩萬八千公里的超快速度往前噴射，地球表面上方約四百公里處的微弱大氣阻力還是會把我們向下拉。如果沒有外力干預，我們的航行軌道就會慢慢越來越靠近地球，直到撞上地球表面。未來某天當美國太空總署和他國航空局認為太空站可以功成身退時，這件事就會發生。地面人員會讓太空站在控制狀態中離軌，確保太空站在撞上地球時，會落在太平洋中央安全的區域，到時我希望可以在場觀賞。

國際太空站上有一台進步號就是用來維持航運軌道的。控制中心會計算多久要讓進步號發射一次，發射的力道會把我們推回安全的軌道上。有時一早起床我們才會知道，原來在睡覺的時候，進步號已經成功推了太空站一把。

然而這天早上，推進失敗了。進步號的引擎只燃燒了一秒，正常狀態下應該要燃燒好幾秒。進步號又一次失誤，我們又多了一個理由可以擔心自己的未來。

本來早該搭著進步號上太空站的補給貨物沒有了，這下我們必須更節省，不能隨意把東西當作垃圾丟到無人的來訪太空船中，還得再三確認沒有不小心丟掉有用的物資。我和泰瑞花了一些時間檢查其他組員丟掉的垃圾袋，看看裡面是否還有可吃的食物、乾淨的衣服或其他可用的耗材。我們邊檢查邊討論著泰瑞的聯合號是否真的可以如期發射。我邊說話邊從袋中翻出包裝食物，忽然發現自己手上握著一塊布料，是某個男人穿過的內褲。我把內褲塞回垃圾袋中，然後去洗一百次手，可是沒有流動的水，根本洗不乾淨。

不幸中的大幸是三號節點艙中的 CDRA 終於運轉了起來。這架 CDRA 當初失靈是因為用來把空氣灌進系統內的風扇壞了。經過調查和討論後，地面找到解決辦法：換掉風扇馬達就可以，不用把整台機器從架上拉下來。這個方法成功了，真是奇蹟，我們又可以呼吸新鮮空氣了。新鮮空氣大幅提振了士氣，相當不可思議。

那天晚上快睡著時，我又出現了那種充滿宇宙射線的夢境。不知怎麼地我很介意副總統的兒子波伊・拜登（Beau Biden）死亡的新聞，拜登昨天因腦癌離世，享年四十六歲。我沒見過他，但對他的善行有所聽聞。我從沒想過自己會這麼在意他過世的事。半夢半醒之際，我心想每個人終究難逃一死，我們死著的時間總比活著的時間長。某種程度上我覺得自己知道死亡是怎麼一回事，因為我們都「死過」，在出生之前，我們都是死的。每個人都會在某個時刻忽然意識到自己原來活著，而活著之前的那段時間也毋庸置疑。說也奇怪，這種想法讓我感到安心。

常有人問我在太空中是否有什麼頓悟，從太空中遙望地球會不會讓我覺得與神更接近，或和宇宙天人合一。有些太空人返家後會對人類在宇宙中的定位有新的見解，進而有了新的信念或開始重新投入原生家庭的宗教信仰。我並不會去質疑其他人的想法或選擇，但太空並沒有特別帶給我什麼宗教上的啟發。

我是一個追求科學證據的人，對於宇宙的一切總是非常好奇。我知道宇宙中有無數的星球，數量遠比地球上的沙粒還多，這些星球只占宇宙總體的百分之五，其餘的都是暗物質和暗能量。我們的宇宙非常複雜。這一切都只是巧合嗎？我也不知道。

我出身於天主教家庭。我和馬克兒時會參加天主教義課程，直到九年級時的某一天，媽媽懶得再開車載我們去上課了。媽媽要我們自己決定是否繼續參加，我們說不要，典型青少年的決定。從那天開始，宗教組織的活動便與我無關了。

莎曼珊十歲時問我：我們家信什麼教。

我說：「善待人、多吃青菜教。」我覺得我清楚明白地解釋了自己的宗教信仰，我對這個回答感到很滿意，她也很滿意我的回答。

⋯

二〇一五年六月五日

本週我們花很多時間做一個實驗，實驗名稱為「長期太空任務研究：上太空前、在太空時、返回地球後的體液轉移，以及體液轉移和顱內壓力、視力退化的關聯」，簡稱「體液轉移研究」。我和米哈是此研究的受試者，這項研究的結果將會對未來的太空任務有重大影響。

太空人出長期太空任務時，最讓人討厭的症狀大概就是視力受損。我在前次任務也出現過這個問題。隨著我停留太空的時間越來越長，也出現越來越嚴重的視力問題。多數太空人在完成任務返回地球後症狀會漸漸消失，但有些太空人的症狀卻不會消退。我在一九九九年第一次出太空梭任務時還不需要戴矯正鏡片，但任務過程中我發現自己在看中距離（大約三十公分）物體時，視線變得很模糊。回到地球後，我的症狀消失了。八年後，我出第二次太空任務時已經開始需要配戴老花眼鏡。但在太空中待了大約三天後，我不用眼鏡竟也可以閱讀。回到地球後，改善後的視力維持了大約三個月。

又過了三年，我參加了第一次的長期太空任務，為期一百五十九天，當時我已經需要一直戴著雙焦眼鏡了。在軌道中航行沒多久，我的視力又再度惡化，必須配戴度數更高的鏡片才能看清楚。回到地球之後過了幾個月，我的視力又回復到上太空之前的狀態。但我出現了其他討厭的症狀：視神經腫脹，還有感覺不可逆的脈絡膜剝離。脈絡膜是眼球內視網膜和鞏膜「眼白」中間由血管組成的組織，可以提供視網膜外側所需要的氧氣和營養成分，脈絡膜剝離可能會損害視網膜，造成視覺盲點。截至目前我的視力症狀和上次出任務差不多，不過研究人員還是謹慎觀察我的視力，看看會不會惡化。

如果長期太空任務會導致太空人視力嚴重受損，那麼在登陸火星之前就必須先找到解決方法。可不能讓一組視力不良的太空人開著太空船、操作複雜的儀器，還妄想要探索火星表面。

目前的主流假說是包覆著大腦的液體壓力增加，導致視力改變。太空中不像在地球上有地心引力可以把血液、腦內液體、淋巴液、體內黏液、細胞中的水分和其他液體引至下半身，所以顱內液體會堆積在其中，造成腦內壓力升高。剛上太空的頭幾週，我們的身體會自行調適，堆積的液體也會隨著尿液排出，但腦袋的腫脹感不會完全消失。這種感覺有點像是一天倒立二十四小時——耳內有輕微的壓力感、充血、臉腫、皮膚漲紅。人類腦袋複雜的構造是在地心引力的作用之下演化而成，一旦沒有了重力，就會有點失常。

腦內升高的液體壓力可能會擠壓眼球，導致眼球變形，也可能造成眼球和視神經內的血管腫脹。當然這只是個初步的理論，因為實務上很難在太空中測量腦袋裡的壓力（測量顱內壓力最有效的辦法是脊髓穿刺，但我一點也不想在太空中被穿刺，也不想穿刺組員的脊髓）。也有可能是高濃度的二氧化碳導致視力改變，因為二氧化碳會使血管擴張。高鹽分的太空食物也可能是其中一個原因，美國太空總署也正在努力降低太空食物的鹽分，藉此研究鹽分與視力退化的關聯性。目前只有男性太空人在太空中有出現視力受損的情形，所以也可以觀察男性和女性在頭部和頸部些微的血管差異，藉此幫助科學家縮小可能的原因範圍。如果真的是因為性別差異，之後可就只能送女太空人上火星了。

因為不可能建構出一個長期零重力的實驗環境，目前科學家僅針對因治療其他疾病，腦內已經植有壓力感應器的患者做研究。這些受試者會搭乘飛機升空，在無重力的環境下處一小段時間，以便測量零重力環境中的顱內狀態。受試者在微重力狀態時，顱內壓力降低了，和預期的結果恰好相反。可能體內的液體轉移沒法這麼快速，也可能主流的假說根本是錯的。這次任務之前我自願在頭顱內植入壓力感應器，但美國太空總署拒絕了我的好意。即將上太空生活一年之際，在我腦袋上鑽洞的風險實在太高。

體液轉移研究中，其中一項實驗會需要我和米哈使用一個裝置來檢測我們在太空船上的顱內壓，這個裝置是「一條會吸的褲子」。我倆要輪流穿上一個叫做「其比斯（Chibis，俄文『小辮鴿』之意）」的裝置，裝置的形狀就像條褲子，它可以減輕我們下半身的壓力。降低下半身的壓力，也可以減少腦袋中的液體量。我們希望藉著研究「其比斯」對身體造成的影響，可以更了解相關問題的答案。

然而，之前曾有俄國太空人在穿了這條褲子後忽然心跳下降，昏了過去。這名俄國太空人的同事看到他心跳停止便立刻終止實驗，所幸沒有造成傷害。若某器材曾對某人的生命造成威脅，美國太空總署通常就會停用。但要了解目前手邊的問題，除了「其比斯」以外別無他法，所以太空總署願意破例。

穿上這條褲子之前要先花好幾天做前置準備。我們得取血液、唾液、尿液的樣本供之後比較用，還要用超音波拍下腦內、脖子、眼睛內的血管影像。很多檢驗器材都只有美國區有，所以我們花了好幾個小時打包儀器，再把儀器運至俄國區的服務艙。這將會是國際太空站史上最複雜的一項人體實驗。

到了穿上裝置的時刻，我脫下褲子，爬到「其比斯」裡面，一邊確認腰間的開口有確實封好。米哈負責控制器材，他慢慢減輕我下半身的壓力，壓力每降一級，我都可以感覺到腦袋裡的血液被抽了出來——這是好事。這是好幾個月以來，我頭一次不覺得頭重腳輕。

但身體的感覺很快就開始改變了。現在我就像是再次坐上F－14戰機，承受著強大的G力（G是Gravity重力的縮寫，飛行器在高速飛行時會承受更大G力）。我感覺眼前的景色漸漸轉白，餘光也慢慢消失，是一種快要失去意識的感覺。褲子故障了，我覺得自己的內臟簡直快要被硬生生扯了出來。

「我覺得不太對勁，」我對米哈還有甘迺迪說：「我得——」我把手伸到腰間，準備破壞密封口，暫停實驗。同時我聽到甘迺迪大叫著。

「米哈！你在幹嘛？」甘迺迪很少大叫，所以當他提高分貝時，你就知道大事不妙了。於是我看了看壓力錶，正確的狀態下，壓力指數不可以超過五十五。米哈開到了八十，是負壓的極限值。

好在我本人跟器材都沒有受到什麼不可逆的損害，實驗可以繼續進行。我在這件褲子裡待了幾個小時，做了各種不同的身體檢查，諸如量血壓以及用超音波拍下心臟、頸部、眼球和太陽穴後方血管的影像，這時我的太空專用刺青就派上用場了。升空前沒多久，我到休士頓一間刺青店，請師傅替我在最常要照超音波影像的部位（頸部、二頭肌、大腿、小腿）刺上黑點，這樣我就不用每次再標上一次正確位置。我們檢查了我的耳蝸液體壓力（把測量儀器插入我的耳朵裡）和眼內壓（用壓力偵測儀輕敲麻醉後的眼球），還用雷射光束掃過我的眼球，這樣便可以偵測出脈絡膜剝離或視神經腫脹之類的身體變化。

在進行這個實驗各項檢查時，是我在太空中感覺最舒服的時候，我腦內長期的壓力就這樣一掃而空。到了實驗結束要脫下褲子的時候，我還有點惆悵。

晚上我們與泰瑞、莎曼珊和安東一起享受了最後一次的週五晚餐。自從進步號在太空中走失後，俄國太空人的食物和其他物資都在減少。我把我哥用天龍號送來的義式香腸拿來分享，也吃了些俄國剩下的最後一點「白罐頭（白醬雞肉）」，還有美國的「棕肉袋（輻射保存的牛肉）」。俄國人還有一種食物叫「開胃前菜」，但其實不太開胃。

其中一些人最近一直非常想吃水果，也不意外，因為自從天龍號上站幾天後一路到現在，我們都沒吃到新鮮食物了。乾燥水果、袋裝水果、罐裝水果都不能跟新鮮水果比。我和大家說自己最近忽然很想用酒吧的玻璃杯喝便宜的美國啤酒，要有苦苦澀澀的泡沫那種，我爸以前常喝。但這欲望很怪，因為我從大學起就再也沒喝過這種啤酒，而且在地球上的時候從來不會想要喝。我通常喝的都是印度淡愛爾啤酒。我猜可能廉價啤酒裡面有什麼我身體缺少的營養成分。我們也聊到，不知道自己會不會得敗血症，還有敗血症到底是什麼、有哪些症狀。「敗血症」三個字光用聽的就可怕，大家都同意。下一台天龍號補給艦會在六月底上站，送來新鮮的蔬菜、水果以及各種我們急迫需要使用的物資，其中還有最重要的排泄桶，要在太空中生活就不能沒有排泄桶，如果站上的排泄桶壞了，可能就得提早返航。我哥也預告他會讓天龍號替我帶件大猩猩道具服來。

他說：「從來沒有大猩猩道具服上過太空，所以我要寄給你。你阻止不了我。」

我覺得寄這種不正經的東西，占去補給艦的空間，好像有點不妥。總是有些人逮到機會就要抓美國太空總署毛病，也會仔細審視各種不需要的額外開銷，我知道這些人一定會拿出計算機，計算送猩猩裝上太空軌道的成本到底是多少。馬克跟我說，只要在上太空前先真空包裝，猩猩裝的體積和重量其實跟運動衫差不多。

我們邊吃完晚餐邊聊著此次長征已完成的任務：接應來訪太空船（包含走失的那幾艘）；穿著

太空服完成困難又危險的維修工作；進行至關重要的生命科學實驗。還聊到太空人與世界各地控制中心漸漸建立起的良好關係（休士頓、莫斯科、歐洲和日本），以及「互相讚美文化（我發明的名詞）」的大氾濫。這種文化中，若沒有先聽到對方簡短的讚美之詞就無法開始工作，不管是太空站或地面都一樣——「謝謝你，辛苦了，感謝你付出的時間，幹得好，我們很感激。」受話者還得回覆：「不，是我要謝謝你，你們做得很好，感謝你們的辛苦付出。」真煩人。此舉當然是立意良善，但我覺得很浪費時間。常常我在結束某一項工作，準備開始進行下一項任務時，對方會忽然回覆我一串感激之詞。於是我便要停下手邊的工作，飄回麥克風旁邊，和對方表示收到，然後再回應以相同長度的感激之詞——一天要搞個好幾回。想想，建置、維護太空站所費不貲，這種「互相欽點文化」大概一年也會花掉納稅人好幾百萬美元。我想等泰瑞、莎曼珊和安東回家後就要終結這種風氣。

二〇一五年六月十日

聯合號離開太空站的前一天，泰瑞必須把太空站的指揮權移交給甘迺迪。站上有個小型的交接儀式，這是從海軍來的傳統，海軍都會有指揮權交接典禮。這樣當指揮太空站的責任從一個人轉到另一個人身上時，大家都能清楚明白。泰瑞致詞時，我們一行六人有點彆扭地在美國區的實驗室中飄浮著。泰瑞感謝休士頓、莫斯科、日本、歐洲和加拿大的地面團隊，也感謝亨次維和其他地方的科學專案小組，還感謝了在背後支持我們出任務的家人。

「我想對和我一起升空的組員說幾句話，」泰瑞說：「安東、莎曼珊，你們與我情同手足。」聽起來可能有點誇張，但真的是如此，一起出太空任務很容易培養同袍之情。「有機會可以與你們在太空中共處兩百多天，還有幾天是加碼贈送的，我實在找不到比你們更好的同事了。現在，四十三號遠征正式成為歷史，我們要翻開新的一頁，邁向第四十四次遠征了。」語畢，泰瑞把麥克風交給甘迺迪，甘迺迪接過後檢查了麥克風是否還開著。「不管飛了幾次，」甘迺迪說：「每次上來都還是覺得太空站很新鮮，每次都像第一次飛。」

大家聽見這席話都露出了笑容，因為甘迺迪是在場出過最多任務的太空人，這次已經是他第五次上站了，他也即將打破人類待在太空中天數的紀錄。甘迺迪祝福泰瑞、安東和莎曼珊，希望他們能「安全軟著陸，有個愉快的回程」。泰瑞向控制中心回報交接儀式結束，我們又達成任務的一個中段里程碑。下一次的交接儀式在九月，那時甘迺迪會回家，我會成為太空站指揮官。

後來泰瑞問我搭乘聯合號降落地球是什麼感覺。當然他也受過相關訓練，安東和星城的訓練中心也都已經告訴他降落時會發生的事，但他還是很想知道我的回答。我想了一下要怎樣回答才能替他做好心理準備，不會嚇到他。

泰瑞曾經搭乘太空梭返回大氣層，我跟他說搭聯合號回家比搭太空梭更刺激。「搭乘太空梭重返大氣就像坐著勞斯萊斯在公園大道兜風，」我說：「搭乘聯合號比較像在野地上開著蘇聯時期的破車衝向崖邊。」

他們兩個都覺得這個譬喻很有趣，但看起來也都很擔心。

「一旦你知道自己不會死，就可以盡情享受史上最新鮮刺激的旅程了，」我這樣跟他們說：「老實說吧，我覺得搭聯合號回地球真的很好玩，我會願意為了再搭一次聯合號而再出一次長期太空任務。」泰瑞和莎曼珊一副不相信的樣子，但我沒說謊。

二〇一五年六月十一日

今天是組員返家的日子。艙門關閉時有個典禮，美國太空總署的專屬電視頻道會實況轉播返航過程。典禮剛開始時有點尷尬，因為我們六個人全擠在接著聯合號的狹小俄國艙內。安東、莎曼珊和泰瑞在開啟的艙門前擺好姿勢讓我拍了幾張照片。接著，要留在站上的太空人給予祝福，希望他們能安穩著陸。我們彼此擁抱。接著他們三個飄到聯合號中，最後一次向我們揮揮手。

安東和甘迺迪把前庭的艙口擦拭乾淨，確保沒有異物妨礙艙門正確關閉。甘迺迪關上太空站的艙門，而安東關上聯合號的艙門，任務畫下了句點。這使我想起某次送夏綠蒂到機場，我給她一個擁抱，看著她走向空橋另一端，最後她和我揮一揮手便消失在視線中。這感覺很怪，我跟這些人這麼長時間朝夕相處，但道了再見、互換擁抱後，一夕之間我們共享的生活就這樣結束了。

我不擔心準備要返航的組員，也不擔心自己，但看見他們身後的艙門關了起來，卻浮出了一種奇怪的隔絕感，甚至有點被拋棄的感覺。如果日後還需要修理CDRA，我就得靠自己，沒有泰瑞可以幫我。如果日後還想跟俄國同事聊文學，我也得靠自己，沒有莎曼珊可以幫我翻譯。

我飄到美國實驗艙，其他俄國同事飄回俄國區，然後是一片寂靜。只剩下我和風扇的噪音。沒有泰瑞跟我聊天，沒有莎曼珊輕柔哼著歌的聲音。那個當下，連地面傳來的聲音都沒有。

我還顧了一下美國實驗艙牆上掛著的垃圾，這些垃圾感覺忽然變得好大。我有個奇怪的感覺，好像有什麼事情要提醒泰瑞和莎曼珊但我忘了說，我也不記得到底是什麼事。

接著泰瑞的聲音從對講系統傳來，打斷了我的思緒：「……安東，體液負載藥物（幫助太空人增加血漿等體液，避免返回地球後產生低血壓症狀的藥物）呢？忘在站上了嗎？」

「在我這。」安東說完便用機關槍的速度以俄語唸出一大串數字給控制中心。聯合號的通訊數值設定好了，我可以從對講系統聽見前同事說的每一句話，彷彿他們還在身邊一樣。我加入太空對地面的通訊頻道，提醒泰瑞他的麥克風是開的，只要有網路服務或正在收看太空總署電視頻道的人，都可以聽見他的每一句話。我可不希望他們哪個人不小心脫口罵髒話，回到地球後才發現大家都聽見了。

自從我自己那次不小心罵髒話被地面聽到，我就開始對對講系統格外謹慎。我第二次上太空梭有次在氣密艙（進出時可進行空氣增壓、減壓的艙室）內跟一個器材奮戰，不小心脫口說出「幹」。機上同事翠西‧卡德威從駕駛艙處大叫了一聲「廣播中」，提醒我太空總署電視頻道都能聽到我說話。我嚇了一跳，回：「Shit！」十秒內觸犯兩次聯邦通信委員會的相關規定。

一整個下午我都聽著泰瑞、安東和莎曼珊的聲音。我一邊進行某項物理實驗，一邊聽著莎曼珊無意地哼著歌。有好幾次我轉過頭去想和她說話，才發現她已經不在站上了。

三小時後，聯合號終於準備好脫開太空站了，我用筆電打開太空總署電視頻道，和地球上許多觀眾一起收看聯合號返航。我抓了一支麥克風。

「各位，一帆風順！」我說：「和你們在站上共事是我的榮幸，祝你們順利降落！」

泰瑞回：「謝謝你，史考特，我們已經想念你們了。」

人在俄國區的甘迺迪加入對話：「莎曼珊，妳好像忘了妳的毛衣。」

我聽著他們彼此交談，他們幾乎是一路談到快降落，內容參雜著工作閒談和給控制中心的數據回報。不知情的人聽到這些談話內容，根本不可能想到這幾個人現在正像流星一般，以超音速衝向地球表面。

幾小時過後，他們已經成功降落，也安全抵達哈薩克。這幾個月中我和他們一天相處二十四小時，現在他們忽然變得和地球上的人一樣遙不可及，跟艾美、我的兩個女兒還有其他七十億地球人一樣。

晚上我關上燈，爬入睡袋時，覺得好安靜，沒有從其他睡眠艙傳來的沙沙聲，也聽不見同事小聲地和地面通話或與家人互道晚安。如果這只是一般為期六個月的任務，我現在就已經完成一半了，但現在我跟剛上站的時候感覺差不多，覺得距離結束仍然好遠。我還有九個月。我很少出現這類的想法，但這種想法只要一萌生，就很難揮去。

二〇一五年六月十四日

在太空站上，週日都沒有假日感，但今天可以算是例外。我早已把每週的整潔工作和健身進度都完成了，所以整天都沒事。早上起床後，我讀了昨晚寄來的每日簡報，發現甘迺迪創下了人類待在太空中時間的世界紀錄：八百零三天。甘迺迪離開太空站的時候，這個紀錄便會保持在八百七十九天，我想還要好一陣子才能有人打破。

今天太空站時間下午兩點二十分會有一架天龍號太空船升空，我一直很期待要看實況轉播，但那時我的筆電網路短路，還無法連上。這架天龍號載著很多我們期待已久的物資，其中最重要的是一個國際通用對接器（International Docking Adapter），這個裝置要價一億美元，可以把當初針對太空梭設計的對接口轉換成新的國際對接規格，這是美國太空總署、歐洲太空總署、俄國聯邦太空總署、日本和加拿大的太空總署於二〇一〇年協議出的新規格。

天龍號上還有下列物品：食物、水、下個月要上站的美國太空人謝爾・林格倫和日本太空人油井龜美也的衣物、謝爾的太空漫步裝備、用來過濾水中雜質的濾心等。

我個人則是很期待再來一雙慢跑鞋、跑步機專用束帶、乾淨衣物、藥物，還有親朋好友幫我準備的愛心包裹。

我就這樣錯過了天龍號的發射時間。過了一陣子，筆電網路才恢復訊號。我上網找天龍號發射升空的影片，但網路訊號非常不穩，影片跑不動，我只能看到模糊的定格影像。然後我的視線停在標題上：「天龍號補給艦於發射升空時爆炸。」

幹，不是真的吧！

飛行總指揮用專屬的通訊頻道連絡站上的太空人，告訴我們火箭爆炸了。

「太空站，收到。」我說。

我花了一些時間想著這次損失的物品：龜美也的內褲、我的藥、美國太空總署要價一億美元的轉接器——全炸成了灰燼。我和馬克開玩笑說自己最難過的是拿不到猩猩裝。現在我的猩猩裝已經被燒成灰燼，跟著雨水一起降在大西洋上。這次的損失讓我震驚不已，另外沒能即時收看天龍號升空（並且爆炸）也讓我非常不悅。過去九個月中，我們已經損失了三架補給艦，最後兩架還是連環慘劇。美國太空人的消耗品庫存僅剩三個月的量，俄國太空人更慘。

我忽然想到，也許下一組太空人延後上站會比較好，不要趕著九月來，否則會有一小段期間站上一共會有九位太空人，但物資缺乏，二氧化碳濃度又會高得嚇人。我也忽然想到，地面當初應該要聽我的話，把泰瑞的太空衣手套留下來給甘迺迪，免得到時有緊急事件需要出去太空漫步。但我猜這些事故是要我們學功課，學習風險、韌性、堅毅以及永不放棄。

第 8 章

灰頭土臉往上爬

一九八八年的春天。我剛搬到德州的比維市，意氣風發。每一個年輕有為、想開戰機的海軍飛行員心中都有幾個聖地，比維就是其中之一，能搬到比維我非常高興。我搬進一間獨門獨院的鄉下房裡，房子座落在塵土路上，對街是一個牛圈。我的室友是兩位飛行員學校的同學。我準備好要開始受訓了。

我的入門訓練機是雙引擎的T－2七葉樹（T-2 Buckeye）。第一次穿上抗G力飛行服、戴上氧氣面罩爬入駕駛艙時，我感覺自己打入了大聯盟。T－2的容錯度比較高，所以是入門教練機，但說到底噴射機還是噴射機，要駕馭還是有其難度，也很危險。我還有好多東西要學。噴射機的馬力比螺旋槳飛機大多了。噴射機速度快、加速度也快，回應飛行員指令時比較敏感。因為噴射機的這些特性，飛行員很容易一不小心就「落後」在飛機後面（感覺掌控全局的是飛機本身而不是飛行員本人），進而發生意外。

我必須習慣戴著氧氣面罩、穿著抗G力服，坐在彈射座椅上駕駛飛機。這比想像中還要可怕。但另一方面，穿著這套抗G力飛行服時我實在忍不住抬頭挺胸，走起路來都有風。我即將成為深謀多慮的戰機飛行員，我也相當自豪。不過沒過多久我就會被狠狠打臉。

經過約一百小時的T－2訓練後，終於可以學怎麼降落在航空母艦上了。因為航空母艦的飛行甲板很短，所以艦上都設置有幫助飛機起飛的彈射器以及輔助飛機停靠的攔截索。就算各方面都在最佳狀態，要把戰機停在航母上仍是困難又危險。

航空母艦上的飛行甲板是超級危險的地方。即便受過高度訓練，在甲板上意外身亡或受重傷的事件仍是層出不窮。有人因為走近轉動的螺旋槳而身亡，或被噴射機的進氣口吸過去，也有的被飛機排放出來的氣體噴到另一側。航母上一切工作主要是由一群青年合力完成，為了避免意外，每個人都必須清楚明白自己負責的工作是什麼，並且盡全力做好。我的工作是降落飛機。

這天天候不是很好，我的經驗值不夠，還不能駕駛飛機穿越雲霧。我一邊駛近航母，一邊注意天氣狀況，此時我發現我室友駕駛的另一架T－2非常靠近。我和他說，為了避免閃躲雲層時撞上彼此，我會飛到他的右翼，編隊飛行。這麼做其實違反了規定，因為我們的經驗都還不夠，不可以編隊飛行，但當下好像只有這樣比較安全。撥雲見日之後，我退到他後方，然後一起靠近母艦。

看著下方海中的列克星敦航空母艦（Lexington），我真不敢相信自己正駕駛著戰機要停在那個小點上。在機場降落時，跑道的長度通常至少會有兩千公尺，寬度至少會有四十六公尺。重點是機場跑道不會動。航空母艦上的跑道長度不到三百公尺，寬度也窄得多，還會隨著海浪搖晃、移動、起伏。同時，航母也還在水中向前航行。因為甲板上的降落區和船首並非平行，所以戰機要降落時，右側的降落區會忽遠忽近。

眼前的航母實在懾人。我飛到母艦上方，打算順風而下貼近跑道，但我推桿拉得不夠用力，所以跑遠了。這下更難對齊航母後端了。我靠近甲板準備進行第一次降落時，甲板看起來比T－2的機身大好多，我的降落技術其實還不是很穩，這種錯覺讓我很困擾。我試著觀察甲板左側的光學著陸裝置，這個裝置可以幫助飛行員判斷自己的方位是否正確。我甫一降落在甲板上就立刻全力加速，回到空中。第一次降落還不錯，我也多了點自信。我要先連續起降（降落後立刻起飛）六次後，才能放下機尾勾來抓住甲板上的攔截索。我還必須再降落四次才能取得資格，希望今天就可以搞定。第一次成功攔截降落後，我就正式成為航空母艦飛行員（又稱「尾勾員」）這個小團隊的一份子。

我順利完成六次連續起降，沒有遇到任何問題。但我靠近航母甲板，放下尾勾時，危險的感覺忽然冒上來，我感覺自己的腎上腺素正在攀升——這不是好現象。我靠近甲板，降落，然後立刻加足馬力，因為訓練告訴我們沒抓到攔截索就要再度升空，這樣飛機才不會滑到跑道尾端，掉到水裡。尾勾勾上攔截索時，知道自己每個步驟都做對了的那種感覺很美妙——前提是安全帶要綁好。我的飛機抓到攔截索時，我整個人往前衝、一頭撞上了儀表板。這個類車禍事件，加上我才剛完成首度驚心動魄的航母降落，使我的反應速度變慢了。在飛機停下來時我應該要收油門，但我沒法及時做到。一名調度員跑到我的戰機前面，誇張地示意要我「收油門」。

我做了第二次攔截降落，然後第三次。再一次就可以集滿四次了。但天色漸暗，我們便被送回軍機場了。我想隔天再試一次，把最後一次降落搞定，取得資格，但我發現明天要飛的名單沒有我，大概是我失去資格了。我難過了好幾個小時，對自己的失敗無法釋懷。但後來我聽說我前三次降落都做得很好，所以已經夠格了，不需要再來第四次。我就這樣成了尾勾員。

沒多久，我便開始駕駛A－4天鷹型攻擊機（A-4 Skyhawk），這是越戰機種，可以幫助我們學習各種飛行作戰能力：投彈、低空飛行躲避偵測以及空戰時的各種技巧。A－4天鷹機的訓練和T－34、T－2訓練一樣非常激烈。教官期望我們趕快上手，才能繼續進行下一個階段的訓練。在這個階段的訓練中，本來就有飛行經驗的飛行員會漸漸失去優勢，因為其他人會迎頭趕上。為了學會如何投彈，我們從比維飛到南加州的埃爾森特羅海軍基地，基地設置了許多標靶讓飛行員練習瞄準。我對投彈沒什麼天分，不管再怎麼努力，準確度好像都沒有進步。同學很愛拿這件事開我玩笑，但我習慣了，而且我也不是程度最差的；偶爾有人投下的練習彈會離標靶十萬八千里，還差點擦到坐在練習場邊觀察小屋中的觀察員。

我投注較多心力在空對空戰鬥技巧上。訓練剛開始教的都是基本技巧，我們跟在教官的飛機後方就射擊位置，接著教官的飛機會開始往難以預測的方向移動。一開始會很不知所措，因為教官這下可以從防守位置（我前方）換到進攻位置（我後方）。不過我很快就上手了，兩架飛機的纏鬥越演越烈時，我也越來越有自信。我的本能告訴自己，空對空戰鬥時要用三維空間的方式思考，並想起海軍飛行員的座右銘：「若不能騙過敵機，就代表你不夠努力。」我發現如果在纏鬥開始時增加空速，開得比設定速度更快一點，就能稍微占上風。

整個訓練中我最喜歡這個階段，因為我很拿手，而且很有意思。我在空對空戰鬥中體驗到了其他地方無法體會的自由和創意。我很喜歡慢速翻滾，在初夏德州的一波波大片積雲中上下飛行，想辦法「殺死」對手。此階段訓練最後一次飛行時，我漂亮地重挫了教官機──至少我自己是這麼認為的。

成功取得A－4航母駕駛資格後，我也接下了第一個飛行任務。我被指派駕駛史上最威的海軍噴射機──F－14雄貓戰機（F-14 Tomcat）。

我得到飛行員胸章時，在比維也已經差不多待了一年。胸章頒發典禮上我父母也出席了（我哥有海軍任務在身，不克出席）。典禮中，我們穿著白色的海軍制服排成一列，等待別上胸章的儀式。母親臉上滿是驕傲的神情，替我別上了胸章。我還記得母親從警校畢業的那天，我看著她和同學穿著制服排成一列，眼前那一幕令我印象深刻，難以忘懷。現在輪到我了。

我被分到戰機101中隊「暗黑死神」，搬到了維吉尼亞海灘的歐西安納海軍航空基地，接受F－14雄貓戰鬥機的入門訓練。我和室友開著夜車抵達基地後，立刻就開始受訓。和之前其他機型的訓練一樣，我很快就上手，一路從熟悉機種到編隊飛行，再到基礎攔截（找到敵機後用雷達鎖定目標）。最終我也開始學習基本的空對空戰鬥技巧，這時我便開始感覺自己是貨真價實的戰鬥機飛行員了。我分別練習與類似的機種（另一架F－13）和不同的機種（例如A－4或F－16，美國海軍中與蘇聯米格戰機最相似的機種）作戰，也會練習一次對上不同數量的敵機。訓練的最終目標就是要把敵機逼上航空母艦，這個任務比駕駛T－2或A－4更難達成，因為雄貓戰機飛行品質不佳，而且我們必須在夜間完成任務。

F－14沒有教練機，後座沒有拉桿，教官無法替學生駕駛。訓練剛開始要先上課學習F－14的系統，接著要用模擬機練習幾個小時後才能正式爬上駕駛艙。

我頭兩次實際駕駛時，後座坐的是一名資深飛行員，他無時無刻都在嚼菸草，就算在噴射機上也不例外。我猜他是直接把菸草汁吞下去。那兩次駕駛過後，就換成一名通訊官跟我一起飛。我覺得讓不是飛行員的人來評斷我的飛行技術，感覺實在很怪。

沒過多久，我們就展開了進階戰鬥飛行訓練：空對空射擊、日夜間基礎攔截、單／多機空對空戰鬥和低空飛行訓練。空對空射擊訓練時，會有許多架飛機排成一個隊形飛行，每架飛機會拖著一條旗子，旗子是其他戰機射擊的目標。這些練習用的都是貨真價實的子彈，不過我也沒看過有人意外中彈。我們每個人的子彈上都有不同顏色的漆，這樣教官才知道誰擊中目標多少次。

我即將在維吉尼亞岸邊首次嘗試將F－14降落在企業號航空母艦（USS Enterprise），前一晚我躺在床上，無法入眠。教官跟我們說過：「你絕對睡不著的，所以就靜靜躺著，盡量什麼都不要想，休息一下。」這個建議相當實用，在之後的各種時刻也對我產生莫大的幫助。

我的第一次攔截著陸是樁慘劇。我降落時飛得太低，尾勾撞上了母艦後方。這叫做「撞尾」，不是好事。如果我飛得再低一點點就會撞機，我和通訊員就都玩完了。接下來幾次我都沒有再撞尾，但也沒什麼大長進。著陸幾次之後，教官認為看夠了，叫我可以回家了。我失去資格了。

我飛回歐西亞納海軍航空站後，心裡有種嚴重的失落感。通訊員憂心地看著我。

「你會找到出路的。」他邊說邊尷尬地拍拍我的肩膀。「不要擔心，不要去想。」

我不知道要回什麼，只能嘟囔兩句。一路走到這裡，竟然還是失敗了。我到屋內脫下一件件的裝備：安全帽、身上的安全帶、抗G力服──我還是無法相信自己竟然這麼爛。就算再給我一次機會，我也不知道要怎樣才會進步，而且搞不好已經沒有機會了。

我在想，若不能在海軍開戰機，自己還可以做什麼。某次參加大學的就業博覽會時，我還拿了中央情報局的報名簡章，感覺會是滿有意思的工作。如果海軍認為我連駕駛笨重大飛機、從事母艦船務工作，甚至是文書工作都無法勝任，直接把我除役，我想我也許可以試試聯邦調查局的工作。在和海軍長官討論我的未來的同時，我還有幾週時間可以思考退路。

最後，長官決定再給我一次機會。我從航艦服勤資格測驗開始從頭來過，這次配到的通訊官飛行代號是「蛋頭」，因為中隊裡有些討厭他的學生覺得他的臉長得很像男性的陰囊。但大家都知道蛋頭最擅長協助有障礙的飛行員。

蛋頭說：「你的飛行技術還可以，但你沒辦法無時無刻都『駕馭』你的飛機。你的高度還有空速都在安全範圍，但不夠精準。」之前的訓練要我把高度維持在六十公尺的範圍之內，這樣若是和指定飛行高度差個三、六、十五公尺，我也不用擔心。但蛋頭說，這個偏差會導致我和距離目標太遠，到時再調整位置就會耗費太多精力。如果要飛得更好，就必須在飛行時不斷微調。他是對的。我的飛行技術變好了，這些道理直到日後都不斷派上用場。

我的第二次資格考在沒有月光的漆黑夜晚進行。當我距離母艦只剩下幾公里，我對於自己接下來得做的事忽然倍感壓力。我在駕駛艙內，一邊看著儀器上的數值一邊向外瞄，試圖想要找到母艦。母艦在漆黑大海中發出微弱光線，讓人很困惑。距離母艦一公里時，航管員要我「叫燈」，也就是靠視覺繼續飛行（而非使用機上的儀器輔助）。我當下的第一個念頭是：「幹，死定了！」但我還是按照之前的訓練繼續飛行，隨時微調，準備加速、對齊。從空中俯瞰，飛行甲板上的燈光非常微弱，微弱的亮光慢慢增強，直到眼前的光變成一整片亮黃色的煙霧時，我馬上就感覺到攔截索的拉力。我彷彿是降落在異星，眼前的景象前所未見，很不真實。但就這個狀況下，我終於成功地降落了。

取得降落航空母艦資格值得慶祝，而如果你是在夜間取得資格，那又更了不起。在我隸屬的中隊，只要有什麼好事發生，就一定會舉辦活動、大肆慶祝，這是傳統。那次的慶祝辦在我家，我家距離海灘僅幾個街口，是棟三層樓高的公寓，當時我還有兩個室友。派對之前我們買了一堆啤酒、一些洋芋片，還買了些果凍粉準備做小果凍。

有個室友的女友帶了一個閨密來參加慶祝，她叫萊絲莉・楊德爾。我過去和她攀談，她很好聊，我也很喜歡她的笑聲，所以我約她下週末出去。她答應了。

那一年我和萊絲莉算是穩定交往中。我每周日去她媽媽、繼父家共進晚餐。我和萊絲莉的哥哥和大嫂也熟了起來。某天我和萊絲莉坐在乞沙比克灣岸邊的公園長椅上喝著紅酒，我鼓起勇氣向她求婚，她回說她願意。

一九九〇年九月，我被派到正式的戰機中隊 VFA-143，隊伍暱稱為「舉世無雙嘔吐狗」。

VFA-143中隊就位在歐西亞納海軍航空站的機庫隔壁，所以我不必搬家。VFA-143中隊部署在波斯灣的艾森豪號航空母艦上，因為當時「沙漠盾牌行動」正燒得如火如荼，所以航空母艦一回航我就必須立刻加入他們的行列。

一九九〇年代的戰機中隊氛圍介於體壇和搖滾樂團之間。電影《捍衛戰士》中描繪的狂妄逞勇還遠不及現實情形。中隊的飲酒作樂和墮落行徑簡直不可思議（好險現在已經不比當年了）。

我開始接受訓練，也飛到基威斯特和內華達等地的海軍航空站進行演練、學習新技術。一九九一年九月，我的中隊準備搭乘艾森豪威爾航空母艦（我們暱稱為「艾克」）出下一個任務。我們前往紅海、波斯灣以及挪威的峽灣。這次任務為期六個月，這六個月中我每兩天就需要上F-14戰機進行空中巡邏。中隊還在海上出任務時，蘇聯瓦解了。當時我們還不明白，蘇聯瓦解會帶來什麼影響。

航空母艦出航後沒幾週，某個漆黑的夜晚，我和我的通訊官穆克順利在阿拉伯海起飛，在母艦上方就空中巡邏位置。我們的職責是要保護「航母戰鬥群」免受空襲威脅。換句話說，我們的工作就是要擊落附近的轟炸機或戰機。這也是個自我訓練的好機會。一個半小時的勤務結束，我正打算掉頭返艦時，穆克突然說：「我們和母艦中間有塊陸地。」

「陸地？」

我很確定自己沒有飛越任何陸地。當天也沒有壞天氣的氣象預報，但眼前的海平線竟然消失了。此時我才意識到我們在雷達上看到的「陸地」其實是沙塵暴。沙塵暴吞沒了整個區域，這下要跟上母艦，難度變得非常高。

我們靠近母艦，降低飛行高度，預備降落，但此時能見度低得嚇人。我聽到航管員說：「鹹狗一零三，距離四分之三英哩（約一公里），準備叫燈。」航管員請我確認是否能看見甲板上的光學著陸裝置，這樣才能對齊母艦準備降落。我向外看，什麼都看不見。接著我聽見站在艦尾的著艦指揮官（LSO，landing signal officer）引導的聲音，他說：「這裡是指揮官，繼續降落。」這代表雖然我們看不到他，但他能看到我們。我們繼續朝著航空母艦的方向降低飛行高度。

到距離只剩下約四百公尺時，我終於看到母艦了。在時速兩百四十公里的狀態下，我大約有五秒的時間可以讓飛機對準中線，調整高度和速度，準備降落在甲板上的指定位置——第三條攔截索前方。一如以往，我把油門催到最大，這是必要步驟，如果降落不成功，我才能立刻準備升空。要等到攔截索抓住飛機幫助我們慢下來，我才能感到安心——但被繩索抓住的感覺遲遲沒有出現。

「脫韁、脫韁……尾勾滑落。」著艦指揮官說。脫韁代表飛機的尾勾沒有抓到攔截索。我們立刻全速推進準備再次起飛，重頭再降落一次。飛機又回到了滿是沙塵的灰暗空中。我很不悅，因為我沒有失誤，就只是運氣很差。尾勾從攔截索上滑掉了。我們再次降落，但又是脫韁。我們又再起飛、再降落。還是脫韁。再來一次。這下我們必須要復飛了，因為前幾次降落太難看，指揮官不讓我們降落，深怕我們撞艦。我火了，很氣自己、也很緊張。

復飛後能見度還是很低，油也快耗完了。我們又再試了好幾輪，但每次都是脫韁，必須再觸地重飛，因為我們降落的地點太靠近前一台飛機，所以只好一直重來（換句話說，我的飛行技術很差）。最後我們只剩下一次機會，不成功便成仁，要嘛這次得成功著陸，否則就得先去加油。我又脫韁了。我們掉頭飛往加油機。

加油機是有外掛油箱的A-6入侵者戰機，會在約九百公尺的高空盤旋，準備替其他飛機加油。要找到加油機本身就是一大挑戰，因為我們仍深陷沙塵暴之中。兩架飛機僅能靠雷達會合，非常危險，穆克喊出距離、朝向、逼近速率。距離縮短到大約七點六公尺內時，我看到了加油機，接上了它的機翼。我伸出加油管，但因為氣流不穩，加上剛剛試圖著陸失敗無數次的後勁，我手忙腳亂。我來來回回好幾次才成功接到油箱，過程中我試著不去想加油失敗的話會發生什麼事。好不容易接到油箱加滿油後，我朝著航空母艦往回飛。

但接下來我還是一而再再而三地脫韁。我心想：「我一輩子都要困在這個循環裡了。」但就在此時，我成功感覺到攔阻索的拉力，飛機就這樣急停了下來。我向前滑行至上鍊位置時，發現自己的右腿正在狂抖。剛剛的各種危機讓我腎上腺素飆升。

我和穆克離開飛行甲板，走到我們點著燈的房間。進房時，房內的飛行員一陣鼓掌歡迎。這場災難的整個過程，他們都從螢幕上看到了。

「歡迎回到艾克號，還以為再也見不到兩位了呢。」

我大笑了出來，接受大家的恭喜。

「總有一天輪到你。」我說。

第二次讓我永生難忘的夜勤發生在波斯灣，那天晚上明月高掛，我們稱之為「指揮官月」，因為航空隊的指揮官最喜歡趁這種時候把夜勤解決掉，在這種天候下出夜勤容易些。我和我的通訊員查克·伍德（綽號「甘尼」）於當晚出勤保護艾克還有艦上的戰隊，以免伊朗空軍來襲。大約一小時後，母艦上的航管員通知我們可以提早返艦。飛機還剩很多油，而且我們又可以提早返艦，所以我點燃了後燃器（飛機渦輪發動機後面附加的裝置，可在噴出氣流中注入燃料、燃燒以增加動力），開始以超音速飛行。我們逐漸逼近「整備點（marshal point）」，整備點是母艦後方約三十二公里處的一個假想點，在該處用超音速飛行不太妥當。通常我不會飛這麼快，但當天我卻覺得很安全。

很快我便開始覺得飛機失控了。雖然天空非常清澈，但飛機的下方飄來一片霧，而飛機下降至水面上約一千五百公尺處時，我已經無法掌控局面了。我開始緊張，渾身是汗、心跳加速。我成了熱鍋上的螞蟻。一切都發生得太快。我六神無主。

機上的高度計響了起來，警告我們高度已經低於一千五百公尺，接著又再響了一次，警告我們高度又再降低了。高度計的警報聲很擾人，所以我做了一個致命的錯誤決定：我把它關了。

接下來我便聽到甘尼大叫：「拉起來！」我不假思索立刻猛拉操縱桿，同時盯著高度計和垂直速度顯示器。飛機的高度是兩百五十公尺，下降的速率是每分鐘一千兩百公尺。大約再十二秒我們就會掉到水裡，成為其中一架未能順利返艦的戰機。沒有人會知道究竟是哪裡出了錯。

手忙腳亂一陣後，我和甘尼終於急中生智，成功地安全降落。我們回到了我的住艙，打開一瓶威士忌壓壓驚，同時也用來慶祝自己成功逃離死神魔掌。

我的婚期訂在一九九二年四月二十五日，也就是母艦任務結束後的一個月。那天早上我起床，開始做婚禮前的各種準備——沖澡、刮鬍子、整理蜜月行李——但忽然有種詭異的恐懼感油然而生。婚禮理應是個大喜之日，應該要和我第一天成功降落母艦、得到飛行員胸章或大學畢業那天一樣快樂才對。但我卻只有這種奇怪的不祥預感。

忽然間在我打領帶時，我才明白自己根本不想結婚。

我很在乎萊絲莉，也喜歡有她在身邊。但若要誠實面對自己的感受，我知道自己娶她並不是因為心裡有悸動。我想到準備要和我站在一起的六個伴郎。他們全是海軍，有的人和我同個中隊，有的人才認識不久。而和我一起長大、多年來一直陪在我身邊的親友都會來參加婚禮。

我覺得自己別無選擇，只能硬著頭皮結了。我不想讓萊絲莉、她的家人還有我自己的家人失望。馬克大老遠從日本趕來，要是他到了才發現婚禮取消，一定會無言又生氣。在大廳和萊絲莉共舞時，我想盡辦法把這些感覺拋諸腦後。我告訴自己：我才二十八歲，我會努力經營婚姻。

在嘔吐狗中隊待了兩年半後，我向馬里蘭州帕塔克森特河的美國海軍試飛員學校提出申請。飛行員通常要先在一個艦隊服務四年才會申請該校，所以我也不覺得自己會上。但我想先讓入學委員知道我是玩真的，同時先熟悉一下申請流程。萬萬沒想到我竟然申請上了，喜上加喜，我哥也選上了，這樣我倆是同學了。一九九三年七月，學期開始。新學校令我最緊張的並不是開飛機，因為我對飛行技術已經很有自信，我最擔心的是：我從來沒有使用過電腦。我知道習慣科技是必要的，所以我請中隊的同儕教我電腦。

這是我職業生涯中第一次有機會和其他軍種的軍人朝夕相處。學校裡有美國空軍飛行員、海軍陸戰隊飛行員、陸軍飛行員，還有一名澳洲F-111飛行員和一名以色列直升機飛行員。班上有些同學後來也成了我的太空人同事：麗莎・諾瓦、史蒂夫・佛利克、愛爾・德魯，當然還有我哥馬克。我倆報到後沒多久，學長姐就舉辦了迎新會，警告我們有天一定會後悔決定要當試飛員，因為訓練實在有夠辛苦。

學科的部分對我來說並不特別困難，雖然還是需要複習一下微積分和物理。我們學了飛機效能、飛行品質、飛行控制系統和機上武器系統等之後需要我們實地測試的相關知識。訓練中我們也花了些時間熟悉之後自己負責駕駛的機種。像我這樣的定翼機飛行員就得再開T－2，另外也會需要駕駛海軍版的T－38，而T－38的難度就高很多了。週五晚上我們會待在單身官員宿舍的酒吧或同學家裡。週末則是寫作業的時間。

試飛T－38時，我覺得降落特別困難，因為我已經習慣拉平機身的降落法，也就是在靠近地面時拉起機鼻，在著陸前緩衝下降的速度。

要在母艦上降落，靠近甲板時的下降速度必須保持不變。我們也開始試飛其他機種，通常會有教官或負責該機種的同學一起飛。這個訓練是為了要拓展我們的飛行經驗。我們也學著撰寫技術報告，技術報告在學校的課程中占比很高。試飛員花很多時間針對飛機的某一個面向做實驗，搜集數據，然後再把資料整理成詳細的報告書，寫報告的時間甚至比實際駕駛飛機的時間還多。

一九九四年七月，我從試飛員學校畢業，轉調到機場另一側的攻擊機測試局。之前在戰機中隊時，同儕都很好，但在某些方面我更喜歡試飛員中隊，因為隊員的背景比較多元。試飛員有一般民眾（之前在軍中很少有機會和民眾共事）、外國人、不同文化、種族、性向、性別，還有不同生長背景的人。我沒想到背景多元的中隊反而更有優勢，因為每個人都能貢獻自己的長才、觀點，一起完成共同的任務。

我的大女兒莎曼珊於一九九四年十月九日在帕河出生。萊絲莉在孕期變得更多愁善感，但莎曼珊出生後，她的生活就都繞著女兒打轉。莎曼珊是個快樂的小女孩，活潑大方。

馬克的住處離我們不遠，他和他老婆也常來家裡坐，不然就是我們過去他們家。我和一群試飛員還有試飛工程師感情非常要好，週末很喜歡耗在一起。我的同事、朋友，還有他們的妻子都很喜歡萊絲莉。所以其實有很長一陣子，我倆相安無事。和彼此的家人一起度過感恩節和聖誕節也總是很愉快。我做著自己喜歡的工作，還有個家庭。看起來我的人生就這樣定了。

身為試飛員，我被指派協助調查一項墜機案件，有架F–14在出訓練勤務時，降落時不幸墜毀。我在飛行員學校曾經見過意外中不幸身亡的卡拉．胡特格林。在比維時我其實跟她不熟，但學校裡女生太少了，實在很難不注意到她。在我獲頒胸章後沒多久，海軍開放女性飛行員申請戰鬥機師職位，卡拉於是成為首位取得F－14戰機資格的女飛官。卡拉的成就備受關注，她在一九九四年十月二十五日就英年早逝，更加令人惋惜。

航空母艦飛行甲板上拍下的墜機影片顯示，飛機的位置越過了中線。卡拉轉向時用力過猛，導致進入左側引擎的氣流失控，壓縮器因此失速——這是F－14戰機常見的問題。卡拉點燃未受影響的引擎的後燃器，但因為單側力量過猛，導致飛機失去控制。她的通訊官順利將他們兩人都彈射出去，通訊官本人安全脫險，但飛行員的彈射慢了零點四秒，彈射時駕駛艙已經是面朝大海。卡拉在降落傘打開之前就撞上海面，當場死亡。

其實當時早已在研發F－14戰機的新數位飛行控制系統，想要避免類似的機身上下旋轉以及墜機事故。新系統的設計花了比預期更長時間，中間出現很多技術上的問題而有所延誤，研發經費也比預期還高。卡拉空難事件的偵查結束，最後結論是新的數位飛行控制系統可能可以救她一命，研發計畫又再度步上軌道。很快就到了系統測試的時候。

新機（或經過大幅改造的舊機）的頭幾次試飛通常會由研發製造公司的試飛員來進行——這次的廠商是諾斯洛普格魯門（Northrop Grumman）。我在這一年當中開雄貓戰機的次數比誰都多，雖然我還不夠資深，但中隊指揮官仍然派我進行第一次試飛，讓大家和我自己都跌破眼鏡。試飛時間公布前，我進入座艙檢查戰機的系統，測試操縱桿上的配平鈕（幫助飛機在飛行時維持平衡的輔助裝置），發現使用配平鈕時，飛行控制介面的方向會出錯。我和飛行測試總工程師保羅・康尼加洛都嚇呆了。我隔天就要駕駛這個玩意飛向天際，但飛行控制軟體整個都爛透了。

隔天早上我們再檢查一次飛機，出包的地方修好了——原來是有兩條線接反了。我和通訊官那天早上在跑道上滑行時，實在沒把握飛機起飛時究竟會不會失控。時速達到約兩百三十公里時，我慢慢把控制桿向後拉，飛上了天空。沒過多久，我們便收起了起落架和襟翼。我降低後燃器的馬力，然後駛向乞沙比克灣準備進行各種指定動作。我們按部就班地慢慢飛著，一步一步拓寬新系統的飛行包線（表示飛機的飛行速度、高度等限制條件的一種曲線），一個半小時後，我們安全回到甲板上。

這款F-14於二〇〇六年退役，之後所有帶著新系統的飛機都不曾再發生過自旋或致命的撞機事故。

第 9 章

今天也是在賭命

二〇一五年六月二十一日

我獨自一人待在美國區，可以一整天都不看到半個人影，除非我有事要找俄國同事。我很享受這種安靜和隱私感，這兩件事在站上非常難得。我現在可以把音樂音量開到最大，或處在完全的靜謐中。我也可以整天開著CNN，讓CNN的聲音陪伴我。

當然有時也會想念有人可以交談，即便只是抱怨緊繃的工作進度或討論新聞都很好。我也很想念身邊可以有人幫忙。我的工作排程中有很多任務都可以一人獨自完成，但如果在關鍵時刻有人可以伸出援手，會事半功倍。

今天是甘迺迪的生日，為了替他慶祝，我們舉辦了特別的晚會。我當時有記得帶上他的生日禮，我把禮物交給他——是上面有美國海軍飛官翅膀刺繡的棒球帽。今天也是國際父親節，所以我們聊到了自己的兒女。甘迺迪有三個女兒，兩個已經長大了，還有一個十二歲和夏綠蒂同年，另外還有一個孫女，年紀和小女兒很接近。他說他很後悔錯過女兒的童年，因為他以前太專注在工作上了。他也說比起年輕時，自己現在是個比較稱職的父親。我倆都很期待回家後可以花更多時間陪伴兒女。

隔天六點我起了個大早，飄出睡眠艙，飄過實驗室、一號節點艙，每經過一個地方就打開燈。我右轉進入三號節點艙，從那裡進入洗手間。今天是科學樣本採集日，所以小便的過程會比平常還要更複雜。我拿了一個集尿袋，是透明的塑膠袋子，一頭接著一個保險套。我套上保險套，然後用長紗布纏住邊緣，以防外漏。小便的同時我需要特別用力，這樣才可以推開袋子上的閥門，讓尿液流入袋中，如果沒有閥門裝置，尿液就會直接流到外面。但要用力尿到可以推開閥門，就會因力道過猛導致尿液從保險套漏出來。今天很衰，尿還真的露了出來。紗布吸滿了尿，很快尿液也集成小水滴，飄到牆上。待會我得好好清理。尿完後我小心拆下保險套，深怕尿又再漏出來。我用樣本管吸出三份尿液樣本，標上我的姓名代號和時間、日期，然後把條碼掃入系統。接著我到日本區，把試管放到一個冷凍庫裡。接下來的二十四小時，我每次小便都必須經過整套相同的流程。

處理完尿液樣本後，我到哥倫布號實驗艙準備抽血。國際太空站上大部分的太空人都知道怎麼替自己抽血，我也不例外。我消毒了右手臂的皮膚，因為我右手血管比較清楚。我用左手把針戳到皮膚裡，讓針滑到皮膚下方。針頭的地方出現一小滴紅色的血液，這表示我有戳中血管，但當我接上針筒時，卻抽不出血。我大概是穿過血管了。右手失敗了，只好抽左手的血試試看。因為我只剩左手可以抽了，只好尋求甘迺迪幫忙。

甘迺迪拿了一支新的蝴蝶針（專門做靜脈注射或抽血的醫療設備），接上針頭固定管。我左手臂消毒過後，他看好位置，準確地把針頭插入血管中。但針頭和固定器沒有接好，所以血液飄出來了，小血滴在空中搖搖晃晃，最後聚成大血滴，四處亂飄。甘迺迪立刻重新固定好針頭，我一邊伸手抓了幾個血滴，免得它們飛遠了。晚點得去找漏網之魚，清理乾淨。

甘迺迪邊抽邊換樣本管，直到抽滿十管。我把樣本管放到離心機中半個小時，然後取出，放到裝有其他樣本的冷凍庫裡。

同日稍晚，我還得取糞便樣本，明天則是唾液和皮膚。接下來在太空站上的日子中，每隔幾週我就需要重複一次一整套樣本搜集。

上一週，我左腳大拇趾的趾甲倒插嚴重感染了。除了睡覺時間以外，一天當中幾乎所有時間我都需要用單腳或雙腳勾住把手，才能穩住身子，所以腳趾很重要。太空站上的藥物非常齊全，我擦了外用抗生素，並小心照顧我的拇趾。

目前的二氧化碳濃度比較理想，因為我處的太空艙段只有我一個人在呼氣。頭痛和鼻塞症狀也有大幅減緩，我發現自己的心情和認知能力都變好了。我要趁此時好好享受這樣的時光。但同時我也很擔心地面會以為二氧化碳的問題解決了。下一批組員上站後，一樣的惡性循環又會展開。

住在太空的一大好處是：運動就是工作的一部分，不用自己在下班後或上班前再找時間運動。如果我不能一週運動六天，一次至少運動幾個小時，我的骨質就會嚴重流失，一個月流失百分之一。之前曾經有兩個美國太空人在出完長期太空任務後髖骨骨折。所以我這一年在太空中，骨質流失是一個嚴重的潛在危險，可能會影響我未來的健康。就算做了這麼多運動，骨質還是會稍微流失。人類的身體很聰明，會自行去除身上不需要的東西，我的身體在零重力的環境中，發現骨頭並非必需品。由於在太空中不需要支撐自己的體重，肌肉也會流失。有時我會想，未來的世代若在太空中生活，根本就不需要強健的骨骼。未來這些人類可以像無脊椎生物一般活著。但我還想回地球，所以每週逼自己運動六天。

表定的運動時間結束，我便會飄到沒有窗戶的達文西號多功能艙，這個艙段是太空人的大衣櫃，我們可以在這裡換短褲、襪子、上衣。多功能艙常讓我想到祖父母的地下室，又黑又髒，到處都是有的沒的東西。我的運動服味道越來越重，因為我已經穿了好幾週，站上沒有洗衣機，所以太空人的衣服都必須穿到不能再穿為止，然後丟掉。

我飄到三號節點艙，往跑步機移動。天花板上有條帶子，綁著一雙鞋、一個束帶和一個心臟監控儀器，供所有太空人使用。我拿了我的慢跑鞋，穿上後踏上跑步機。跑步機是安裝在「牆」上的，和艙內大部分儀器的位置不同。

我穿上束帶，扣上腰間和胸口的扣子，然後把束帶卡在跑步機上的緩衝器上。束帶可以在我跑步時幫助我固定位置，如果沒有束帶，踩出第一步我就會飛出跑步機。跑步時可以調整力度，控制相對體重，但還是不能以自己正常的體重值來跑，否則骨盆承受的壓力會過大，肩膀也會很痛。我設定好前方的筆記型電腦，開始播放《冰與火之歌》。這部劇剛推出的時候我刻意不看，也避免有人在我旁邊爆雷，因為我知道今年我會需要一些娛樂來幫助自己暫時不想工作。

太空人的跑步機在某些地方其實和地球上健身房的跑步機一樣，只是太空跑步機是裝在一組特殊的避震系統中。跑步時腳的推力非常關鍵，震動頻率不對，太空站就有可能解體。

我用筆電上的軟體控制跑步機，先慢慢跑，再逐漸加速。我很喜歡每天的運動時間，不過我的關節有點難以承受。有時候我的膝蓋和腳會痛到幾乎難以忍受，但今天還好。我把速度推到最大。流汗時，汗水會積在我的光頭上，像水珠積在剛打好蠟的車上一樣。我用毛巾把汗水擦掉，這條毛巾已經連用兩週了。

我在跑步時，甘迺迪過來做些檢查。一號節點艙地上的大袋子裡有幾個排泄桶，到時會跟著其他垃圾讓回航的進步號帶走。甘迺迪發現桶子最近有點臭。他檢查桶蓋，確定桶蓋有密封好，但不小心釋放了一團惡臭氣體，臭到我差點掉下跑步機。但空氣過濾系統很快就改善了空氣品質，我覺得很厲害。

「我一回地球就要立刻休假。」甘迺迪說。

甘迺迪一離開，我就聽到控制中心的聲音。

「太空站，休士頓至太空二號。太空對地面頻道切至私訊，飛行總指揮要與太空人通話。」

私訊。太空人聽到這幾個字血液都會凍結。這幾個字代表大事不妙。我停下跑步機，把身上的裝備解開，抓了麥克風和休士頓通話。

值班的通訊員傑・馬斯克把我轉接給軌道維運負責人。我暫時鬆了一口氣，這代表至少不是我家人出事。

「紅色晚期警報，物件靠近，」傑說：「最接近點落在不確定範圍內。」

「收到，」我對著麥克風說。在說出心裡真實的想法之前，我得先確認麥克風已經關了。

「幹。」

有物件靠近代表有碰撞的危險——有一件太空垃圾正朝我們的方向靠近，這個垃圾是舊的俄國衛星。「晚期警報」意思就是本來沒發現有物件靠近，或算錯接近的軌道，「紅色」的意思就是這個物件會靠我們非常近，但不知道多近。「不確定範圍」指的是物件可能會經過的區域，半徑約一千六百公尺。撞擊可能會導致太空站失壓，空氣外洩，造成太空人全數身亡，所以我們必須移動至聯合號，在需要的時候使用聯合號當逃生船。如果太空碎片朝著我們前進，撞上太空站，不到兩個小時我們都會翹辮子。

「相對速度如何？」我問。「有大概的數據嗎？」

「以一秒十四公里的速度接近。」

「收到。」我回覆。這個答案是最壞的情況。太空站以一小時兩萬八千公里朝著某一個方向前進，而這塊太空垃圾則是以相同速度朝相反方向前進，於是，接近速度達到了一小時五萬六千公里，是子彈的二十倍速。如果這塊衛星碎片撞到太空站，後果絕對會比電影《地心引力》的慘況還要嚴重。

若在六小時以前就接獲通知，太空站便能即時閃避軌道上的太空垃圾。美國空軍負責定位並找出軌道中上千個飛行物的移動軌跡，這些東西大多是舊衛星或殘骸。美國太空總署給了這項閃躲的任務一個縮寫簡稱——PDAM（Predetermined Debris Avoidance Maneuvers，預先躲避太空碎片），任務就是發動太空站的引擎，調整航行軌道。從我上站以來截至目前調整過兩次。但今天事態不同。兩小時前才接獲太空碎片的通知，所以不可能執行 PDAM。

控制中心指示我關閉、檢查站上美國區的所有艙室。在準備此次任務時，我已經受過相關訓練，我在腦海裡把整個程序走過一次，這樣等會才能正確完成所有步驟，最重要的是，必須快速完成。連本來就已經是關著的艙門都需要再次檢查，例如用來接來訪太空船的閒置對接器。若是艙門都能確實關閉，太空碎片撞上其中一個艙段時，其他艙段還有可能不受影響，至少其他艙段裡的東西不會被吸到真空的太空中。美國區總共有十八個艙室，都必須確實關嚴、再次檢查。我盡可能用最高效率檢查完每個艙口時，控制中心打來了。

「史考特、米哈，要開始準備肯德基路易斯維 WDRB 電視台的工作了。」

「什麼？」真是不可思議。「還有時間搞這個嗎？」

米哈出現在美國區，準備要參與美俄共同的公關活動，一如以往，他總是很準時出現，不會提早、不會預留時間。

「公關活動不能取消。」控制中心說。主播想要訪問太空人收看肯德基賽馬的心得，但這都是兩個月以前的事了。太扯了。

「他們有事嗎？」我和米哈說。米哈搖頭回應我。地面做了錯誤的決定，但現在也不是和他們吵架的時候。

我和米哈在攝影機面前就定位，也拿了手持麥克風。

「太空站、休士頓，準備好了嗎？」傑問我們。

「準備好受訪了。」我邊回話邊努力克制自己的怒火。我們用五分鐘回答一些問題，諸如對剛登上冥王星的無人探測器的看法、我們邁入了怎樣一個新的里程，還有五月時有沒有收看肯德基賽馬。

電視台問到無重力環境下可以做的動作時，我們還表演了空翻給路易斯維的觀眾看。訪問結束後，我們心裡還是很不爽，我們現在可是身處危機之中。在太空站中跟著軌道航行時，非常忌諱對於現況過度樂觀，對我而言，如期進行訪問的決定就是過度樂觀。

攝影機一關機後，我便立刻回頭檢查艙門是否確實關閉。好險艙門都沒有什麼大問題，就算有問題我也沒時間處理了。我把美國區中會用到的重要物品收好，以免衛星殘骸撞上美國區，我帶了心臟去顫器、高階急救醫務箱、我的 iPad（裡面有各種重要程序）以及一袋私人物品。我也確認自己拿了裝有照片、影片的隨身碟，我不想弄丟這些回憶。我拿好所有重要物品時，我們只剩下二十分鐘可以準備面對可能的衝擊了。

我來到俄國區，看到俄國同事根本懶得去關他們的艙門。他們覺得關艙門是浪費時間，這也不無道理。因為可能的結果只有兩個，一是衛星碎片沒打中太空站，這樣的話關艙門也沒意義了，第二個可能是衛星碎片打中我們，如此一來整個太空站一秒就會消失，艙門是開是關也無所謂了。不太可能碎片打中一個艙段，其他艙段還可以完好如初。不過為了以防萬一，控制中心還是讓我花了超過兩個小時關閉艙門。俄國人面對這種事情的做法是「管他去死」，然後利用可能是人生中的最後二十分鐘來吃午飯。我及時趕上，加入他們，也來一小罐「開胃前菜」。

可能撞擊的前十分鐘，太空人開始移動至聯合號，如果真必須與太空站分離，甘迺迪已經準備好發射聯合號了。聯合號已經調整好軌道，我們滑入艙內就定位時，裡面非常昏暗。又擠、又冷、又吵。

甘迺迪說：「如果真的被衛星碎片撞上就慘了。」

「是，」米哈附和：「滿慘的。」

過去的十五年中，太空人像我們現在這樣躲在一個小空間的情形，只有發生過四次。聯合號內除了風扇攪動空氣的聲音之外，我還能聽見大家呼吸的聲音。我不覺得有誰真的害怕。我們每個人都經歷過生死交關的局面。不過我們還是會討論太空垃圾的大小和速度。

米哈望向窗外。我跟他說他看不到朝著我們奔來的衛星碎片，因為碎片的速度太快，人眼根本無法辨識，何況外面現在一片黑。但他還是繼續看，過了一會，我也開始看了。進入了倒數計時。倒數只剩幾秒時，我感覺自己緊繃了起來，板起一張臉。等待。然後……沒有事情發生。過了三十秒。已經準備好面對慘劇的心臟緩了下來，我們面面相覷。大家板著的臉孔都慢慢放鬆下來。

「莫斯科，還沒解除警報嗎？」甘迺迪問。

「甘迺迪，沒事了，」莫斯科控制中心回覆：「撞擊時間點已經過了，現在很安全，可以回去工作了。」

太空人從聯合號魚貫而出，甘迺迪和米哈繼續吃午飯，我則是花了大半天把所有艙門打開。

事後再回想起這次的危機，我才意識到如果衛星碎片真撞上太空站，我們大概也不會有感覺。飛機在惡劣天候中撞山時，因為時速高達八百公里，機上人員會當場斃命，也沒啥好感覺了。而這次的太空站危機，撞擊的速度會是飛機的七十倍。以前當海軍試飛員，協助調查飛機失事原因時，我會心想：機上組員對於這一切慘劇搞不好根本沒有一點感覺。我和米哈還有甘迺迪會在一毫秒的時間內，就從在寒冷的聯合號內彼此閒談的狀態，被炸裂成微小的原子，往宇宙中數百萬個方向飛散出去。我們的神經系統根本來不及把這些資訊轉換成有意識的想法。兩個以時速約五萬六千公里移動的巨大物件相撞所產生的能量，簡直跟核爆差不多。

我也不知道這樣是比較好過還是比較難過。

再過十一天，新組員就要上站了。我試著不去數自己在站上還剩多少日子，因為數饅頭只會更難過。但我知道這一年會分成四個探索階段，一個階段三個月。謝爾、龜美也和歐雷上站時，就代表這一年已經過了四分之一。

第10章

喜迎新同事

二〇一五年七月二十四日

今天「遠征四十四號（Expedition 44）」的組員上站了。對接相當順利。打開艙口看到新同事飄來時一臉茫然，簡直像剛破殼而出的幼鳥。我想起自己穿著美國隊長服從同一個艙口飄上站的那天，我和米哈像連體嬰一樣一起通過艙口。感覺好像已經過了好多年，時光飛逝。

三個新人需要很多協助才能適應新環境、安頓下來，並學會工作內容。有經驗的太空人第一次出太空站任務的調適期，會比曾住過太空站的太空人長一點。我每次出太空梭任務之前，都會先接受一年的訓練。為期兩週的太空梭任務中，每一天該做的工作都要事先仔細準備。在國際太空站的時代，太空船的體積更大、任務的時間更長，所以太空人訓練內容會比較偏一般性事務。我們沒有辦法確定每天該做些什麼事。太空站任務中，最困難的就是起頭。

超過三分之二的太空人都會有某種程度的太空暈船症狀，有時會渾身無力，但也沒有辦法，只能靜待症狀退去。謝爾和龜美也在站上的第一天都很不舒服，在身體適應擾亂方向感的零重力之前，他倆都會一直想吐，無法正常運用身體的各種功能。在完全調適過來之前，他倆會像學步中的嬰兒一樣，笨手笨腳，就連最簡單的事物也需要別人幫忙，從一個艙段移到另一個艙段時，不把牆上的東西弄倒都會是一大挑戰。和地面通話、準備食物、使用廁所，全需要人幫忙。就連要嘔吐，一開始也會需要他人協助。他們要到四至六週後，才會開始感覺完全正常。

新同事飄到站上後，我們立刻和地面進行了簡短的視訊通話，讓新同事向還在拜科努爾的家人報平安。米哈讓一顆蘋果和一顆橘子飄到龜美也身後，在龜美也說話時當作視覺輔助。

謝爾和龜美也首夜絕對不可能好眠。半夜我起床上廁所時，發現謝爾在儲物艙段的袋子裡翻來找去。

「在找什麼嗎？」我問。就連開著燈要在這裡找到東西都是大工程了，何況謝爾沒開燈。

「不瞞你說，我還需要更多嘔吐袋，」謝爾說：「我不行了。」

「一定還有。」我說。我找了一下可能放有嘔吐袋的地方，然後上電腦系統查詢站上財產清單。我還問了休士頓該去哪找。一分鐘後，休士頓說站上沒有多的嘔吐袋。補給艦通常不會帶嘔吐袋，因為俄國太空人搭聯合號上站時會準備。

「一定有其他辦法。」我向謝爾保證。嘔吐物和太空中其他東西一樣，容易到處亂飄，所以一定要想辦法讓袋子吸住嘔吐物，讓液體不要亂跑。吐後擦個臉也會比較舒服，因為表面張力會讓液體留在皮膚上，沒有地心引力，皮膚表面的液體不會滑下來。

我在站上的物品中翻翻找找，最後在夾鏈袋裡面鋪上了衛生棉，幫謝爾做了一個嘔吐袋。滿好用的。

謝爾和龜美也第二天的工作幾乎都需要我跟在屁股後面，帶著他們走過每一個環節，教他們在零重力的環境下處理事物。謝爾的第一項工作是整理跟著他們搭乘聯合號一起上站的一袋備用零件，核對過後要存放在太空站中。這在地球上是項簡單的工作：把袋子放在地上，把東西全拿出來，把物品放回袋子裡時一邊核對清單。但謝爾很快就發現，在太空中只要一打開袋子，裡頭的東西就會立刻跳出來，開始慢慢飄走。光是要把每個東西固定好，可能就會耗光時間。

兩人一起整理很耗時，不過卻是長遠之計。我一邊教謝爾他未來在站上會需要用到的一些小訣竅，例如一定要物歸原位。我告訴他，要避免打開袋子時內容物跳出來，可以先抓著袋子，慢慢旋轉。離心力會把袋子裡的東西推向袋子底部，只要一直繼續轉，東西就會留在袋底。整理待核對的物品會比較麻煩，我示範給謝爾看，可以利用網袋固定可能會在實驗室中到處亂飛或自己跑去躲起來的物品。這樣他就可以從網袋逐一取出物品，核對後再放回原本的袋中。至於小東西或精細的物品，我教他拉出一段封箱膠帶放在牆上，黏性面朝上，再取幾段小段膠帶，黏性面朝下，均分固定住長膠帶。這樣就可以把物品黏在膠帶上，不會到處亂飄。艙內牆上原本就已經布好了幾塊魔鬼氈，新物品上站時，上面通常也會黏有魔鬼氈的固定點。魔鬼氈好用極了，有時有些物品上站時沒有帶著魔鬼氈圓點，我便會和地面大大抱怨一番，他們搞不好還覺得我小題大作了。但沒有貼好魔鬼氈就上站的每一件物品都很有可能浪費人員的時間、耐心和敏銳度，而上述這三項資源有時實在不夠。

不管是誰，在站上頭幾天的生活中，易怒是很正常的，但謝爾似乎每一刻都能記得自己正在實現孩提時代的夢想，而且他的樂觀態度很有感染力。

謝爾生於台灣，母親是台灣人，父親是瑞典裔美國人。他們舉家搬到美國中西部，後來又搬到英國，謝爾的童年幾乎都在英國度過。他小時候就希望長大可以當太空人，年僅十一歲就寫信給空軍軍官學校想要申請入學。高三時他又申請了一次，不但申請上了，在校表現還非常傑出。他當初的計畫跟我差不多：成為飛行員、在軍中開戰機、成為試飛員、向美國太空總署申請成為太空梭太空人。

但當謝爾取得軍官學校的學歷，開始上飛行學校後，飛行學校的醫師診斷出他有氣喘，謝爾便失去了成為飛行員的資格。謝爾從未出現任何氣喘症狀，但學校醫師的診斷不可違抗。這下謝爾可能永遠沒機會駕駛戰機了。謝爾於是有了新的人生規劃，他開始研究太空任務對心血管造成的影響，最後取得了醫學學位。他在急診室和航太醫學部完成了住院醫師任期，接著取得公共衛生的碩士學位。後來謝爾到美國太空總署擔任飛行醫師，照顧準備航向太空的太空人。

謝爾擔任飛行醫師時認識的新醫師同事聽了他的故事後，對於他被禁飛感到非常震驚，甚至覺得可疑。因為他沒有出現任何氣喘症狀，也未曾服用過任何氣喘藥物，還熱衷跑步、身體健康。強森太空中心有些同事跟謝爾說，雖然他失去了駕駛軍機的資格，但美國太空總署有自己一套健康評斷準則。同事們便鼓勵他，要他一有新的太空人職缺就去申請看看，謝爾也照做了。太空總署沒有檢查出謝爾有任何氣喘的跡象。二〇〇九年，美國太空人團隊接受了謝爾的申請。

我第一次見到謝爾是在星城，那時他是飛行醫師，而我正在受訓，替二十五、二十六號探索任務做準備。謝爾個性真誠、很有熱情，不做作也不會算計別人。在太空人當中他個子算高，留著軍人的髮型，有著軍人的舉止，但臉上總是掛著微笑。謝爾有自己的宗教信仰，但對別人的信仰非常包容、尊重；我見過的人當中最正面積極的就屬謝爾。

油井龜美也就讀日本的軍事學校，後來加入日本航空自衛隊。他駕駛的是F-15戰機，後來也成了試飛員。龜美也和謝爾一樣，於二〇〇九年加入了太空人團隊。龜美也是優秀的飛行員，他是我認識的人當中，做事最認真的。同時學習太空站上的各種系統、聯合號的進階功能以及外語真的非常不容易——而龜美也還學了兩種外語（俄語和英語）。

龜美也是現役七位日本太空人中的其中一位（目前約有四十五名現役美國太空人和十六名代表歐洲太空總署的現役太空人）。我第一次在訓練中見到龜美也時，就覺得他很講究禮數，他會叫我「凱利桑」，在日本這樣稱呼別人比較禮貌。我一直要他叫我「史考特」就好，結果他就改口叫我「史考特桑」，最後他乾脆都不叫我了。龜美也知道美國文化比較不拘小節、講求平等，至少從我跟他的互動中看來他是明白的，他也很努力想找到折衷的相處之道，即便這讓他很不自在。

歐雷・柯諾年科是經驗老道的俄國太空人，也是個聰明、嚴謹的工程師。歐雷很安靜、很體貼，做什麼事都很可靠。

謝爾和龜美也在接受此次任務訓練時便有機會可以彼此熟識，這次訓練的內容包含國家戶外領導學校（National Outdoor Leadership School）的野外求生課程，課程設計主要是幫助我們適應高壓環境，因為在太空中也要面對高壓的工作環境。我沒有參加這門訓練，因為若按照原計畫，我們幾個並不會成為同事，所以我們要在太空站上才有機會認識彼此。秋天時我會和謝爾一起太空漫步，到時我們的性命會掌握在彼此手中。

謝爾和龜美也逐漸習慣太空站上了無生氣的生活環境。不過至少站上現在有些植物了：我們開始在歐洲區試種萵苣，把可以自動施肥的「養分枕」沐浴在LED燈罩之下。我們必須找出在太空中種植作物會遇到的困難，若是人類以後要上火星，這些知識會非常重要。

因為我已經在站上很長一段時間，太空站的枝微末節我都暸若指掌。我能感覺到同一個艙段兩端溫度的些微差異，也能察覺手把震動方式的微幅改變，還有各種設備發出的不同聲音：咻咻、嗞嗞、嗡嗡不休，差距之微細，幾乎難以察覺。有時我會在謝爾或龜美也飄過時叫住他們，問：「你有聽見那個咻咻聲嗎？」若不是我點出，他們通常不會注意到。這種超高的警覺度不見得是好事，這代表我的身體無法完全休息或關機，永遠無法下班。但這種警覺也可能可以保護大家，如果有什麼東西出了差錯，我也許可以及早發現。

最近我發現在零重力環境中生活，我的大腦產生了一些變化——現在不論從哪個角度，我都可以順利判別周遭環境。若在某艙段中呈「頭下腳上」姿，我也不會覺得環境很陌生或失去方向，現在我可以馬上判斷自己的方位，找到需要的物品。雖然上一次出太空任務時我也待了一百五十九天，但當時大腦沒有出現這種轉換。也許是因為我在美國區獨自待了六週，視野內沒有其他太空人，所以大腦調適過來了。也有可能是大腦必須在太空中待至少六個月才能有這種轉變。

有天我在推特上跟大家聊天，即時回覆追蹤者的問題。我回的都是些一般性的問題：食物、運動、地球的外觀等，然後我收到一則來自@POTUS44的推文——是歐巴馬總統！總統寫道：「嘿！@StationCDRKelly，我喜歡你拍的照片。不知道你會不會偶爾看向窗外然後忽然覺得很『蚪』？」

總統有在關注我的任務，我很開心。我想了一下，然後回：「總統您好，我很少覺得很『蚪』，不過收到您的推文倒是例外。」

這真是美好的推文瞬間，這沒有經過事先計畫，也沒有先擬稿，而且這篇文的讚數還有轉推數都破了好幾千。沒過多久，推特跳出了伯茲·艾德林的回文：「他現在只不過在地球上方約四百公里處，根本不足掛齒。我和阿姆斯壯還有柯林斯可是跑了三十八萬五千公里才登上了月球。#Apollo11」。

在推特上戰美國國民英雄實在沒必要，所以我沒有回文。我心裡想著，阿波羅十一號的太空人在太空待了八天，總共航行了八十萬公里；而此次任務結束後，我這輩子待在太空中的總天數會有五百二十天，總里程數有三億兩千萬公里，等同於往返火星的距離。

幾天後，到了太空人收成自己種的萵苣的時間。我和謝爾還有龜美也到歐洲區集合，配著油和醋吃了生菜，滋味出奇地好。這是美國太空人第一次吃太空種植的作物，俄國太空人倒是在前幾次任務中就吃過自己在太空種的葉菜了。大眾對太空萵苣的反應出乎我意料。大家好像覺得在太空軌道中種菜、吃菜很新鮮有趣，但同時米哈和甘迺迪正在站外太空漫步，美國卻沒半個人關心。龜美也事後告訴我，他當時是為了上鏡頭才逼自己吃萵苣，他小時候家裡經營萵苣園，每到夏天，他常得半夜起床收割萵苣，他從那時就痛恨萵苣。

那天是週五，晚上我們帶了些萵苣讓俄國太空人品嘗。晚餐的話題都圍繞著接下來會帶著新組員上站的聯合號，之後站上總共會有九個人。我們討論了一下這幾個未來的新同事——塞吉、安迪和艾登——我說我從沒見過艾登。這其實很不尋常，通常在和某人一起出太空任務之前，就算國籍不同，你們也會一起受訓，哪怕只是短訓。

甘迺迪說要拿艾登的照片給我看。但我改變主意，想等到他飄上站的那一刻再知道他的長相，這其實也會很有趣。

凌晨一點左右，站上一條電路故障了，我從睡死狀態被硬生生叫醒。這場停電切斷了三號節點艙內一半的電力，太空站上的環境控制儀器全都在這個艙段裡，有氧氣製造機、一台CDRA（我討厭的那台），還有化尿為水會用到的所有器材，包括馬桶。要和地勤一起解決電力問題要花上好幾個小時，我就叫其他組員回去睡覺了。我自己則是又多熬了一個半小時，等待地面修理通風系統和煙霧偵測系統。原來罪魁禍首是外面桁架上的電壓器。我回到睡眠艙時，知道自己這晚沒剩幾小時可睡了。

和艾美聊天時，她說那次太空站停電時她人在控制中心。我到這時才驚覺，在太空站電力出問題時，她確實有可能在控制面板前看著燈號像聖誕樹一樣點亮起來。艾美在太空總署工作，意味著她的伴侶發生危險、生命受到威脅時，她可能因公必須全程即時收看，這感覺很怪。

「妳應該嚇壞了吧？」我說。

「是有點可怕，」她說：「但我還是待在控制台前，直到問題都解決。」

隔天，我和夏綠蒂通了電話。夏綠蒂仍不擅長電話聊天。聊了一陣子我便詞窮，打算結束通話。

「好啦，我得掛了，」我說：「只是想聽聽妳好不好。」

我等著她回再見，但電話那頭沉默了許久。我一度以為訊號斷了。

「那你過得好嗎？」夏綠蒂說。她忽然專注了起來，用成熟的口氣跟我說話。

我和她說了昨晚的停電事件，還有我們如何應變。夏綠蒂聽起來很感興趣，也會問問題。我也和她再多說了些，聊起新同事還有他們的適應狀況。我告訴她我手邊正在做哪些實驗，還有早上喝咖啡時看到歐洲上空的雲，還有飛機開過的軌跡。感覺在短短的一通電話中，她就成熟了好幾歲。

這是我離開地球後的另一個里程碑。

二〇一五年七月二十五日

週末我都自然醒，不設定鬧鐘，起床時間大概會比平常晚一小時。八月中某個週日早晨，我醒來時，聽見一個多年未聞的悅耳聲音。我想大概是夢到童年的新澤西週末早晨了，那時附近的高中足球場都會有人吹風笛。風笛的聲音會飄入我的房間，喚我起床。

完全清醒後，我意識到我是睡在睡眠艙的睡袋裡，不是林蔭大道上兒時的床。但我確定我聽見了風笛聲，演奏曲目是《奇異恩典》。我隨著樂聲飄到二號節點艙，看到令我吃驚的景象：謝爾在日本區吹著風笛。這幾十年，一直都有太空人帶著樂器上太空，最早至少可以追溯到一九六五年，當時有太空人在太空用口琴吹出了《聖誕鈴聲響》。但就我所知，謝爾是第一名太空風笛手。

「對不起，吵醒你了嗎？」謝爾說。

「沒事，很好聽，」我說：「想吹隨時吹。」

今天，我和甘迺迪還有米哈必須移動一架聯合號，就是之後甘迺迪要搭乘返家的那架。我們要把聯合號移到太空站尾端，這個移形換位遊戲是為了要更有效地利用對接器。甘迺迪可以獨自移好聯合號，但我和米哈一定得跟著去，因為這台聯合號是太空人的救生艇，要是它離開了太空站，沒人可以保證能再度接回站上。

若場景換到地球上，移動聯合號其實就像換停車格一樣簡單。但在太空中，我們一邊穿上壓力服，一邊打趣著說這是暫離太空站的夏日旅行。雖然我們只會離開太空站二十五分鐘，但整個過程需要花好幾個小時做準備。我不是正駕駛，所以不需要做什麼事，我帶上 iPod，打算來聽我的古典樂播放清單，歌單中有莫札特、貝多芬、柴可夫斯基、史特勞斯。

聯合號載著我們離開太空站，開始航行。再次從外面觀看太空站的樣貌，感覺很妙。距離上一次在站外已經過了五個月。雖然大家戲稱此行為「度假」，但能暫離真的滿好的。可是這次的出航時間實在太短，回到站上後，我反而覺得比度假前更累了。

第11章

我與 NASA 的邂逅

一九九五年初某個午後，一排二戰時期的機庫和一排等著起飛的F－14雄貓戰機還有F／A－18大黃蜂戰機（F/A-18 Hornets）旁有個拖車，這是試飛員中隊的拖車，裡面有我的辦公桌，我坐在那裡，發現一個同事的桌上有一大疊文件。我問他在幹嘛。

「填寫太空人申請表。」他說。

當然我也打算將來要申請當太空人，但我感覺自己還不夠格，可能需要再等個十年左右。我從飛行員學校畢業才一年多，年僅三十一，要當太空船駕駛員是有點太年輕、太嫩。我也還沒讀碩士班，我以為碩士學歷是申請的必要條件。我問同事是否可以借我看看他的申請書。我很好奇申請書裡面包含哪些文件，更想知道為什麼他的申請書這麼大疊。翻閱時我發現，你能想到的所有文件太空總署都要看：成績單、推薦信、截至目前的詳細工作經歷。我還注意到同事列出了他此生中做過的所有事。他是我們中隊裡條件最好的一位。

翻著他的申請表，我腦中浮現了一個想法：何不我也來申請，然後被拒？這樣我就有機會可以熟悉申請流程，而且這次被拒絕也不影響之後申請上的機率。我決定使用不同的申請策略，打算只放重點經歷。如果申請書簡潔有力，也許審核的人馬上就可以看出重點，了解我是個怎樣的人。這種極簡策略對我本人也挺有好處，因為截止日已經迫在眉睫。

我填好聯邦政府工作申請表，即時遞件。過了幾個月，當初借我看申請書的同事說，太空總署打電話邀請他參加第一梯次的面試。當時普遍認為美國太空總署會先挑出最優秀的履歷來參加第一梯次的面試，而參加第一梯次的人雀屏中選的機率最高。我恭喜了同事，也覺得自己應該不會得到回音。

幾週後，馬克還有他老婆來家裡與我和萊絲莉共進晚餐。馬克在席上宣布，他接到了太空人面試邀請的電話。

「太好了，恭喜你。」我說。我真心替他開心，這是他應得的。馬克條件比我好，他有航太工程的碩士學位。我決定不告訴他們我也申請了，反正我也不太可能有機會參加面試。

「我想請你幫個忙，」馬克問：「你有西裝可以借我嗎？」

有，為了參加朋友的婚禮我才剛買了套西裝，所以我借給他了。

過了幾個月，某次試飛後我回到辦公室，祕書把我叫住。「史考特，等等，」祕書興奮地說：「太空總署的泰瑞莎．葛梅來電找你。」泰瑞莎是太空人甄選辦公室中非常資深的行政助理。她的名字在試飛飛行員界家喻戶曉，如果在面試期間接到她的電話，通常會是好消息。

我立刻回電，泰瑞莎問我是否有興趣參加面試。我欣喜若狂，試著不大叫出聲。「當然，你們方便的時間我都可以。」

我的面試時間安排在幾週後。同時，馬克已經完成面試回來了，他覺得自己表現不錯。馬克告訴我面試時該注意的事項，對我很有幫助。有了馬克提供的資訊，我就可以針對這個繁瑣面試的各個細節做好準備，想好要怎麼回答問題。

海軍飛行員戴夫・布朗也參加了太空總署的第一批面試，他和我哥利用晚上的時間，在試飛飛行員學校的會議室架了攝影機，替我記錄模擬面試。馬克和戴夫問了我面試委員問他們的問題，我針對問題回答，然後再一起看影片分析。「身體往前靠一點，」戴夫說：「說話生動點。」這對我有莫大的幫助，我們三人其實是競爭對手，他們卻願意幫我，人真的很好。

我提醒馬克，面試委員已經看過我唯一的那套西裝了。

「你得買套新的給我，」我告訴他：「長一模一樣就已經夠慘了，總不好再穿一樣吧。這樣他們會搞不清誰說了什麼，而且我們會看起來很蠢。」

但馬克拒絕出錢買新西裝，我只好穿著同一套參加面試。我在強森太空中心附近的國王旅店辦理入住，和我同一梯次的申請者全都住這裡，早期太空人候選人面試時也通通住在這裡。所有的面試和考試總共為期一週，所以這一梯次的二十個人可以有機會好好認識彼此。入住之後，我看有些候選人在大廳晃來晃去，便上前自我介紹。那天下午沒見到的候選人，晚上也都在飯店內的酒吧見到了。大家都是競爭對手，很明顯都在打量彼此。我們也知道身旁的人有可能是日後的同事或太空任務組員。

整個面試過程非常冗長，我想應該是故意的。我們參加面試、寫了考卷，還要接受一系列的健康檢查。太空總署的視力檢查比海軍還要徹底，不過檢查時屋內只有一名醫師，並非一組四人，而且太空總署的醫師不會故意嚇唬候選人。

許多健檢內容其實都是一般性的健康檢查：抽血、尿液檢查、反射檢查、家族病史調查等等。但其中也有些檢查做得比一般例行檢查更為仔細。顯然太空人的健康條件需要優於常人，未來爆發任何疾病的機率也不可以太高。小病就能導致候選人失格，舉例來說，得過一次腎結石可能就會剝奪你的機會。若是太空人因舊疾復發而無法執行任務或需要提早返回地球，太空總署可承受不起。曾經患有椎間盤突出、心雜音，或被診斷出各種微不足道的小病或小傷的人，都有可能失去資格。有趣的是，膽結石會影響資格，少一顆膽卻沒有關係。

健康檢查很容易讓人焦慮症發作，但我們也無能為力，沒辦法事先做什麼準備來提高入選機會，只能盡量在檢查之前保持最佳的身體狀態。收到面試通知那天起，我每天的午餐時間都會去跑步，跑到最後我開始感覺心臟每分鐘會漏個一拍。我偷偷和戴夫・布朗說了這件事。他推測是我的靜止心搏速率變得太低，低到確保心臟不要罷工的身體機制開始運作起來，於是我的心臟自行用漏掉一拍來調適，也就是所謂的上心房提前收縮（premature atrial contraction，PAC）。如果真是如此，我的健康狀態其實沒有什麼問題，但我還是有可能因此失去資格。太空人之缺申請者眾，就算是因為最小的健康隱憂而淘汰一些人，太空總署也不痛不癢。

休士頓有一項檢查是要記錄每個人的心電活動，所以每個候選人都要戴著霍特心電圖記錄器二十四小時。戴著記錄器的時間，每次心跳漏拍我都可以清楚地感覺到，不知道這會不會毀了我的太空夢。負責替我健檢的太空總署飛行醫師是史密斯・強斯敦。他盡可能在不違反規定的前提下，向我解釋我的健康情形（醫師不能透露：候選人的身體情況是否會導致失格）。史密斯告訴我上心房提前收縮可能會是個隱憂，但他會盡量說服健康審核委員會，讓他們考慮我。

這週最令人永生難忘的健檢項目非直腸鏡莫屬。直腸鏡跟大腸鏡差不多，只是直腸鏡不會那麼深入，也不需要施打鎮定劑或麻藥。檢查過程極其痛苦且令人顏面盡失，這一週中的各種醫療檢查都不免讓人懷疑，太空總署是否也在考驗我們本性夠不夠堅強。我還記得自己側躺在檢查桌上，腸胃科醫師來和我打了招呼，我注意到醫師身後有架螢幕，螢幕上的畫面是一雙鞋子。過了一陣子我才發現我看到的是醫師的鞋子上方，螢幕上顯示的是醫師手上又長又有彈性的內視鏡前端相機所拍攝到的畫面。轉瞬間螢幕上的畫面就改變了——現在我看到的是自己的屁眼。我此生從來沒看過這個景象（以後也不打算再看），我還來不及思考，畫面就變成了內部影像。

直腸鏡檢查本身就已經令人痛不欲生，更慘的是，為了要看清楚內視鏡影像，醫師必須灌氣到我的腸子裡，檢查結束後醫師讓我起來穿衣服，但氣體還留在我的身體裡。做完直腸鏡後，我就得立刻去參觀休士頓太空中心，走路過去時我一直很努力想把腸子裡的氣（還有其他東西）憋住，彆扭地引人側目。我真心懷疑，憋著不放屁或不拉在褲子上，是否也算一個關卡，用來測試候選人如何面對不適感和尷尬感。也的確是，太空人在生活面上，特別是在太空站上的時候，常常很沒尊嚴。

終於來到和審查委員面談的時間。我站在會議室外面的走廊上，太空人資格審查辦公室的主管杜恩・羅斯正在會議室內讀著我寫的自傳，看我怎麼解釋自己想當太空人的原因。我一邊等一邊回想當初一再重寫的那幾段，好似我的後半生都繫在這篇文章上。

「我之所以想成為太空人是因為這是我能想到最困難、最刺激的工作。我想要在人類史上最大膽的任務中扮演重要角色，也真心覺得自己是人類太空計畫會需要的寶貴人才。

現代的學童非常需要能在科學和數學方面扮演啟蒙角色的榜樣人物。探索、完成人類太空計畫在今日給孩子帶來的啟發，將會成為後世難以計量的寶貴資產。我想成為這願景的一部分，也相信人類太空計畫可以替孩子們樹立典範。

美國精神就是建立崇高的理想，啟發生活各層面的人才邁向卓越。本世紀飛行技術的發展是科技界的一大里程碑，我們也不斷精進，力求高瞻遠矚。萊特飛行器、聖路易斯精神號（Spirit of St. Louis）和 Bell X-1 都是前幾個世代的偉大發明。人類太空計畫是美國現在與未來的啟迪，我希望可以成為這個計畫的一份子。

全人類都必須仰賴太空任務來進一步探索醫藥、工程、科學和科技方面的新發現，一如當初阿波羅計畫帶來難以計數的實質益處，改善了眾人的日常生活。如果我們要延續科技發展的偉大歷史，就不能沒有人類太空計畫。若能參與此計畫，共同發現、探索新知，將會是何等殊榮。」

不知道文中是不是出現太多次「人類太空計畫」了？我想要顯示自己了解太空總署的業務內容並非只有人類太空任務，還有我知道「載人太空計畫」一詞已經過時了。這篇自傳對我而言幾乎可說是無從下筆，因為「為什麼想當太空人」這個題目，每個人的答案應該都差不多。我們都想要闖難關、找刺激、做大事。我們都想要參與往後會被收錄在歷史課本、流傳好幾百年的任務。除了這些還有啥可說？申請者要怎麼從眾人當中脫穎而出？現在我自己也當過太空人審核委員，明白自傳其實對申請影響不大，除非你寫得極好或極爛。但在當時，每個小細節感覺都舉足輕重。

撰寫初稿時，我還曾私下寫了另一個版本：

「老實說我會想當太空人是因為，我十年級時曾和家人一起去參觀甘迺迪太空中心，當時我想看一個載人太空計畫的影片，但父母說隊伍太長了，除非我和我哥有出現在影片中，不然他們不想排隊。」

我用嚴格的眼光讀完這個新插入的段落，覺得這種搞笑或裝可愛的筆觸有點冒險，於是決定使用原版就好。老套，但很真心。

馬克和戴夫告訴我，到時會有二十個人一起面試我，很懾人。其中有些是我知道的人。審核委員中有約翰・楊，他是唯一一位搭過三種不同太空船（雙子星、阿波羅、太空梭）升空的太空人。他曾獨自搭乘阿波羅十號航行月球軌道，出阿波羅十六號任務時，他進行了月球漫步。約翰是太空人中的太空人，是活生生的傳奇。我想變得跟他一樣。

我在會議室內T型桌邊的一張椅子上坐下來，周圍都是面試委員，我和委員們問好，努力讓自己聽起來冷靜、自信。

「不好意思，今天這個場景你們可能似曾相識，」我試著幽默地說。「這套西裝出現過了，這張臉也出現過了。」我接著解釋：自己把西裝借給我的雙胞胎哥哥，但他很小氣，不想買新的給我。不過他借了雙新鞋子給我。

在工作面試時耍幽默是個險步，但大家都笑了，我也稍微放鬆了一些。委員可能會好奇我們這對雙胞胎同時申請同一份工作、彼此競爭的感想，而我告訴委員們，可以把我倆當成一般申請者來處理。

約翰・楊率先發問。他只簡單地說：「請說說你的人生。」我的腦子於是開始狂轉。他想要知道哪方面的人生？要從什麼時候開始說起？

「一九八七年我大學畢業──」我開始說。

「不，」楊打斷我說：「請從國中開始。」

事後回想起來，搞不好他們對每個面試者都一樣，故意打斷、擾亂他們回答的步調，看看面試者怎麼應對。我的國中生活實在不適合用來開場。我不想告訴委員自己上課都心不在焉，屢屢拿C。於是我說了和父親一起修船的故事，學習當緊急醫療技術員的故事，在救護車上工作的故事，大學時考取商船軍官證照的故事，在作戰指揮環境下工作的故事，還有一路走來面臨的各種挑戰。我邊說邊想辦法讓自己的經歷聽起來特別，可以從面試者中脫穎而出。要成為試飛員的確需要經過很多困難的考驗，但來參加面試的每個試飛員也都有一樣的經歷。而在大西洋公開水域修理破船、在澤西市爬滿蟑螂的貧民窟接生嬰兒的經驗，有可能可以讓我脫穎而出。

「雄貓戰機縱向飛行控制系統的頻率響應（電子儀器將輸入的電訊轉換成聲波的範圍）是多少？」約翰・楊提問。

我在申請表中提到自己曾負責測試F-14的新數位飛行控制系統。跟我哥同一梯參加面試的

F-16飛行員也早就提醒我，楊先生很喜歡問縱向頻率響應的相關問題，所以我是有備而來。

「五十赫茲。」我回。

約翰・楊點點頭表示認同。面試委員想要知道我對自己的技術領域是否有透徹的了解，這也很合理，但一方面我也覺得約翰可能真的對飛機很癡迷，一直想要重溫飛行相關知識。

正式的面試時間大約是五十分鐘，談話節奏由楊先生和鮑伯・卡巴納主導。整體而言我覺得自己表現不錯，雖然我一度發現艾倫・貝克好像快睡著了。我是午休時間後的第一位面試者，希望是剛吃下肚的午餐讓她昏昏欲睡，不是我的故事太無聊。

整個甄選過程也包含心理測驗，我覺得很有趣但也很有壓力，因為測驗結果舉足輕重。我有股衝動想要試圖找出每題的「正解」。「你是否曾聽見腦中有聲音叫你去做某件事？」這題的答案不難猜，但我發現整個測驗的設計好像是為了要抓出愛說謊的應考人。有個題目令我印象特別深刻：「偷東西和踢狗只能選一個，你會選？」我不得不選一個，所以我選偷東西。我想這類的問題應該沒有對錯，但受試者針對句構類似的題目寫下的答案會被拿來交叉比對，藉此找出想取巧得高分的考生。多年後，總署一名精神科醫師告訴我，我當時差點沒能通過心理測驗，因為我的測驗結果顯示我刻意選答比較合常理的答案。

其他項目的測驗就比較特別了。太空人不能有幽閉恐懼症，所以所有面試者都必須進行一項簡單的測試：我們每個人都要戴上心臟監測器，然後被封在一個大大的厚橡膠袋中，袋子的尺寸是一個成人蜷起身子的大小，接著受試者會被關在一個衣櫃裡，完全不知道多久才會被放出來。我的時間大約是二十分鐘，我在裡面享受了片刻小睡。另一個測試是要我們在這週中，找時間到太空人辦公室和辦公室裡的太空人聊天。某個下午我依規定到了辦公室，向第一個見到的人自我介紹，然後馬上離開。我覺得要在這個測驗中得到好的表現實在不太可能：僅靠簡短的對話很難給對方留下深刻的好印象來替我加分，但一不小心就可能踩到對方的地雷，弄巧成拙。

面試週還有一項考生必須出席的活動，就是到「比提的烤肉店」吃晚餐，太空人還有太空總署其他員工下班後很常聚集在此。這不是正式的餐宴，但在許多方面反而讓我覺得壓力更大。我想面試委員不會想選用一下班就變得懶惰又邋遢的人，但我也不希望他們覺得我是嚴肅無聊、不懂享受的人。我花了超多時間和精力思考那天晚上的服裝，其他面試階段我都沒這麼擔心穿著。我還搜尋了太空人參與休閒活動時的穿搭。根據自己的調查結果，我選了一條卡其褲還有條紋 polo 衫。在餐廳時我面臨了更困難的選擇題：我應該只喝水嗎？也許這樣可以表現我很注重健康？還是應該要喝一瓶啤酒，顯示我喝一瓶就夠了？還是要喝兩瓶，顯示兩瓶就夠了？交際應酬也大有學問。我該和太空人像朋友般閒聊嗎？這樣會不會有點不禮貌？還是應該要把他們當成前輩？這樣會不會像馬屁精？還是乾脆不要跟他們說話？這樣他們會不會不記得我？我偷看身旁其他候選人，他們似乎也跟我一樣在心裡沙盤推演著這一切。

為期一週的測驗結束後，大家互相道別，各自回家。

幾個星期過去了，海軍派了一個新的任務給我：到日本一個海軍航空站加入戰機中隊。在一般情況下，這個任務會讓我非常興奮，萊絲莉也準備好一同上路，但太空總署遲遲沒有傳來消息。我真的不想在不確定的情況下舉家搬到日本。

海軍特約搬家公司打電話跟我約時間，要來家裡打包。

「可以再等幾週嗎？」我問。搬家公司不情願地答應了。

國殤節週末前幾天，我在家接到一通電話。「史考特，」電話另一頭說：「我是大衛・李斯瑪。」大衛是飛航任務小組主任，也就是主任太空人的上級長官。

「長官好。」我回。

「有興趣替太空總署出任務嗎？」他問。我停頓了一下，因為我聽不出來這是不是我滿心期盼的答案。我知道太空總署中有很多不是太空人的飛行員——也許大衛是要請我開飛機，而不是當太空人。

「也許可以，」我說：「什麼樣的任務？」

大衛大笑：「當然是太空梭任務。」

此刻的心情真是難以言喻。震驚倒是還好，因為我早就覺得自己表現不錯。但我也意識到走到這一步所付出的所有努力，從閱讀《對的事》那一刻開始，一直到這一刻。面對這個職務邀約，我真心覺得無比欣喜。

「當然想，」我說：「你們打給我哥了嗎？」

之後跟人聊起這通電話時，大家都覺得我很好笑，都還沒消化自己的成就就先想到我哥。但對我來說，等待我哥的申請結果跟等自己的一樣讓人提心吊膽。

「我才剛跟他通完電話，」大衛說：「是，他也上了。」

這是美國太空總署第一次同時錄取親戚。

「馬克也跟我問到你，我跟他說我馬上要打給你了。」大衛說。

和大衛談完後我掛了電話，告訴萊絲莉：「我要當太空人了。」萊絲莉很替我感到高興。然後我打給我哥，我們花了幾分鐘互道恭喜，接著討論起搬家的規劃。我打給父母，他們聽到消息後開心極了。消息很快傳遍了我們的家族。我外婆甚至請人客製了一個保險桿貼紙貼在自己車上，上面寫著：我的雙胞胎孫子是太空人。我想看到的人一定覺得她是神經病。

隔天，我和同事說我要成為太空人了，保羅尤其開心。保羅是我的好朋友，他是試飛工程師，我知道他絕對會替我真心感到高興。保羅得知這個消息時跳了起來，開心地大叫：「真的假的！太強了吧！」然後他說：「你會邀我南下佛州看火箭發射吧？」我答應他我一定會。大家都替我開心，我也很感動。每個同事都好興奮，他們的反應讓我更深刻地體會到自己的成就。我的人生改變了。我得到航向太空的機會了。

媒體發現太空總署選了我和馬克時，甚至打了電話給太空人甄選辦公室問個詳細。一名記者問端恩・羅斯：「你知道自己選了一對雙胞胎嗎？」

羅斯說：「我們選的是兩位非常優秀的試飛員，只是恰巧他們是雙胞胎。」

第12章

初上太空的那天

一九九六年七月初，某個炙熱的夏日，我和萊絲莉整理出兩車的行李，離開帕河，前往休士頓。即將滿兩歲的莎曼珊是個活潑可愛的小娃兒。我們很快就找到中意的房子，八月一號搬了進去。馬克一家人比較晚搬過來，因為他們的房子還沒蓋好，也在附近。

安頓家人、熟悉環境之餘，我也認真健身、每天跑步。我希望到太空總署報到時，體格可以在最佳狀態。我心裡有一部分認為自己好像還在試用期，某方面來說也是沒錯，因為我還沒有被正式指派太空任務。我也仍覺得自己目前的能力還配不上這個職務，如果要成為班上第一個上太空的人，我必須留下好印象。

週一正式上工前的週五晚上有個迎新活動，讓新同學彼此認識，我們都參加了。

迎新活動時，我才發現原來班上還有來自其他國家的太空人。我們班有三十五名美國太空人以及九名外籍太空人，使我們成為總署史上人數最多的太空人班級。迎新時我和馬克還有其他幾位新同學聊天，然後聽見附近有人在說話，是我沒見過的人，說話帶點口音。我想他應該是其中一名外籍同學，便走到他身邊，伸出手說：「你好，我是史考特・凱利。」

他還沒來得及回話，他身旁的女士就把他推到一旁，伸出手來對我說：「我是你同學，我叫茱莉・佩蒂。」原來被她推開的人是她先生。他倆都是法語區的加拿大人，英法雙語皆為母語，茱莉很受不了大家都以為她老公才是新同梯。之後我和茱莉變成了很好的朋友。那天晚上我認識了超多人，不只是我同梯，還有前幾梯的太空人，以及總署中其他專辦太空人辦公室業務的員工。知道這群人會成為彼此生命中很重要的一部分，非常令人興奮，搞不好我們還會在太空中朝夕相處。

第一天上工有很多文件要處理，還要學習在太空總署工作的基本規矩。上一個梯次的太空人傑夫·阿謝比負責帶新人認識環境。他向我們介紹太空人辦公室的其他員工，也帶我們去自己的座位。

初期的訓練都是在教室進行，我們四十四個學生也在課程中逐漸了解：太空人必須知識淵博。我們學了地理、氣象學、物理、海洋學和空氣動力學。也理解了美國太空總署的歷史。還學了太空人會需要駕駛的噴射機——T-38。

最重要的是，我們學到了太空梭知識。我們先學太空梭的整體運作概論，接著便是太空梭上各種不同系統的專門課程——系統設計、正常狀態下的系統運作、可能產生的錯誤以及應變方法。我們也模擬演練實際任務中的各種程序，同時練習排除各種錯誤，用這種方式來學習操作主引擎、電路系統、環境控制與生命維持系統。要精通所有步驟非常困難，當訓練進入太空梭模擬器階段時，難度又更高了。模擬器整合了實際任務中所有階段會使用到的系統：發射前、升空、軌道嵌入、軌道上操作、離軌準備、返回大氣、降落中、降落後。

總署的教練替我們惡補了在實際太空任務中可能會面臨的系統故障。軌道嵌入是個關鍵階段，這段時間，太空梭要準備進入軌道。要把升空的火箭載具變成能順利在軌道中航行的太空船，就要完成以下幾個步驟：重新設定電腦參數；打開巨大的酬載艙門，如此艙內的散熱器才能開始運轉，降低梭內電路系統的溫度；部署用以和地面聯絡的蝶型天線；部署機械手臂；確保每個過程都正常運作並且準備好軌道操作。

截至目前的太空梭訓練中，最困難的階段是升空。實際發射太空梭時，如果每個步驟都很順利，太空梭上的組員其實沒有太多事情好做，只能監控著各種系統，但太空總署還是必須替我們準備完整的訓練。升空階段很容易看出哪些新人學有所成，哪些落後。我們也要接受軌道階段的相關訓練，因為軌道階段是實際太空任務中占去最多時間的階段。我們練習酬載操作，例如部署衛星，然後擷取衛星訊號。我們練習與和平號太空站會合、對接（當時還沒有國際太空站）。

我們接受離軌準備的訓練，離軌準備是軌道嵌入的反向操作：我們要學著操控在軌道中運行的太空梭，重新設定參數，讓太空梭變成可以重返大氣、降落在地表的太空飛機。我們要：收起天線和機械手臂；關上酬載艙門；把電腦參數設定至最後的航行階段；然後設定離軌引擎燃燒程度，讓飛行速度一小時可以減緩數百公里，這樣的速度就夠我們重返大氣層了。身為飛行員，重返大氣層和降落的工作我早已練習過上千次了。飛行員的練習從不間斷。這是太空任務中最關鍵的一刻，只要出了一點差錯就會導致嚴重後果，所以我必須準備好處理各種可能的情況。我還記得我的首度重返大氣模擬練習：我坐在駕駛的位置，旁邊有位資深太空人在監督我。我覺得一定要好好表現，所以倍感壓力，畢竟這是我第一次在真正的太空人面前展現我的進階航太技術。啟動輔助電源組時我搞砸了，輔助電源提供太空梭三個引擎以及控制設備（像是副翼、方向舵、襟翼）所需的電力。輔助電源放下了起落架，啟動了制動系統，所以降落時要不就是起落架放下，要不就是剎車閘會在啟動狀態。我開啟輔助電源的方式，很可能會讓起落架或剎車閘爆炸。這不是好的開始。接下來的步驟我也沒能做到精準無誤。我一直以為太空總署提供的詳細步驟比較像是操作指南，我誤會了。最慘的是，我的降落方式非常糟糕，糟到很可能會導致太空人全數身亡。太空梭是史上最難降落的飛行器，所以在降落階段表現差勁還勉強能說得過去，但在其他階段搞砸，可就沒有藉口了。

太空梭的操作極度複雜，這也是我想駕駛太空梭的原因。學習操作這些系統並在模擬器內練習駕駛（學習在面對各種互相牽連的系統錯誤時做出正確的判斷），更讓我意識到這台太空梭的複雜程度根本遠超想像。座艙內有超過兩千個開關以及斷路器（用來斷開迴路的裝置）、數以百萬計的零件以及各種搞砸的可能。

要從新手邁向正式太空梭駕駛員，展開我的第一個太空任務，過程中習得的知識、技術量，依我的觀察，大概等同於博士班課程。我們每天就是上課、模擬飛行以及接受各種相關訓練。晚上的時間我會快速地和萊絲莉、莎曼珊一起吃飯，然後繼續讀書。我整理課堂筆記，彙整成一本自用的訓練筆記本，這樣我就可以隨時複習，並且在修課過程中添加新筆記。每週末我也至少會花一個全天複習筆記。

我們到美國太空總署位於各地的辦公室進行參訪——加州的艾密斯研究中心、俄亥俄州的葛倫研究中心、馬里蘭州的高達德太空飛行中心、路易斯安納州的密書德裝備廠、阿拉巴馬州的馬歇爾太空飛行中心、華盛頓特區的總部，還有佛羅里達州的甘迺迪太空中心。我們必須知道每個辦公室各自負責的業務以及太空總署所有計畫之間的關係，就連和太空梭任務沒有直接關連的計畫也需要知道。太空總署中最直接面對大眾的就是太空人，所以我們要有能力可以談論總署的所有業務內容。另一方面，也有必要讓辦公室的員工了解太空人也是人，是命繫所有員工之上的活生生的人。

到了這個階段，我們班已經聲名遠播，因為班上同學一逮到機會就會問各種技術問題。這就是我們班的氛圍，四十四個人爭個你死我活要搶寥寥無幾的升空機會，其中一個讓管理階層對自己留下印象的方法就是問複雜的問題，顯示自己有在努力苦讀，還有自己對技術層面有深入的了解。參訪總署的空氣動力研究重鎮——艾密斯研究中心的前夕，我們正在上課，此時C・J・斯圖科忽然穿著海軍陸戰隊的迷彩制服闖入教室，他是上一梯的太空人，也是海軍陸戰隊軍官。

他站在教室前方說：「給我聽好！」他從鞘裡抽出一把刀，用力甩在桌上。「大家都受夠你們的問題了！你們覺得自己很聰明，但這根本是在拖進度。過幾天去艾密斯時，你們只准給我問是非題，例如『這是艾密斯最大的風洞嗎？』」語畢，斯圖科拿起桌上的刀子，不發一語離開教室。班上有些同學覺得被冒犯了，有些人覺得他在這裡拿出軍人那套很奇怪，不過我欣賞他的直率。

太空人一般每隔幾年都必須針對某項任務接受密集訓練。兩次任務訓練中間的空檔時間，太空人辦公室則會指派我們特定的任務。大部分的太空人會負責太空梭上某一個系統，學習分派到的系統的各種功能，參與系統重新設計或協助系統改良，以太空人的角度給工程師建議。從雙子星計畫開始，太空人就都是這樣受訓的。從那時起，太空梭的設計越來越複雜，不太可能讓一個太空人了解太空梭的一切。

我被分配到太空站的安全與警示系統，這個系統聽起來很重要，但仔細想想當時根本還沒有太空站。我盡全力學習各種太空梭相關知識，因為將來我必須搭著這個載具升空。對駕駛和指揮官而言，有許許多多微小的無心之過，都可能會造成太空梭損毀或組員喪命，所以學著不犯這些錯誤，就成了我的首要課題。

有些人也被分到太空任務的階段訓練，藉以學習特殊專長——我被分到會合階段的訓練。被分配到會合訓練我很開心，因為我知道自己將來很有可能會出需要與太空站或衛星會合的太空任務，這樣我就可以事先做好充分的準備。比起其他同學，我可以奪得先機接受會合訓練，這對往後很有幫助。

一九九八年十月，約翰・葛倫結束了他的太空任務，之後我便接手了他的停車位，一用就是十八年。

萊絲莉和莎曼珊很快就適應了休士頓的生活。萊絲莉一向善於交際，也很快就打入社區的女性交友圈。下班回到家後，我常會看到五、六個女人擠在我家廚房，喝著紅酒、吃著乳酪、談笑風生。萊絲莉也成了太空人配偶社團的負責人，這個社團要負責規劃太空人交誼活動，尤其是替即將出任務組員的配偶舉辦的慣例致敬酒會。他們也會互相幫忙打理三餐、照顧小孩，或在特殊情況中給予協助，婚喪喜慶都包辦。萊絲莉很適合這項工作。

新生訓練時我們也要學開「太空梭訓練機（Shuttle Training Aircraft，STA）」，訓練機由灣流航太的商務噴射機改裝而成，盡可能模擬太空梭降落階段的進場方式和操控特性。機上電腦也會模擬在噸位更大、比較不靈活的軌道載具中所承受的阻力，做法是在空中時反推引擎。訓練機座艙左側及其控制面板的設計也是模擬太空梭降落時的環境。訓練機通常會從德州艾爾帕索起飛，所以我們會先乘T－38飛一個多小時到艾爾帕索，接著再駕駛訓練機飛三十分鐘到新墨西哥的白沙試驗場。我開著訓練機在乾湖床跑道多次練習進場，在輪子碰到跑道前就拉起機身。起初我們每隔幾週就會用訓練機練習太空梭降落，後來慢慢變成每兩個月練一次，再來是每季練一次，藉此維持降落技術，直到真正被指派太空任務的那一天。

一九九九年三月某日，我在艾爾帕索剛完成十次降落練習準備飛回休士頓時，資深太空梭指揮官柯提斯・布朗朝我走來。柯提斯身材高大，髮際線逐漸後退，留著一九八〇年代流行的濃密八字鬍。在這之前柯提斯沒跟我說過幾次話。柯提斯以超強的操作技術還有航太經驗聞名，他在六年的時間內出過五次太空梭任務，鮮少有人能破此記錄。但同時，柯提斯也是出了名的傲慢無禮，尤其是對他看不起的人。也可能是太密集的太空任務和永無止盡的任務訓練耗盡了他的耐性。

「喂，你過來，」柯提斯用嚴肅的口氣說：「有事找你。」

我跟在他身後走進一間私人辦公室，不知道自己是做了什麼惹到他。他關上我們身後的門，轉過身，用食指戳了我的胸口三次，並直勾勾地盯著我的眼睛。

「你皮給我繃緊一點，」他說：「因為六個月後我們就要一起上太空了。」

此刻的心情真是五味雜陳。其中一味是：我他媽的再六個月就要上太空了！

另外一味是：第一個太空任務被用這種方法通知，好鳥。

「是，長官，」我說：「我皮繃很緊。」

柯提斯要我保守祕密，不過我當然是告訴了我哥。過了幾天，太空人辦公室來電請我和法籍太空人尚佛蘭索瓦・克雷佛去見新主任查理・普里克特。查理面色凝重。他說我和比利完蛋了。根據查理的說法，幾個月之前我們兩個開T-38時闖了禍，違反了聯邦民航局的規定。

因為那週柯提斯已經告訴我要出太空任務，所以我知道查理一定是在整我們。不過比利毫不知情，聽到消息後一臉慘白。查理覺得玩夠了之後，才說：「逗你們的，你們兩個被派到發現號太空梭（Discovery）的 STS-103 任務。這是修復哈伯望遠鏡的緊急任務。」

比利明顯鬆了一口氣。柯提斯會是這次任務的指揮官，我是全組中唯一一個菜鳥，也是我們班第一個航向太空的美國人。這次的主要工作是修理哈伯望遠鏡壞掉的陀螺儀（能維持平衡與方向的裝置），預計必須出四次太空漫步，一次超過八小時。哈伯望遠鏡總共有六個陀螺儀，至少要有三個正常運作才能有精確的觀測影象，但目前已經壞了三個。

哈伯望遠鏡自一九九〇年起開始觀測太空。時至今日，因為大氣會折射光線的關係，天文學家仍無法得到清楚的夜空影像。天空上的星星看起來總是一閃一閃，也是這個原因。透過大氣觀察星球和銀河，就像是在水底閱讀。把望遠鏡送到大氣之外的太空軌道中，使望遠鏡免受光害影響，此舉使天文學界有了重大突破。藉著觀察遙遠的星球，科學家可以探索宇宙擴展的速度、宇宙的年紀以及宇宙的組成。哈伯成功幫助人類發現新的太陽系以及其中的星球，也證實暗能量與暗物質的存在。這項科學研究工具顛覆了人類對宇宙的認知，所以要修理哈伯望遠鏡可說是身負重任（修理過程中，還很有可能不小心弄壞或毀掉望遠鏡精細的零件）。

任務訓練如火如荼地展開，我們花了很多時間上模擬器練習。要累積幾百個小時經驗的不二法門就是執行模擬任務，因為實際上太空的機會一生只有幾次。模擬器的設計會盡可能還原實際升空的體驗——一樣的螢幕、一樣的開關和按鈕；一樣不舒適的金屬框座椅、一樣的對講系統、一樣厚的步驟說明書。模擬訓練督導設計出各種刁鑽的情況讓太空人找出解決方法，例如數個互相牽連的系統同時掛點，雖然其他有些系統運作正常，但感應器出錯，所以正常運作的系統也顯示為故障。我們必須練習快速解決問題。

訓練進行到大約一半時，有次我們在模擬器中處理一個複雜的情況——所有的冷卻系統同時故障了。冷卻系統的控制介面位在座艙左側，也就是指揮官柯提斯的位置。系統接二連三地故障，但柯提斯天賦異稟、經驗老道，所以都能找出問題的關鍵、對症下藥。於此同時，有台電腦壞了。電腦故障理應也是柯提斯負責的範圍，但因為我手上沒事，也可以摸到他的控制面板，所以我決定啟動備用系統，幫他解決。當柯提斯仍埋首處理冷卻系統的問題，我便自行鍵入指令：項目16、執行。

幾分鐘過後，柯提斯搞定了冷卻系統。他看到了顯示器，發現電腦故障的警示消失。他滿臉問號。

「模擬系統一號怎麼了？」

「喔，我幫你接到備用系統了。」我說。但同時也發現這不是柯提斯想聽的答案。

「你說什麼？」「我開啟了備用系統。」

柯提斯安靜了一秒後，轉向我。他用盡全力搥了我的手臂。

「下次不准再這樣！」他大吼。

「好，」我說：「下次不會了。」

柯提斯清楚表明了立場，雖然我不同意他的做法，但我欣賞他的直率。之後若沒有柯提斯的口頭同意，我都不會再去碰他那側的按鈕或開關。

一九九九年七月，艾琳・科林斯成了太空梭任務中第一位女性指揮官，負責指揮哥倫比亞號（Columbia）。這架哥倫比亞號升空後，我們幾個就會成為太空任務的正組員，發射日期訂在一九九九年十月十四日。但這架哥倫比亞號升空時碰到了問題。電路短路使得主要引擎的數位控制介面失靈。太空梭引擎有備用系統，所以還是可以正常運作（這次太空總署的深思多慮救了太空組員，否則他們就得冒險中止任務），但因為這是嚴重失誤，太空總署必須先搞清楚究竟發生了什麼事，才能進行下一次的太空任務。哥倫比亞任務期間被迫縮短，太空梭安全返回地球後，總署便開始進行一系列的調查。

調查結果發現原來是酬載艙的線路一直磨到一個凸出來的螺絲，這也提醒了我們，小失誤可以釀成大禍。經過更進一步的調查後，總署決定要先找出太空梭裡裡外外已經磨損的線束後，才可以進行下一次的太空梭任務。於是我們的發射延後到十一月十九號。線束的調查和修繕一拖再拖，發射的時間也隨之再度延後，先是十二月二號、再到十二月六號。

延誤升空弄得大家都很煩躁。為了趕上預定的日期努力工作，最後卻得改期，然後又要再一次卯足全力趕著在新日期之前把事情做完，這很考驗意志力。十一月過去了，十二月六號的發射日期沒有進一步更動，我們燃起了一線希望。

我們和家人一同慶祝感恩節，隔天就和家人道別，準備隔離。

休士頓和卡納維爾角空軍基地都有任務組員宿舍，兩處風格很相似，隔離中的太空人會住在宿舍中。這兩間隔離宿舍很像辦公室，很斯巴達式的居住環境，一點也不像旅館。屆時太空梭與望遠鏡會合的時間會是佛羅里達時間的半夜，所以我們需要先努力調整睡眠時間。為了幫助太空人調整作息，宿舍中窗戶很少，我們醒著的時間，宿舍的燈光也亮得炫目。這裡還有廚師替我們做飯，有健身房供我們運動。

隔離開始後我們要做的事不多，頂多就是核對待辦事項清單（全部疊起來大概有一點五公尺高）。另外還要熟悉太空漫步使用的設備以及攝影器材。我們得在組員合照上簽名，送給所有參與任務的工作人員，至少有好幾千張。

隔離的期間，升空日期又改了，從十二月六號改到十二月十一號。我們多花了四天的時間隔離，想到這四天我大可待在家裡，實在有點討厭，但我們都明白，太空梭任務改期是難免的。接著又再改了一次，到十二月十六號。十六號早上，太空人已經隔離了二十天，大家都非常煩躁。我們都心想，要不就上太空、要不就回家。消息傳來，升空又取消了。調查員發現外部燃料箱某處的焊接可能有問題，修繕工人需要一天的時間來確保問題解決、安全無虞，所以升空又改期到十七號。

十七號那天早上起床後，我看了氣象預報。低雲幕、有雨，可能還會有閃電。這種天氣狀態下，只有百分之二十的機率可以發射火箭，機會不大。但佛羅里達中部天候瞬息萬變，所以我們還是繼續倒數。工作人員開始在外部燃料槽中添入燃料，這項工作需要花上幾個小時。我們整裝待發，然後走出隔離宿舍，前往發射台。計時器仍繼續倒數著，看樣子我們終於要上太空了。我們被綁在座椅上，開始進行升空前的準備，計時器繼續倒數，預計升空時間為下午八點四十七分。

計時系統內建有幾次暫停倒數點，我們可以在這些點停止倒數，爭取額外的時間把該做的工作做好，才不至於草率完事。其中一次暫停點是在發射前九分鐘，這是我們檢查所有環節，決定是否可以如期升空的最後機會。發射前九分鐘我們暫停了非常久，一直到原訂發射時間，然後超過了發射時間。下午八點五十二分，太空梭發射主任決定取消升空，明天再試試。

十二月十八號，升空又取消了，這次我們連太空服都還沒穿上。我們已經在隔離宿舍待了二十二天。如果早知道發射日期會一改再改，我們就會回休士頓再多做幾次模擬訓練，熟悉一下各種操作，也順便看看家人。這是我第一次升空，所以我幾乎把所有認識的人都約到佛羅里達看火箭發射，連他們的朋友都來了，人數大概有八百人。每延誤一次，這群人的人數就會變少一點，因為有的人改變行程了。每個預計升空日的早晨，親朋好友都會問我：「今天發射的機率高嗎？」我能理解他們的難耐，但我真的不知道該怎麼回答。最後我一概回覆：「一半一半吧，要嘛發射、要嘛取消。」

飛航任務主任吉姆．威瑟比前來和我們討論這次的任務。我們圍著會議桌坐著，吉姆說：「我們打算取消整個任務，明年再試試。」再過一週就是聖誕節了，美國太空總署決定讓地勤放假回家和家人共度佳節。除此之外，我們還面臨到另一個窘境：總署希望我們可以在二〇〇〇年一月一日之前就安全返回地球，因為總署不確定Ｙ２Ｋ會不會導致器材無法正常運作。我們打趣說，總署一定是很擔心太空梭的程式碼除以零之後出現問題，太空人就會進入蟲洞，然後出現在宇宙的另一端。但實際情況沒那麼有趣。總署其實是擔心太空人必須迫降在加州的愛德華空軍基地（Edwards Air Force Base）。甘迺迪太空中心地面支援設備的設定都能妥善應變Ｙ２Ｋ，太空梭本身也沒有問題，但愛德華空軍基地的設備並沒有經過相關認證。我個人覺得，美國太空總署都已經成功帶人類上了月球，還打造可重複使用的太空人載具，如果總署可以不要擔心Ｙ２Ｋ，如期讓太空人升空，人民心裡可能會比較踏實。

「最終的定案還沒出來，」吉姆說：「但我們有百分之九十九的機率會取消任務。」

吉姆離開後，組員便聊起任務延後對我們各自的影響。其他組員好像都很開心——他們都想家了。我是唯一一個不希望延後發射的人。我來這裡一心就是在等待著要上太空，我不想放棄，也不願意再等好幾週才能升空。我們收拾好自己的行李。當太空人在太空時替我們保管錢包的人出現了，他把錢包還給我們，看來是木已成舟。我準備好要回休士頓了。

一個小時後，吉姆回來了，他把所有太空人都叫來。「是這樣，」他說：「我們改變心意了，明天升空。」

我同事很難消化這個決定，因為他們的心情已經下班了，根本是歸心似箭。我是唯一一個開心的人，因為我是唯一一個還沒上過太空的人。

翌日，十二月十九日，我們按照計畫穿好裝備，準備升空。當時的天氣只有百分之六十的機會能順利升空，但計時器已經開始倒數，整天都沒有停下。預計發射時間是下午七點五十分，發射前幾個小時，我們離開了操作檢測大樓，一邊和媒體揮手致意，一邊走向 Airstream 廠牌的「Astrovan」太空人專屬廂型車，這是台可以帶著我們前往約十四公里外的發射基地的行動住宅。填滿了液態氧和液態氫的太空梭本質上就是個大炸彈，所以燃料裝載完成後，附近區域必須淨空，不可以有閒雜人等。發射台附近通常會有上百名工作人員忙進忙出。廂型車駛近時，我們看見發射台立在一片詭譎的荒蕪中，伴隨太空梭蓄勢待發的聲音——幫浦、馬達的高速運作聲，急遽冷卻的推進劑和金屬所發出的吱嘎聲響。

我們搭乘發射塔內的電梯至約六十公尺高的樓層，柯提斯率先進入太空梭。推進器管線中的超低溫燃料把空氣凍結為雪，所以雖然當天天氣溫暖，其中幾個人還是偷空打了個小雪戰。

接著我們魚貫進入艙口外的無塵室。輪到我時，我穿上降落傘的背帶，然後在頭上戴上通訊設備。接著我跪在艙口通道，讓負責最後步驟的地勤人員替我們脫下用來防止灰塵被帶上太空梭的膠鞋。機艙內所有設備都是面朝天空的，所以我得橫向爬過梯子（而非往上爬）才能進入駕駛艙、找到自己的座椅。我的座椅感覺就像是掛在天花板上一樣。我成功把右腿跨過控制桿，接著把自己的身體抬正，搖動身子讓自己就位。我背下的降落傘很大一包，很不舒服。地勤人員（同梯的太空人同學戴夫・布朗也是其中之一）把我們緊緊繫在座椅上，然後幫我們把所有設備接好（通訊器、水冷系統和氧氣系統）。

我們躺好就升空位置，膝蓋過頭，面朝天空。能在太空梭裡我們都很開心，但這個姿勢很不舒服，加上我們又被五花大綁著。

駕駛員最忙的時候就是準備升空的階段。我必須負責在升空前把所有系統搞定，也就是：設定開關和斷路器的參數；啟動發電機、幫浦；連接電路。我把噴氣操縱系統（reaction control system）和軌道操縱系統（orbiter maneuvering system，提供太空梭在軌道前進動力的機動引擎）都設定好。很多步驟都有搞砸的可能，都會導致大家無法在今天順利升空，而其中有些東西若搞砸了，大家這輩子就再也別想上太空。我們也有可能按對開關但按錯順序（以前甚至有人曾經因為拉桿不夠果斷而出事）。我學會一步步照著清單按部就班行事，就算我覺得自己已經知道怎麼做了也得照表操課，因為我必須格外謹慎——但又不能謹慎過頭而超過預計的工作時間，因為在倒數階段，如果沒能在規定的時間內把某些設定處理好，就沒有辦法順利發射升空。在忙的時候，倒數感覺過得很快，但在閒著的時候計時器卻又慢到像用爬的一樣。

計時器在發射前九分鐘暫停了。滿載著超低溫液態燃料的太空梭吱吱嘎嘎、嗡嗡作響。不久後，這架十六層樓高的建築就要靠著人為爆炸的力量從地表升空了。有那麼一瞬間我心想：「我怎麼會來幹這種蠢事。」

有人曾跟我說，太空梭太空人的死亡風險跟諾曼第登陸的步兵一樣高。我清楚挑戰者號上的太空人是怎麼死的，也知道自己正在冒同樣的險。我不害怕，但也非常明白任務中所有的危險。

太空人等待升空已經好幾個小時了，這時間長到有些人已經先使用壓力服裡面的尿布（第一位上太空的美國人艾倫·雪帕德當初在等待升空時，因為各種技術問題延誤發射時間，他等了很久，等到想要上廁所，但總署卻請他直接尿在壓力服裡。於是第一位離開地球表面的美國人上太空時，褲子是溼的。從那次起，幾乎所有太空人都會穿著尿布或配戴尿液收集裝置）。倒數終於來到最後一分鐘。在三十秒時，太空梭上的電腦接管了升空倒數的工作。六秒的時候，三個主要引擎隆隆地啟動了，製造出四百五十公噸的推力。但我們還沒有出發，因為有八個巨大的螺栓把太空梭栓在發射台上。零秒時，固態火箭推進器點燃了，螺栓被炸成兩半，太空梭被釋放了。三千一百五十公噸的瞬間推力帶著我們脫離發射台。我看過太空梭升空的影片，也在現場看過發射，我知道甫升空時，太空梭的上升速度看起來很慢。但實際坐在太空梭裡面，一切都是快的。前一秒我們才穩如泰山地坐在發射台上，下一秒我們就以不可思議的速度被直直拋向空中。我就像是被綁在脫軌的貨運火車上，整個車廂加速失控，四面八方都在劇烈搖動。在一分鐘之內，我們就從靜止狀態轉換為超音速的移動狀態。

於此階段，指揮官和駕駛員能做的不多，只能監控好系統，確保每個環節都正常運作，準備好隨時應變系統失靈。常有人誤以為太空人要「駕駛」太空梭，手要放在控制面板上，而我們可以隨心所欲在空中移動發現號，像駕駛飛機那樣。實際上，固態火箭推進器燃燒時，太空人就只是在搭便車而已。推進器不能降速也無法關閉。

太空梭離開發射台兩分鐘後火箭會分離，這時太空梭就要靠著三個主要引擎的動力來航行，此時太空人就比較能掌握自己的命運了。太空梭越飛越高、越飛越快，我們也持續仔細監控著所有系統。升空的頭兩分鐘，我們已經做好準備面對可能發生的嚴重失誤（最有可能的是主引擎失靈），若真有狀況就必須立刻掉頭，降落在甘迺迪太空中心的跑道上。任務若於此階段終止則稱為「返回發射台」，這會需要太空梭掉頭以時速八千六百公里的速度返航。截至目前還沒人試過返回發射台，也沒人想試（約翰・楊是首度太空梭任務的指揮官，在進行前置準備工作時，他說他希望自己這輩子都不要有「返回發射台」的機會，因為這項工作「需要無限的奇蹟還需要上帝之手不時介入」）。所以當我們進入「無法返航」的階段時，大家都很開心，因為此時已經回不去發射台了，若要中止任務就得採取其他比較安全的做法。

太空梭的推進劑逐漸燒光，梭體也變得越來越輕，升空速度因而加快。加速度來到3G時，呼吸變得困難，我背上的緊急降落傘和氧氣罐扯著束帶，勒住我的胸口。此時引擎開始節流，避免破壞太空梭的結構完整性。

太空梭加速的同時，我和柯提斯在比利的協助下用陰極射線管螢幕監控著各系統的運作，針對各步驟保持最高警覺，這樣若有突發狀況才能立刻應變、執行可行的緊急措施。

太空梭進入預定的軌道後，主要引擎就會切斷，進入MECO階段，接著已經快要燒完的外部燃料槽會脫離，在大氣中燒成灰燼。進入MECO階段是開心的一刻，因為這代表我們成功通過了整個任務中最危險的發射階段。在短短的八分半中，我們便從靜止狀態加速至一小時兩萬八千公里的速度。現在我們正飄浮在太空中，我望向窗外。

我拍拍柯提斯的肩膀、指指外面：「欸，那是啥鬼東西？」

柯提斯說：「那是日出。」

這是我人生中第一次在太空軌道看日出。當時我也不知道之後還有幾次機會可看。即便是現在我已經看過上千次的太空日出，此景之美，仍舊沒有從我心中褪去。

太空梭在黑夜中升空，升空後由於太陽剛好位在地球的後方，窗外仍是一片漆黑，所以就算剛剛有時間看窗外也看不到東西。太空梭經過歐洲上空時，我看見窗外有一條包覆著地平線的藍橘雙色線越來越粗。我覺得這個景象看起來很像極飽和的顏料刷在我眼前的一面鏡子上，那個當下，我知道地球會是我此生所看過最美的風景。

我解開身上的束帶，頭朝前飄過通道、飄到中層甲板，細細品味著無重力的特殊感受。來到中層甲板後，我發現有兩名太空人的頭埋在嘔吐袋裡。他倆都是有經驗的太空人，但有些人每次上太空都必須重新適應一番。我很幸運，沒有出現噁心想吐或頭暈目眩症狀。

在太空中邁入第二天時，我們抵達了哈伯望遠鏡的所在高度。哈伯望遠鏡的軌道在太空站軌道上方約兩百四十公里處，比一般任務要會合的衛星還要高出許多。因為望遠鏡的軌道真的非常高，所以會合哈伯會比一般太空任務更危險。

這次任務中很多階段都是由指揮官柯提斯負責操控太空梭，我是他的副手。但在與哈伯會合的過程中，柯提斯一度移到太空梭後方，在船尾的駕駛操作台上監控會合，同時替接下來的手動駕駛階段做準備。他必須緊盯著望遠鏡和太空梭之間的距離，通知我即時情況，我也要一邊確保一切都照著表定程序進行，並正確執行接下來的會合引擎燃燒。

太空梭安全進入軌道後，兩組太空漫步的太空人還有機械手臂操作員（比利）都蓄勢待發，準備上陣。我適時給予他們協助，然後拍了幾張哈伯的照片，待返回地球後好好研究。比利對於手邊的工作總是興致勃勃、充滿熱忱，也總會撥出時間協助我，或好好享受太空生活。不是每個有機會上太空的人都能像他這樣。在這次任務中，比利就是我的師父，教我在太空中生活、工作的各種小訣竅，這些事情在地球上是學不到的。好比在零重力的環境中移動、東西飄來飄去時怎麼整理工作桌面等等。當然也有有趣的事，例如倒頭栽小便——我變成資深太空人後，也會把這些知識傳承下去。

比利也不忘惡整我，畢竟我還是個菜鳥。我到衣物櫃準備更衣時，發現整個任務期間我只有一條內褲可穿。比利把其他內褲藏起來了。我猜他覺得我會慌，但他失策了，我其實一點也不在乎。最後他還是告訴我是他搞的鬼。事後回想起來，一條內褲穿好幾天，也可以算是在替接下來的一年太空任務做預演。

太空梭進入軌道後，我必須做好調適，將要與另外六個人一起在狹小的空間活動。太空梭有「兩層樓」，一層是駕駛艙、一層是中層甲板，兩層都比迷你廂型車的內部還要狹窄。我們工作、吃飯、睡覺都像是在玩疊疊樂。不過至少八天的任務還算短，為期最長的太空梭任務是十七天。

住在太空中有件事令我覺得很意外，就是精神很難集中。很多工作我都已經在模擬器中反覆練習無數次了，但一到太空中就發現，要專注在手邊的事情變得很困難。一方面大概是因為這是我第一次上太空——一邊飄浮著一邊看著美麗的地球在窗外轉動，怎麼可能有辦法專心處理待辦事項？另一方面，在無重力的環境之下，連簡單的小事都變得困難，我也發現這點並沒有辦法克服，只能給每一項工作多預留一點時間。

另外生理層面也會受到影響。這是我首度感覺到身體內的體液往腦袋竄流，這感覺很怪，有時甚至很不舒服。太空人在出短期任務時，或多或少都會感到注意力難以集中，這種症狀稱為「太空腦」，而我也不能倖免。在太空中待了幾週或幾個月後，身體就會調適過來，自己適應各種（可能是由二氧化碳濃度、腦前庭問題、睡眠品質或其他因素引起的）不同症狀。我不能犧牲工作品質，要是搞砸了什麼，可能會導致嚴重的後果。

太空梭上軌道後，太空人其中一項首要任務就是要打開巨大的酬載艙門。在頭幾輪軌道繞行時就必須把這些艙門都打開，才能使電路系統保持低溫。我們還要部署、檢查機械手臂，否則會無法順利抓住哈伯。如果碟型天線部署、啟動失敗，就不能和地面溝通，與望遠鏡會合的難度也會提升。在這裡就連上廁所也要全神貫注——我深刻發現到只要一個不小心就可能弄壞馬桶，若是無法修理，就得提早返航。

任務進入第三天，史蒂夫・史密斯和約翰・格倫斯費爾進行了太空漫步，成功更換陀螺儀。隔天則換麥克・佛艾和克勞德・柯里耶外出太空漫步，他們換好了哈伯的中央處理系統和精細導星感測器（可測量天體距離、精確定位的儀器）。任務的第六天，史蒂夫和約翰再度出去太空漫步，這次是要替望遠鏡安裝傳輸器和固態數位記錄器。本來表定還有第四次太空漫步，但為了讓我們在Y2K之前返回地球便取消了。

任務第七天，也就是返航的前一天，是史上首度有太空梭在太空軌道中度過聖誕節。哈伯成功部署完成後，我們接受了地面的道賀，然後柯提斯決定向控制中心發表聖誕致詞。他從口袋中拿出一張紙，清一清喉嚨，然後用他最正式的口吻對著麥克風說：

「在千禧年之際，眾所皆知的聖誕故事提醒了我們，來自不同信仰、不同文化的人都曾仰望夜空，希望從星球、星象中對生命有更深入的了解、尋找更深的智慧……我們希望，也相信，宇宙所蘊含的知識會觸碰到全世界人類內心深處的渴望——對地球和平、對全人類福祉的渴望。千禧年的前夕，我們向各位獻上祝福。」

這段致詞若是讓別人來讀應該相當溫暖感人，但柯提斯並不是個情感豐富的人。他致詞時，我們幾個面面相覷。無論如何，柯提斯的致詞成功避開了宗教議題，值得欽佩。柯提斯大概是想到一九六八年的平安夜，阿波羅八號繞行月球時，任務組員輪流讀聖經創世紀的事情。對基督徒或非基督徒來說，這都是阿波羅八號美麗的一刻，但民間無神論團體控告美國太空總署違反了政教分離原則。而柯提斯這次的致詞內容不會讓對第一修正案有精神潔癖的人抓到任何把柄。

致詞結束後，機艙內和地面都維持了好一陣尷尬的沉默。通常通訊員會感謝指揮官美好的致詞，然後再次強調，藉著太空梭計畫全人類的精神得以延續之類的話。但這次只有一片沉默。又過了一陣子，通訊員史蒂夫・羅賓森才開了麥克風，並簡單地回：「收到，駕駛員可以開始進行壓縮工作。」

他們要駕駛員（我本人）現在去「壓馬桶」。換句話說，有人得去搗屎。

那天晚上，大家都聚集在中層甲板準備吃晚飯。比利把他帶上太空的精緻法國美食拿給我看：紅酒醬鵪鶉、鵝肝醬和包著酒的小巧克力。在場好像只有我對這些食物感興趣。我和比利把食物加熱後拿到駕駛艙。我們關上燈、播放莫札特的音樂，看著美麗的地球在下方轉動著，一邊吃著美味的法國食物，想著能成為史上第一批在太空梭上過聖誕節的人，多麼幸運。

到了返航時，我決定報復比利稍早藏我的長內褲。長內褲是太空人重返大氣層時穿在壓力服底下的褲子。比利開始整裝時還不覺有異，但過了一會他便開始東翻西找自己的裝備袋，一臉驚恐。當他氣急敗壞、覺得自己在返航前來不及穿好裝備時，我才把褲子還給他。

最考驗指揮官和駕駛員的就是太空梭的降落階段。當太空梭以一小時兩萬八千公里的速度撞上外層大氣的空氣分子時，產生的摩擦力會製造出超過攝氏一千六百五十度的熱能。我們必須確實正確執行每個環節，然後相信太空梭外的隔熱板會發揮功用保護我們。

我們在距地表約六百四十公里的黑暗中啟動了離軌燃燒。太空梭進入陽光的範圍時，我們正位在加州正上方，非常靠近地球，近到感覺有點危險。太空梭從六百四十公里的高度降到僅剩約八十公里的高度。柯提斯開玩笑說：「離地球已經這麼近了，搞不好回不到佛羅里達囉。」

「目前的動力還很夠。」我回。雖然高度很低，太空梭目前的速度還是有約三萬公里。

大約有十二分鐘的時間，太空梭外部都包覆著高溫電離氣體。警示聲響了：其中一支大氣數據探針未能成功部署。大氣數據探針可以測量大氣壓力，提供控制太空梭在大氣中航行所需要的各種數據。這是緊急狀況，不過還不算嚴重，因為太空梭總共有兩支探針，另一支已經正確部署完成。我和柯提斯在比利的協助之下，按照之前在模擬器中針對這種情況的練習做出回應，評估哪裡出了錯，決定接下來的安全程序。某方面來說，有機會能處理這類的警報是件好事。這個經驗讓我知道先前受的訓練很管用，我們有能力可以掌控任務中的突發狀況。

更深入大氣層時，太空梭的飛行設計就變得非常關鍵。在降落之前，太空梭就只是個座艙，但現在柯提斯要在黑暗中讓太空梭降落在甘迺迪太空中心的跑道上。太空梭是很難降落的飛行器，而且沒有引擎，駕駛員無法拉起機鼻第二次試降。柯提斯在控制太空梭時，身為駕駛員的我也有很多工作，我的角色就像是飛機上的副駕駛，要監控太空梭的系統並即時回報資訊給柯提斯、部署減速傘。

我在正確的時間點啟動並放下起落架，但沒多久我們又聽到另一個警報聲：胎壓感應器在警告我們，有個輪胎可能爆了。如果兩個輪胎爆了一個，很可能釀成大禍。警報聲響個不停，我只能叫柯提斯先不要管胎壓——因為我們什麼也不能做，而且他必須專心降落。我說：「如果再有別的問題觸動警報器，我會再跟你說。」

柯提斯成功地完美降落，底下的兩個輪胎也承受住了，太空梭滑行後停了下來。「漂亮！」我對他說。我完成了整趟任務中最重要的工作。任務結束。

重溫地心引力竟然讓我頭暈目眩，我覺得不可思議。準備要解開座椅上的束帶起身時，我幾乎是動彈不得。我覺得自己的身體有千斤重。我們爬出太空梭，爬上改裝的營車，在車內換下返航穿的壓力服，接受初步的身體檢查。爬出壓力服時，我的頭暈感加劇，眼前的世界就像坐遊樂園咖啡杯一樣打著轉。

有些組員症狀更嚴重，臉色慘白、冷汗直冒。我們回到了甘迺迪太空中心的太空人宿舍，在那裡先沖個澡，然後和親朋好友見面。那天晚上我到卡納維爾港一間海鮮餐廳和來看我降落的人共進晚餐。坐在長桌邊喝著啤酒、享受塔可餅的感覺很不真實，因為幾個小時前我才在一個攝氏一千六百度的大火球裡，以超音速衝向地球。

隔天晚上返家後，我們和休士頓的朋友們一起慶祝。幾天後我又回到辦公室，這下我終於成為貨真價實的太空人。

第13章

太空站的地縛靈就是我

二〇一五年九月四日

早上我夢見新同事上站，站上總人數變成了九人。因為人數過多，所以必須共用睡眠艙。一名不認識的新同事和我一起用我的睡眠艙，他居然在裡面煮冰毒（外觀透明如冰塊的毒品），所以我睡覺時要戴著防毒面具。其他太空人覺得我房門底下飄出來的黃煙很可疑，不過我後來竟然成功藏住毒煙了。室友一直保證他不會再弄了，但還是停不下來。最後我把他騙到氣密艙，關上艙門，將他永遠流放太空。

今天上站的聯合號就是六個月後我要搭乘返家的太空船，聯合號上的新同事加入後，太空站總共就會有九個人。我很期待站上來些新面孔，但我很擔心 CDRA 能否駕馭二氧化碳濃度，因為現在站上不只有六個人在呼吸，而是九個人，也很煩惱馬桶是否耐用以及其他重要設施的狀態。另外還得花點時間才能適應站上同時有這麼多人在做事。

這次的新同事是安迪雅斯・莫根森（簡稱安迪）、艾登・艾姆別托夫和塞吉・沃卡夫。塞吉會一路待到我的任務結束，三月時我和米哈還有塞吉會一起搭聯合號返航，由塞吉擔任指揮官。而安迪和艾登只會在站上待十天，替補莎拉・布萊曼原本預計的短期太空之旅。

莎拉・布萊曼在準備太空之旅的時候，很晚才臨時決定取消，所以哈薩克太空人艾登取代了她的位置。俄羅斯聯邦太空總署很久以前就答應要送哈薩克太空人上國際太空站，當作哈薩克讓他們使用拜科努爾做發射指揮中心的回禮（另外俄國一年還給哈薩克一億多美元的租金）。艾登是第三位上太空的哈薩克籍太空人，不過是頭一位代表哈薩克（而非俄國）升空的太空人。

新人上站時，第一個從艙口飄進來的是塞吉。我會認識塞吉是因為我們是同期太空人——一九九六年我成為太空總署的太空人新生，塞吉則是一九九七年的俄國聯邦太空總署新生，所以我們算同輩。後來塞吉跟我哥都被分到 STS-121 任務小組，準備該次任務時，他們參加了美國野外領導學校的活動。整整一週的時間他們都在懷俄明州惡劣的天氣環境中搭營生活，奠定了他倆堅實的友情基礎。後來在接受聯合號降落訓練時，我有機會可以更認識塞吉，不過因為降落還是很久以後的事，所以大部分的訓練還是著重在航行上。塞吉是米哈一年任務的後備太空人，所以我們在拜科努爾準備升空時，塞吉也在場。塞吉時不時會對我說：「替我向馬克問好。」

接著飄過艙口的是安迪。安迪是歐洲太空總署的丹麥太空人，我認識他好幾年了，他是個好相處的人，一頭金髮，總是掛著微笑。他在世界各地度過童年，在美國讀高中和大學。安迪的老婆總是開玩笑說安迪的英語說得比丹麥語好。

最後一個飄上站的是艾登，我很期待看到他。艾登在艙口停了下來，對著攝影機做出了超人的英雄姿勢，甘迺迪和歐雷在兩旁扶著他，幫他固定身體。艾登長得就像我認識的其他哈薩克人，外貌偏亞洲，沒有歐洲味。艾登三十四歲，比我年輕但看起來比較年長。他的第一份工作是軍中的飛行員，後來慢慢升職，最後被指派駕駛蘇聯的 Su-27 攻擊機。接著他便被選為哈薩克二〇〇二年的太空人新生。這些年他一直在等待上太空的機會，有時已經被指派任務但最後取消，有時則是哈薩克沒有經費讓他受訓或升空，任務就必須中斷。我想每個上過太空的人一定都覺得這是一條漫長的路——美國太空人常花好多年時間等待一次任務的機會，有時甚至訓練都做完了還在等——而艾登是真正等最久的人。

站上舉辦了指揮權交接典禮，現在我正式成為國際太空站的指揮官。地面的通訊員恭喜我成為接下來六個月的指揮官，但這有點嚇到我——六個月好長。我盡量不去想自己究竟還要待多久。我已經在太空站很長一段時間，但竟然只過了一半。

早上甘迺迪和我打招呼：「早安，指揮官。」口氣聽起來有點不捨。下週甘迺迪就要返航了，我會很想他——甘迺迪是優秀的指揮官，我在他身上學到很多。

今天是週五，我們共進晚餐。安迪帶了些醃牛肉和甘藍菜給我們，真是剛好，這陣子我很想念紐約卡內基餐廳的醃牛肉三明治。

週日我們享用了輻射滅菌後裝在太空小包裝中帶上站的哈薩克美食：馬肉湯、馬奶乳酪以及馬奶飲料。馬肉有點腥，但我還是吃光了。馬奶乳酪非常鹹，但換個口味滿好的，因為太空食物通常都是低鹽食物。我說馬奶喝起來很甜——身為指揮官，我覺得自己有義務要嘗試各種食物——艾登說馬奶喝起來味道最接近人類母奶。我聽到之後有點反胃。現在我得開始煩惱要怎麼處理這整袋幾乎沒動的未殺菌馬奶了。我告訴艾登我要把馬奶和其他調味料一起放在裝有一些實驗的小冰箱裡，明天早餐時再拿出來喝。趁艾登不注意時，我把馬奶包了三層，然後丟到專放惡臭廢棄物的垃圾區。

隔天我正要飄到服務艙和俄國太空人講事情，發現艾登在俄國區和美國區中間的通道中，縮在地上一些設備中間的小縫裡，讀著俄國汽車雜誌。我拉著他說：「跟我來。」

我帶他下到穹頂艙，教他開關光閘。

「你有空可以自己過來這晃晃。」我說。艾登能看見這般美景的機會實在不多。工作之餘，安迪常和我們膩在一起，看看電視或聊聊天。我叫他有機會可以花點時間看看窗外，但我感覺享受美景之餘他也很想花時間跟我們在一起。我很想跟他說，他只會在站上十天，所以一有空閒時間就該把臉貼在窗戶上，不過還是不要指使他比較好。如果是出為期十天的太空梭任務，一般來說大家都會想無時無刻靠在窗邊，讚嘆窗外美景。

艾登十天的任務進入尾聲時，他說：「天啊，好想放假。」

「跟你說，」我說：「你不該在我面前抱怨。」

他馬上聽出我的意思，不好意思地笑著。

過了幾天，我替自己施打了流感疫苗。太空人在太空中不會受到病毒傳染，所以這疫苗並非用來保護我，而是雙胞胎研究的一部分，用來比較我和馬克的身體情形：馬克也會同時注射同樣劑量的相同疫苗，接著我倆免疫系統產生的反應會進行比對。我和馬克都在推特上寫下接種疫苗的進度報告，得到的迴響令人吃驚。連美國疾病防治中心（Centers for Disease Control）和美國衛生研究院（National Institutes of Health）也轉發了我的貼文。替自己施打疫苗這件事情本身好像就引起不少關注。我也發現太空生活的瑣事好像比較能引起大眾的興趣。

九月十二日，站上的太空人聚在一起準備目送組員回地球。一如以往，我覺得和離站的太空人道別很怪。我們在太空中共體時艱、攜手執行偉大的實驗，如此建立起的特殊情感非常深厚。甘迺迪預備好聯合號，組員也都已經穿起壓力服內的長內褲。我們架了攝影機，讓地面可以看見聚集在服務艙內的太空人，一邊尷尬地等待倒數計時，一邊聊天。終於到了他們離開太空站、飄上聯合號的時刻，我給他們每個人一個熱情擁抱，特別是甘迺迪。我和他說，我會非常想念他。等他們全上了聯合號後，我跟上前去，開玩笑請他們把我當行李帶走：「我受夠了，我要跟你們回去！」大家都笑了，我則默默飄回太空站。

艙門關閉了，過了幾個小時，聯合號離開了。三天後，我終於捱過任務一半的日子。

第14章

能活下去就是奇蹟

二〇〇〇年初，在我第一次太空任務結束後，我的生活恢復了正常，這時我也有點時間可以好好評估一下自己的事業目前處在什麼階段。下一步是什麼呢？我的大半輩子都在努力要成為少數可以上太空的人，現在我已經做到了。我的表現很好、任務很成功、太空人都平安返航，我也迫不及待要再次上太空。但我不知道下次會是什麼時候。

剛結束的這項任務中，有個同事麥克・佛艾曾經上和平號太空站出過任務，他不但會說俄語，和俄國聯邦太空總署的關係也很好。麥克也是強森太空中心的副行政主管，和中心主任喬治・艾貝很熟，所以麥克也很有影響力。任務結束後沒多久，美國太空總署就開始物色新的營運總監了。營運總監必須是太空人，要住在莫斯科近郊的星城，負責聯絡美俄兩國太空總署之間的相關事務。營運總監要處理即將搭乘俄國太空船出任務的美國太空人的訓練相關細節，美國太空人受訓時也要在場做督導。國際太空站仍在創建的初步階段，我們也在休士頓、星城以及歐洲、日本加緊訓練來自各國的太空人。麥克說艾貝先生希望我可以擔任營運總監。我覺得受寵若驚，但卻不想接受這個職位。我覺得自己是太空梭太空人——是飛行員，不是太空站的工作人員。我私底下和我哥說我不想被困在太空站，覺得太空站是條不歸路，會剝奪我駕駛太空梭的機會。

不過當總署指派這份工作給我時，我還是接受了。對於不喜歡的勤務，我總是會先明確表示自己的疑慮和喜好，但如果上級仍堅持要我接下這份苦差事，我就會盡力把工作做到最好。再過沒幾個月，我就要走馬上任了。

這是麥克第一次和我一起飛到俄國，協助我適應環境。有位名叫以法的俄國司機來機場接我們，以法是個強悍粗獷的大漢。後來我發現，以法的工作內容還包含不計代價保護我們和我們的家人，就算要拳腳相向也在所不惜。他做的俄國串燒烤肉 shashlik 非常好吃。以法帶我們上了太空人專屬的雪佛萊廂型車，這在當時的俄國是極為罕見的西方車種。經過莫斯科時，我看著窗外往後退著的城市景象。路邊的雪堆得很高，汽車廢氣和其他汙染物把積雪染黑了。我們從莫斯科往東北走，經過許多俄國傳統農村房屋，屋子上有木刻裝飾，還有精工瓦片屋頂。開著開著，雪慢慢變白了。很快我們就到了星城的邊界。

我們沿著一條狹窄的小路往前開，小路兩旁林立著粗大的樺木，我們經過蘇維埃時期的水泥磚公寓大樓，還經過了加加林的巨大雕像，他放在背後的手拿著花束，身體向前傾，很友善的樣子。接著我們來到一排西式的怪異房舍，這排房舍是特別替美國太空總署打造的，我們都叫它「小屋」。那時是週五晚上，所以放好行李後，我們就直接前往「薛波酒吧」。說是酒吧，其實就只是三號小屋改裝後的地下室。酒吧的名字來自太空總署退役太空人比爾・薛波，他曾經出過三次太空梭任務，現在在星城受訓，準備成為國際太空站的首任指揮官。薛波以前是美國海軍海豹部隊成員，當初參加太空人面試時，面試官問他，他有什麼能力是在場所有人沒有的，他回了一句很經典的話：「持刀殺人。」從此聲名遠播。薛波很喜歡邊喝酒邊玩骰子吹牛，把大家灌個爛醉，他們叫我在俄國的第一晚一定要加入。我懶得拒絕，而且我在駕駛戰鬥機的那些日子就已經玩過骰子吹牛了，還有點優勢。薛波對新人一點也不留情，我看有些第一次來俄國的科學家太空人一個接一個紛紛倒下。薛波要殺人還用不著拔刀，骰子就夠了。

隔天早上仍是一場硬戰，因為我得起個大早準備搭充滿汽油味的巴士顛簸四小時。我在後座躺下，試著在路途中睡一下。我們要前往俄國一個偏遠的村莊，太空人會在那裡受訓，以便之後應付聯合號在寒冷氣候中迫降。我必須先在一旁觀察俄國寒冬生存訓練，之後再親自參與。

伊凡雷帝統治時期，俄國是個欣欣向榮的國家，但現在俄國境內許多地方都被二次世界大戰給破壞了。現在此區僅有一個「療養院」——典型的俄式醫院／旅店複合機構，雖然在美國人眼中比較像是古早的水療中心。此區以水泉湖聞名，據傳具有療效。

在我不知情的情況下，俄方不顧美國太空總署的反對，硬要我和俄國太空人一樣參加心理評估，這是我訓練頭一天的第一件事。第一個測驗中，我坐在一個心理師的對面，頭頂的天花板上掛著顆裸燈泡，我和心理師都坐在廚房用的硬木椅上。我覺得自己很像冷戰時期等著被審問的美國間諜。

這名長得很像營養比較充足的佛洛伊德的心理師，向我解釋測驗內容：我必須在心裡估算不同長度的時間，先估十秒、三十秒、再來是一分鐘，覺得時間到了就按下碼表，不能偷看。我從心理師手中接過碼表，拿在手上垂在身側，開始了第一個測驗。我很快就發現從我的座位可以看到心理師的手錶，連秒針都很清楚。所以每一段時間長度我都「估算」得很準確。心理師露出驚訝的反應，他大大恭喜我一番，說我估計時間的功力很強。

測驗結束後我便看不到他的手錶了，我在想這會不會其實是要測驗我的誠實度，或測試我的應變能力。不過我決定不要想太多，因為對我來說，我寧可靈活運用手邊的工具來駕馭測驗也不要盲目遵守規則。我並不鼓勵作弊，但我發現解決問題時必須運用創意。如今我已經更了解俄國文化，遙想當年，我想我的決定是對的。

好多天我都和負責監督、訓練上一組組員的美國太空總署飛行醫師共處在一個陰暗潮溼的小房間裡。測驗過後，我便和美國太空人道格・惠洛克以及俄國太空人迪米區・康德拉泰耶夫組成了三人小組。道格是陸軍軍官，也是直升機飛行員，個性溫和、很好相處。迪米區是戰機飛行員，曾經駕駛米格29號戰機，也是其中一個我很可能在早期空對空戰鬥中交手過的人。事實上，多年後我們發現彼此曾經被部署在斯堪地那維亞的蘇聯邊境兩側，他負責保護 Tu-95 轟炸機，我則是駕駛著F-14雄貓捍衛航艦戰鬥支隊。

生存訓練非常耗時費神。我們和一個使用過的聯合號座艙被送到荒郊野外，模擬野外降落的情境，手邊的配備只有太空船上的緊急救難包。迪米區不太會說英語，我和道格的俄語也都說得不好，但我們三個之間的溝通足以帶我們通過訓練。我們自行搭建了簡陋的棚子、生了火，等待「救援」的同時盡量保持身子暖和。第一個晚上非常寒冷，冷到大家睡不著，所以我們站在火堆前，慢慢轉動身子，讓身體所有部位都不失溫。迪米區做了一件很不像俄國人會做的事，他違反了協定，在凌晨五點宣布要搭建梯皮（一種圓錐狀帳篷）來保暖。在冰冷的冬夜拿著彎刀砍樹實在很狼狽，但到了早上七點，我們已經用樺木枝和聯合號的降落傘搭好了帳篷。現在我們可以維持身體溫度，不過沒過多久梯皮內就煙霧彌漫了。我們盡可能壓低頭，這樣睡覺時才能呼吸到空氣。

訓練的最後一天，我們穿越樹林，與搜救小組會合。野外風光明媚，高聳的樺木林立，直上雲霄，萬物都覆蓋在鬆軟的初雪之下，新的雪片在晨光中閃閃發亮。我們出了樹林，走到一片結冰的大湖上，大湖在零下的氣溫中冒著縷縷白煙，湖面上還有幾個俄國人坐在大桶子上從冰湖裡釣魚。我被眼前這寧靜祥和且經典的俄國景致給震懾住了。時間彷彿凍結了，這片景色扣人心弦，一輩子都印在我的腦海中。

五月，我搬到俄國準備開始營運總監的工作。美國太空總署和俄羅斯聯邦太空總署正在研討如何共同訓練來自世界各國的人才，一同建設國際太空站。這是一件大工程，有很多潛在的政治角力、文化衝突，還有因為雙方強大自尊心而引發的不悅。不過我還是很喜歡在星城的工作，也很快就適應了環境。我住在蘇聯式水泥磚公寓大樓的八樓。我每天走在公寓外的小徑上，經過加加林人像，經過美國太空人受訓時住的洋房，走到星城的「profilactorium」，這是俄國太空人的隔離宿舍，裡面也有美國太空總署專屬的辦公室。

有時要化解美俄之間的問題不是那麼容易。我們說不同的語言，使用不同的科技，對於航向太空的最佳方法也有不同看法。但我遇到的俄國人都很好，我也真心對俄國文化、歷史很有興趣，這也為我們之後在國際太空站上的合作奠定很好的基礎。

國際太空站的第一段太空艙是功能貨艙，該艙於一九九八年十一月在拜科努爾升空。兩週後，第一段美國艙一號節點艙也由奮進號太空梭（Endeavour）發射升空。這兩個艙段互相接上，可謂國際一大盛事。不過剛成形的太空站還沒辦法長時間住人，因為站上沒有生命維持系統、廚房、馬桶等基礎設施。空蕩蕩的國際太空站在軌道中運行了一年半，直到俄國的服務艙接上站，才終於開始住人。

暑假時，萊絲莉和莎曼珊來俄國找我。二〇〇〇年十月底，我到拜科努爾看遠征一號發射升空，這是第一個長期國際太空站任務。比爾・薛波會和兩名俄國太空人搭乘聯合號上太空，分別是尤里・吉德津科和塞吉・克里卡列夫。這是史上第二次有美國人搭乘聯合號上太空。三月會有另一組太空人和他們交接，很難想像太空站從這時起就會一直有人住在裡面了。我仍覺得自己是太空梭太空人，壓根沒想過自己會出長期的太空站任務——我希望可以盡快再被派到太空梭任務，當個駕駛。運氣好的話，接下來我還能以指揮官的身份再上兩次太空梭，然後我的太空生涯就會結束了。在太空待過整整八天後，我實在無法想像自己有天會住在國際太空站上，更別說要破紀錄。

聯合號升空前一晚有各種慶祝、狂歡活動。一名前來拜科努爾參加慶祝的美國太空總署主管喝多了，遠超過自己的酒量，醉到無法自理，所以我整天都在照顧他。隔天早上薛波準備著裝升空時碰到我。

「昨天晚上他媽的是怎麼回事？」他問我：「根本就是大學兄弟會，一直有人大吼大叫還來敲我的門，我幾乎沒睡。」

「抱歉，」我說：「祝太空之行順利。」

那天聯合號安全升空了，但我沒能親眼見證，因為我忙著幫裸身的同事在浴缸催吐。錯過升空畫面我很懊惱，但在歷史的這一天能身在拜科努爾，我已經很開心了。我很喜歡在俄國的生活和工作，這可是始料未及。我在俄國太空人住的舊旅社中，看著電視上的太空船慢慢變成天空中的一個小點，這時的我還不知道聯合號和拜科努爾會在我的未來扮演多麼重要的角色。

隔年我才剛從俄國返美，太空人辦公室主任查理・普里克特就請我替補遠征五號太空站任務中，太空人佩姬・懷特森的位置。一般來說，後備太空人會在兩次任務後升空，這樣就可以在完成後備訓練後順利接軌，開始自己負責的任務。因為一些特殊情況，我無法等到下一次遠征任務再上太空，這種情況下擔任後備太空人會很辛苦。我的直覺反應是拒絕。到國際太空站上出任務和我之前受的訓練很不相同，而且在某種程度上來說，這也有違我想當太空人的初衷——我其實想當太空船的測試駕駛員。

「老實說，我不確定自己是否願意花六個月待在太空站上。我是駕駛員，」我告訴查理：「我不是任務專家，對科學很不在行。」

查理懂我的心情，畢竟他自己也是駕駛員。他向我解釋，說他已經問過所有資深太空人了，還是找不到願意替補佩姬位置的人。查理想和我談條件：如果我願意替補佩姬，回到俄國再待上好一陣子，接受俄國國際太空站系統和聯合號的操作訓練，下次任務他就會派我擔任太空梭指揮官，再下一次就是國際太空站的指揮官。仔細思考過後，我到查理辦公室給了他一個清單，上面列出我為什麼仍覺得自己不適任的原因。查理很有耐性地聽我說完。

「然而，」我對他說：「有人拜託我接手困難任務的時候，我也從未拒絕過，所以如果你再問我，我不會說不。」

查理說：「這樣不行。我要你說『好』。」

「喔，」我有點不情願地說：「那好，我接。」

我獲派這項任務的時間有點晚了，所以我不但要從事不熟悉的工作，還必須迎頭趕上進度。我在俄國接受扎實的訓練，學會操作俄國的聯合號還有國際太空站的俄國區。同時我也努力加強俄語能力，我一直都覺得俄語是超級困難的語言。此外我還得學會操作複雜到不行的太空站美國區、學會使用太空站上的機械手臂、學會太空漫步。

我和迪米區・康德拉泰耶夫（我倆之前一起受過寒冬生存訓練）還有俄國太空人沙夏・卡勒里一起接受俄國的水上求生訓練。他們兩位是我的新後備太空人。二〇〇一年九月十一日，我們起了大早搭乘俄國海軍的舊軍艦，從棕櫚樹林立的黑海沿岸城市索奇出發，前往位於高加索山脈的基地。船艦慢慢駛向大海，勤務人員也帶著我們認識環境，教我們使用艦上設施。在船上上廁所不能用衛生紙，因為衛生紙會堵住衛生系統。我們得用馬桶旁浸在消毒劑裡的刷子來擦屁股。公用屁股刷？我心想：幹！

水上求生訓練一點也不比寒冬求生訓練輕鬆——我們要穿著升空／降落專用的壓力服爬入即將

沉入水裡的聯合號。爬進去後，身後的艙門關了起來，我們坐在悶熱的太空艙內，待一聲令下便要脫掉壓力服，穿上寒冬求生裝備，接著還要再穿上橡膠隔離服。要在聯合號狹窄的座艙內完成這些步驟簡直難如登天。我和迪米區還有沙夏必須輪流躺平在彼此的大腿上，想法辦掙脫身上的壓力服，然後穿上裝備。太空艙隨著黑海的海浪上下起伏，我心想如果是從太空重返大氣層，我們的身體早就已經因為零重力而變得虛弱，要完成這些事情根本不可能。穿上寒冬求生服裝後（很不舒服，因為聯合號裡面跟三溫暖一樣熱），要再穿上整套的橡膠隔離服，這套隔離服還帶有好幾層帽子跟罩子。我們三個完全浸在自己的汗水裡，還沒爬到艙外、跳到海裡，就已經精疲力竭。這根本不是在訓練太空人使用設備或學會技能，幾乎是在測試我們共同面對危機時的心理狀態和團隊合作能力，寒冬生存訓練也一樣。我是覺得若能直接這麼挑明告訴我們這點，訓練起來還比較有效率。

訓練結束後，我們回到艦上的駕駛台，艦長在那裡舉伏特加慶祝我們成功完成訓練。我在想若是時間倒轉個幾年，現在這個局面絕對非常詭異——身為美國海軍軍官的我，竟然在俄國海軍船艦的駕駛台上，和艦長還有俄國空軍駕駛員迪米區一起喝酒。

船靠岸後，星城來電告訴我們：兩架飛機撞上了世界貿易中心大樓（九一一恐怖攻擊事件）。我們和世界各地的人同樣震驚，而且自己的國家遭受襲擊，我卻身在遙遠的異鄉，這種感覺非常可怕。俄國同事也盡其所能幫助我們。他們翻譯俄國新聞，幫助我們掌握最新消息，甚至還取消了下一階段的訓練，讓我們盡快回美國。我們在莫斯科等待美國航班復航時，看到美國大使館門外堆著高高的鮮花，這般共體時艱之情令我難以忘懷。

在俄國的時候我也有機會和任務組員相處，我們組有我同學佩姬・懷特森、瑟奇・德烈謝夫，還有瓦萊里・科爾尊。瓦萊里將會擔任遠征五號的指揮官，他不是典型的俄國人，總是笑臉迎人，個性也很討喜。

佩姬的太空梭於二〇〇二年六月順利升空，沒多久我就被指派為我生涯第二次太空梭任務STS-118的指揮官，負責把新的設備送上國際太空站。這次任務將為期十二天，我們預計會在二〇〇三年十月搭乘哥倫比亞號太空梭升空。查理・普里克特信守諾言讓我當上了指揮官。

因為我之前也只出過一次太空梭任務，而且也不曾上國際太空站，新的太空人辦公室主任希望這次的駕駛員可以有足夠的太空經驗。聽起來這種人很好找，但實際上至少上過太空一次的駕駛員都是我同梯的同學。一般而言，太空總署不會讓指揮官指揮自己的同學，尤其是經驗值差不多的同儕。我和新主任肯特・羅明杰商討解決方法。當下身上沒有任務的駕駛員有查理・賀伯、馬克・鮑蘭斯基還有我哥。這幾個人當中我想我哥應該最為適任：我們相處融洽（至少十五歲後我們就不再互毆了）、了解彼此、也都認為身為同梯同學不會造成我倆之間的嫌隙。太空總署也樂見其成。

距離正式發布任務消息的日子越來越近，我開始覺得這不是好主意。同卵雙胞胎在同一個任務中分別擔任指揮官和駕駛員，絕對會引起很大的關注。某些方面來說這當然是好事，畢竟美國太空總署一直很希望大眾可以對太空任務有所想像，希望引起更多人的興趣。但我不想譁眾取寵，也不希望雙胞胎上太空的事模糊大家對任務本身以及對其他組員的注意力。

另外一個擔憂則比較私人。我和馬克每次上太空前都很清楚知道自己要承受的風險。就我的方面，我女兒有可能會喪父，但即使真的發生不幸，還有馬克可以伯代父職，女兒看到他就會想到我，這樣想我會稍微好過一點。馬克每次上太空，我也都會想自己搞不好也有可能得肩負起姪女的父親角色。若是我和馬克一起上太空，就必須承擔我倆的孩子可能會同時喪父的風險。我想越多就越覺得不妙。

這下候選人只剩兩個了──查理．賀伯和馬克．鮑蘭斯基。鮑蘭斯基沒興趣當我的駕駛員，因為他的技術經驗比我豐富，也上過國際太空站，這很合理。現在只剩下代號「史考區」的查理．賀伯了。史考區以說話直接聞名──他覺得你做錯了，絕對會毫不猶豫直接點破。他告訴我他不介意同學當他的指揮官。他說只要有機會上太空他都很珍惜，我知道他這番話是真心的。

於是我的組員就這樣定了──史考區是我的駕駛員，其他成員分別是五位任務專家：翠西．卡德威、芭芭拉．摩根、麗莎．諾瓦、史考特．派瑞辛斯基和戴夫．威廉斯。

所有組員中我最擔心麗莎，我認識她很久了，大概有十五年，比我認識其他同事的時間都還長。我們在帕河一起當試飛員時就認識了。麗莎是技術精湛的航太工程師。但她最近有點太過執著於各種無關痛癢的小細節，例如午餐要吃什麼。麗莎很可能不小心太過偏執，放不下無關的事務。在地球上這樣是無所謂，但在出太空任務時，每一個組員都攸關成敗，麗莎個性上的這些特質讓我很憂心。

二〇〇三年二月一日早晨，我站在家裡的院子向北看。那時是週六早上快九點，我的七名太空人同事（其中有三名是我同學）應該已經結束太空梭任務，要重返大氣層了。我在想，哥倫比亞號進入大氣層準備降落在甘迺迪太空中心時，應該能在天空中看見一道火光。那天霧很大，但我舉目望天，一道亮光從大霧間的縫隙透了出來。哥倫比亞號！我回到屋內吃了一碗牛奶穀片。隨著預計的降落時間越來越近，我也開始注意電視新聞。太空載具還沒登陸，美國太空總署的電視頻道不停切換任務控制中心還有甘迺迪太空中心跑道的現場直播畫面。我在電視上看到控制中心的查理・賀伯，他那天值通訊員的班，卻坐在椅子上駝著背。這畫面很怪，尤其查理是一板一眼的海軍陸戰隊，在執勤時駝背很不尋常。我發了電子郵件給他，叫他端正坐好，因為他上電視了。然後我聽見查理說：「哥倫比亞號，休士頓，確認通訊狀態。」接著是一陣好長的沉默。通訊員沒有收到回應。不妙。

查理再說了一次：「哥倫比亞號，休士頓，確認通訊狀態。哥倫比亞號，休士頓，確認超高頻通訊頻道。」查理打開了備用通訊系統，但仍舊沒有哥倫比亞號的回音。我心跳越來越快。倒數計時器已經走到零秒，開始正數了。哥倫比亞號這時早該降落了，而且哥倫比亞號是滑翔機，不太可能延遲降落。查理不斷重複確認通訊狀態。我跳上車前往太空中心，也用手機打電話給我哥，我哥被我的來電叫醒了。那時已有新聞報導說：在休士頓北方大約一百六十公里處有太空梭碎片掉落。我和馬克討論到太空梭上的降落傘，在想組員若是按照挑戰者號事故後訂出的逃生程序走，生還的機率有多少。挑戰者號事故後，每個太空梭太空人都要接受訓練，學會從太空艙內伸出逃生桿，用逃生桿滑到機翼前端，然後用降落傘安全降落。當然截至目前還沒有人用過這個逃生法。我和馬克都希望這個方法可以發揮作用，即便我們心裡並不樂觀。

很快大家便發現是哪裡出了差錯。太空梭的外部燃料槽就像是一個巨大的橘色保溫瓶，外面包覆著一層泡棉材料，用來隔絕內部的超低溫燃料，這樣燃料槽表面才不會結冰。美國太空梭計畫剛啟動時，升空時的震動還有升空後加速時空氣壓力的改變，常使燃料槽外的泡棉剝落。工程師一直沒辦法完全解決這個問題。隔絕泡棉通常會脫離太空梭或碎成小塊，所以危險性不大。但哥倫比亞號升空那天，有塊將近公事包大小的泡棉掉下來，擊中太空梭左翼前端，若是該處的表面熱絕緣體壞掉，問題就大了。當時地勤人員針對泡棉擊中左翼是否會造成危險稍事討論後，相關管理階層和工程師就立刻下了定論，認為沒有問題。哥倫比亞號上的組員沒有參加任何相關討論，雖然地勤有告知組員泡棉脫落的事情，但也表示經過分析後他們認為這次事故「對日後重返大氣不構成任何威脅」。

早在十七年前挑戰者號發生意外時，矛頭就已經指向：太空梭計畫安全管理上過度樂觀。所以後來美國太空總署的文化有了很大的改變，但現在看來，這種過度樂觀好像又悄悄地冒出頭。其實並非沒有人提出過泡棉的問題：首次太空梭任務阿波羅號的退役指揮官約翰・楊是太空人辦公室中頭腦非常清楚的人，時常在週一的早會中一再提醒大家泡棉的問題很危險。我還記得他有次認真地說：「得想辦法解決這個問題，不然有一天會有組員全數罹難。」

我想著哥倫比亞號上自己認識的人。戴夫・布朗，在同梯的同學中我認識他算很久了，因為我在帕河的時候他也在那裡。他笑起來很可愛，會露出門牙中間的縫，戴夫成就非凡，但處事態度低調。戴夫也獲選參加一個訓練飛行醫師成為海軍飛行員的菁英計畫。他幫馬克準備太空總署的面試，我接獲面試通知後他也幫我準備。他就是這樣的一個人。

蘿瑞爾・克拉克成為太空人之前原為海軍軍醫。在搬到休士頓後沒多久，我們兩家人就變得很親密。蘿瑞爾有個兒子叫伊恩，年紀和莎曼珊一樣。週六時，蘿瑞爾常會帶著伊恩來接莎曼珊，然後一起去動物園玩。馬克請熟人來家裡吃晚飯時，蘿瑞爾和她老公也都是座上賓。蘿瑞爾喜歡葡萄酒，我們這群三五好友也都不例外，所以我們常聚在一起度過美好的夜晚。

威利・麥庫爾是我以前的海軍同袍。我倆當上太空人之前，在帕河服勤時有短暫接觸過。當時他試飛員的任務差不多快結束了，我的則正要開始。還記得當時在新班級名單上第一次看到他的名字，我還心想麥庫爾這名字要是當上太空人就真的太酷了。威利正能量滿點，很有感染力，絕頂聰明，也總是發自內心關心身邊的人。

哥倫比亞號上其他組員我就沒那麼熟，因為我們不同班。指揮官瑞克・赫斯本是個家庭至上的空軍飛行員；卡帕娜・查拉是首位登上太空的印度裔美國人，也是航太工程師；麥克・安德森是個總是掛著微笑的空軍飛行員；伊蘭・拉蒙是以色列的戰機飛行員，代表以色列參與這次的太空梭任務。伊蘭是以色列國民英雄，於一九八一年參與摧毀伊拉克核反應爐的空軍軍事行動，是當時飛行員中最年輕的一位。

很不幸，哥倫比亞號的組員全數罹難了。

在我的經驗中，每當有同事意外身亡，我們總會不自禁地思念著亡者的好。失去這七位溫暖、慷慨、善良的組員，實在令人悲慟。

那天，我和我哥自行決定要招聚一些太空人到太空梭殘骸掉落的區域搜查。此舉有點大膽，畢竟我倆在太空人辦公室不算很資深。我們打給強森太空中心前主任喬治・艾貝，因為他在休士頓仍頗具影響力。他建議我們打給哈里斯郡警察局，再由警局替我們聯絡艾林頓機場的守衛隊。馬克和一名太空人同事上了直升機，馬上在東德州展開地毯搜索，尋找太空梭殘骸和朋友、同事的屍體。

我則和一大隊工作人員留在地面負責還原工作，把太空人的遺骸還有太空梭殘骸拼湊在一起，試著從中還原出當時的情形。挑戰者號事故後，海底找到的太空梭碎片拼湊出了事故的原因。就和當時一樣，我們現在也必須把找到的碎片帶回佛羅里達甘迺迪太空中心的機庫。當晚回到家後，我便和萊絲莉一起到馬克家陪伴蘿瑞爾的先生約翰・克拉克和他們八歲的兒子伊恩。經歷了這漫長無盡的恐怖等待後，他們才剛回到佛羅里達。見到他們、試著安慰他們，令人心碎。我們的同學茱莉・佩蒂當時暫住在馬克家，我和她試著想要讓約翰和伊恩知道：組員死亡的時候應該是沒有感覺的。當然我們並不能百分百確定，但這樣想會讓我們自己還有蘿瑞爾哀慟的家人好過一些。後來我們得知，太空梭的壓力殼破裂後，組員有意識、可以做出反應的時間少於十秒。他們來不及戴上頭罩，所以馬上就會失壓。後來我們搜索到一個太空梭控制面板，調查員從面板推斷威利當時試圖要重啟輔助電源，所以他們一定是已經察覺哪裡有異了。

隔天我開車到北邊，幫忙尋找太空梭碎片和遺體殘骸。我加入之前在世貿中心負責辨識遺體的聯邦調查局證據專案小組。小組的工作犬可以分辨人類和動物的遺骸。站在散落著殘骸的林區中，我想著過去奪走朋友、同事性命的飛機墜毀事件。燒焦味；搜尋撞爛的飛機碎片；焦屍——這些都讓我聯想到《對的事》的頭幾頁。在我多年的飛行生涯中，還有導致同事喪命的事故中，這是我第一次加入意外還原團隊，就像湯姆‧伍爾夫書中的飛行員一樣。我不認爲湯姆親眼看過這般慘狀，但我可以證實他的描述非常精確。

強森太空中心的人都聽說了我們的搜索行動，於是開始有許多太空總署的員工自願參與、給予協助。但太空梭碎片掉落的範圍涵蓋好幾千平方公里，從德州中部一路到路易斯安納州，所以人手仍嫌不足。全國各地許多緊急事故工作者（有很多是美西各州的原住民消防隊）都飛到此區，馬上架好了營區，也帶上很多物資。他們在東德州蓊鬱森林中照著經過仔細規劃的路線搜索，盡心盡力、組織完善、技術純熟，我好生敬佩。這群人找出了哥倫比亞號上千片的殘骸，每一塊殘骸都能幫助我們更了解問題的始末。

甘迺迪太空中心機庫的水泥地上畫著太空梭的輪廓，大家便開始把找到的零件在對應的位置上組合起來。我第一次到機庫內看到排列在地上的殘骸時非常震驚。太空梭衝入大氣後燒了起來，但掉落的零件卻完好無缺，還可以重組成型，真的很詭異。我被分派到下一次的哥倫比亞號太空任務，卻看見這艘本來應該要由我指揮的太空梭分崩離析、焦黑地躺在水泥地上，感覺很怪。

殘片涵蓋範圍幅員遼闊，無法光靠眾人步行找出所有零件。數週後，我被指派負責指揮空中搜索，用飛機和直升機找出大型殘片的地點。原本以為就算是在空中搜索，應該也可以一眼就辨識出太空梭殘片，但我們浪費了好多時間看破車、浴缸、生鏽的家電以及各種垃圾，因為從遠處看會誤以為這些是太空梭剝落的組件。

而經確認是來自哥倫比亞號的殘片中，有些竟然意外地沒有任何損壞。我在樹林中看到太空梭上的 Canon 印表機躺在地上，毫髮無傷——之後在太空站上讓我頭痛的印表機也是一樣的型號。我們找到組員做的一些太空實驗樣本，也是完好如初，科學家甚至可以繼續完成其中某些研究。有隻培養皿裡的蟲子也是此次災難的生還者。

每天我在外搜索時都會有救世軍在場，他們替大家預備食物、咖啡以及提供各項協助。那時起，每逢聖誕節，只要經過救世軍的響鈴（聖誕節前夕，救世軍會在街頭搖鈴鐺向路人募款），我就一定會在紅罐子裡放點東西。

有幾名太空人專屬的醫師在停屍間幫忙，守護殞落同事的遺體殘骸，待日後運往他處。最後，我從停屍間護送蘿瑞爾的遺體上黑鷹直升機，前往巴克斯代爾空軍基地。爬出直升機時，眼前的景象讓我難忘。我看到一名空軍將軍穿著整套的制服肅穆行禮，身後還有一整隊的軍官和空勤人員立正站著。披著國旗的棺材被抬到機艙的路上，空軍一路致敬，我深受感動。蘿瑞爾的遺骸接著被移到一架飛機上，準備飛往德拉瓦州的多佛空軍基地，在那裡的軍墓等待驗屍。

搜索進行到一半時又發生了另一起悲劇：林務局一架直升機在尋找殘骸時撞毀了，共有兩人死亡，三人受傷。隨後的調查顯示，駕駛員操作直升機的方式超過該機型本身的限制，可能是為了要到難以深入的地點進行搜索。事故發生後，沒有人提出要取消搜索殘骸和遺體的建議，但這也再度提醒我們飛行的潛在危險。

哥倫比亞號的三名組員葬在阿靈頓國家公墓（Arlington National Cemetery），其他組員的葬禮則在各自的家鄉舉行。太空總署出錢租用或借用飛機，載送和組員最親近的人到阿靈頓和其他地點參加葬禮。蘿瑞爾的四十二歲生日這天颳著狂風，她和哥倫比亞號上的兩位同事，一同入土安息了。看著這盛大隆重的軍禮，目送蘿瑞爾的棺材入土，我才真正完全領會了痛失摯友的事實，也更深刻體會到上太空所要承受的各種風險。飛機失事讓我數度痛失摯友、同事。離開我的人數超過三十後，我便不再去計算確切的人數了。

我從未因為哥倫比亞事故而想要退出，但同事的死讓我再次意識到女兒很有可能會變成單親小孩。太空梭計畫因此暫緩，要待事故調查委員會找出確切的事發原因後才能重新啟動，所以接下來的六個月我沒有什麼工作要做。最後我被選為太空站整合部門（Space Station Integration Branch）的主任，要帶領一群太空人和工程師決定國際太空站上的設備和作業流程。此時國際太空站已經有兩年的時間都有太空人居住了。我竭盡所能地努力學習，設法讓太空站的運作更有效率。

二〇〇三年八月，哥倫比亞事故調查委員會終於遞出了最終的研究報告。國際太空站預計於二〇一〇年組裝完成，調查委員會建議在那之後，太空梭要經過重新驗證才能繼續航行。這會需要拆解、重建三架軌道載具，等於是從頭開始。重新驗證的過程極為複雜又所費不貲，太空總署根本不可能說服國會買帳，所以我們知道太空梭是不太可能再繼續運作下去了。而且太空總署想要集中火力研發新的太空探索工具（這項計畫就是後來的太空發射系統〔Space Launch System〕和獵戶座太空船〔Orion〕），若同時又要養太空梭和太空站，根本沒有足夠的經費，太空梭計畫會最先被犧牲。我認同這個決定，不過我知道自己會很想念太空梭任務。

二〇〇三年十月，萊絲莉生下了老二夏綠蒂。夏綠蒂的生產過程比莎曼珊還要艱難。萊絲莉剖腹生下夏綠蒂之後，寶寶沒有心跳呼吸。我還記得自己看見夏綠蒂癱軟發紫的小手臂掛在剖腹的切口外，萊絲莉的醫師正一邊大聲請求支援。我和莎曼珊坐在等候室，等待的時間有如一輩子之久，後來萊絲莉的醫師出來告訴我們，雖然經過一波三折，所幸最後母女均安。醫師特別提醒我，夏綠蒂在生產過程中缺氧了好一段時間，所以成長階段可能會伴隨一些健康問題，也有可能引發腦性麻痺。醫師不確定夏綠蒂之後會怎麼樣，但站在專業的角度，他必須告知我所有可能性。

我的太空任務重新啟動了，預計出任務的時間是二〇〇六年九月。沒過多久，任務被延後至二〇〇七年六月。這樣的重新安排讓我有機會可以調整組員。我建議麗莎・諾瓦加入早一點的太空任務，原因有二：其一是她的過度執著讓我很擔心，再來是如果要她上 STS-118，那麼她出任務的時間距離被選上太空人的時間就會將近十年之久。我說她應該跟上太空梭計畫重新啟動後的第二次任務，這次任務時間比我指揮的太空梭還要早很多。無巧不成書，我哥馬克也是該任務的一員。

除了麗莎以外，史考特・派瑞辛斯基也被調走了，他被調到下一個任務，指揮官是潘・梅爾若。瑞克・馬斯特拉丘被派來頂替史考特。瑞克曾在控制中心擔任飛行控制員，後來才申請成為太空人。擔任控制員時，瑞克設計了很多意外計畫中止程序，我們也都在模擬器中演練過。我知道瑞克這個經驗到時在升空和重返大氣時會非常有用，而且各種技術他也都十分熟悉。

STS-118任務要把一些重要零件送上國際太空站：一小段桁架；一個外部裝載平台；一個能控制動作的新陀螺儀，這個陀螺儀可以用來維持太空站的姿態。這次我們還要帶上SPACEHAB後勤模組，模組艙內裝滿了各種太空站需要的物資。後勤模組重返大氣時，會帶回科學實驗的樣本、損壞的器材和垃圾。我們的任務是哥倫比亞號事故後的第六次太空梭任務，事故後的幾次任務中，升空時掉落的殘骸雖然傷到了隔熱材料，但都未對任務的安全造成影響。每次任務結束後工程師都會檢查受損情形，提出新的避免方法，但下一次又會再發生。我當然希望隔熱材料都不要受損，但我也樂見大家開始重視這個問題，我感覺大家都盡了全力來降低風險。

這次的任務組員總算定案了，有史考區、瑞克・馬斯特拉丘、芭芭拉・摩根、戴夫・威廉斯、翠西・卡德威，還有較晚加入訓練的艾文・德魯。

芭芭拉・摩根原本在愛達荷州當小學老師。一九八五年，她成為了「送老師上太空（Teacher in Space）」計畫最後階段的候選人。挑戰者號任務最後選上克莉絲塔・麥考利，芭芭拉則擔任她的候補。芭芭拉整整一年的時間都和克莉絲塔還有挑戰者號的組員一同受訓，若是克莉絲塔有什麼原因忽然不能出航，芭芭拉就要替她完成任務。親眼見證載著七名好友的挑戰者號在佛羅里達天空中爆炸的悲劇後，一般人應該都會選擇抽身，但芭芭拉有著令人佩服的毅力。克莉絲塔本來預計於哥倫比亞號任務結束後造訪全國各地演說，芭芭拉自願替克莉絲塔完成這項工作，到美國許多學校和大家分享太空梭相關知識和教育的重要。芭芭拉和克莉絲塔都懷抱著飛上太空的夢，而芭芭拉對太空梭計畫仍充滿信心，因此希望可以和學童分享經驗。一九九八年，芭芭拉正式加入美國太空人團隊，負責許多不同的職務後，終於被指派她的第一個太空任務，也就是我指揮的任務。

芭芭拉是太空人團隊中唯一一名沒有經過太空人面試委員甄選流程的成員，也因為如此，有些同事對她有點意見。我自己覺得等到跟她比較熟了再下定論會比較好，而她也沒有讓我失望。簡而言之，芭芭拉工作態度非常認真。她駕馭了這份工作的所有面向，成了團隊中重要的資產，遠超過我對她的期待。

加拿大籍太空人戴夫・威廉斯本來是急診室醫師。戴夫對自己的威爾斯血統感到相當自豪，他在第一次出太空梭任務時，成了史上首位用威爾斯語從太空向地面廣播的太空人。戴夫是臨危不亂型的人物。

翠西・卡德威是第一次出太空任務。美國太空總署在翠西二十九歲、剛取得化學博士學位時選任她為太空人。翠西看起來比實際年齡小，所以很多太空人同事有點把她當小孩看，不過她的表現非常優秀。翠西細心負責、對各種小細節都不馬虎、做事嚴謹，但與她相處也很歡樂。

艾文・德魯在任務前三個月才接獲派任通知。艾文原為空軍特種作戰司令部（Special Operations Command）的戰鬥直升機駕駛員，後來成了直升機試飛員。艾文個性沉著冷靜，這麼晚才接獲任務通知好像也沒有驚慌失措，不過他的確得加緊努力趕上進度。

至於我，以指揮官身份出太空任務是一大新挑戰。我必須熟悉自己的職務內容，同時還要顧到我的組員——確認每個人都知道自己的工作內容、了解組員各自的優缺點、統整團隊、指導菜鳥。

組內三名第一次上太空的太空人（芭芭拉、翠西、艾文）使我們成了太空梭歷史上最菜的一組隊伍——七名太空人的總出航經驗只有四次。

升空前十天，我們來到休士頓的隔離宿舍，然後再飛到佛羅里達，在那裡完成最後四天的隔離。美國太空總署有個惡整菜鳥的傳統，有些任務小組總是不會放過機會，有些組就還好。太空人專屬廂型車駛向發射台時，我無預警地和翠西、芭芭拉還有艾文說：「你們幾個都有帶登機證吧？」菜鳥面面相覷，此時四隻老鳥紛紛從口袋拿出預先印好的登機證。

「你們該不會都沒帶吧？沒有登機證上不了太空梭啊！」我再度重申。他們臉上先是出現焦慮的表情，不過這三個很快就弄懂我在逗他們。

負責最後步驟的機組員幫我們繫好安全帶，然後爬出太空艙、關好艙門。應該是說試著關好——太空梭發射總指揮廣播說他們不確定艙門是否有正確關上。

太空艙不是第一次出包。機組員是最熟悉艙門設備的人，他們覺得艙門已經關妥，但沒有人想拿太空人的生命當作賭注，所以他們關上艙門、打開艙門、再關上、再打開。太空人全數被綁死在座椅上，看不到艙口，所以沒辦法幫機組員做確認。而我們的發射窗期（適合啟動某種任務的特定時段）就快過了。最後，坐在駕駛艙中央座位的瑞克・馬斯特拉丘拉長身子，告訴大家艙門關好了，但現在座艙裡有八名組員。有個最後階段的地勤人員要在艙門關上的狀態下檢查用來把機艙拴在周圍結構上的螺帽，所以跟著太空人一起爬進來。他確認艙門的運作正常無誤，但確認後又得再打開艙門放他出去。這種檢查方法還真是聰明。

這次升空我已經知道接下來會發生的事了，所以可以稍微享受一下旅程，甚至看看窗外。距離上次升空已經過了八年，但升空時強大的瞬間力量還是難以言喻，地平線以不可思議的速度離開我們。太空梭安全進入軌道，接著，如同前次任務，我們成功完成把火箭變成太空船的艱難工作。

在我睡覺休息之前，飛行總指揮發了一封電子郵件來，告訴我共有九片泡棉從外部燃料槽表面剝落，而地面發現好像有三片擊中了太空船尾端的熱防護系統——情勢和哥倫比亞號慘劇類似。不過在哥倫比亞號事故中，受損的是機翼最前端的碳-碳複合隔熱材料，危險性更高。太空總署覺得這不是什麼了不起的事，因為被泡棉擊中通常不會造成什麼損害，但出於謹慎還是必須通知我。

隔日，我們用架在機械手臂前端的攝影機和雷射掃描器材檢查太空梭底部，試圖找出實際的損壞情形。攝影機傳回來的影像中看不出全貌。再隔天，我們靠近國際太空站，操作太空梭讓機身三百六十度俯仰，使底部的表面熱絕緣體對著太空站，讓站上太空人拍下清楚的近照。太空站拍的照片顯示：太空梭底部靠近右起落架閘口的地方有個區域受到損害。損壞面積不小，所以太空總署決定在我們對接完成後，用長桿雷射系統做進一步的檢查。結果發現了一個大洞，從二氧化矽隔熱片一路破到裡面的棉氈。

雷射光束掃描該區時，我們用旁邊附帶的攝影機觀察影像。看到影像時，我第一個想法是：「幹！」那個洞看起來像是已經穿破機身外層的鋁合金。當晚，地面把損壞部分的照片寄給我。我把幾張比較特別的照片印出來，接下來的幾天都放在口袋。

至於這個洞究竟會不會影響太空梭重返大氣層，地勤人員間有一陣激辯。在這類情況中，其實我們沒有太多選擇。我們可以太空漫步，出去修理損毀處，用一種未經太空產業測試的特殊油灰填滿破洞；或可以賭一把，直接降落。我和太空組員商量各種選項，特別問了史考區的意見，因為他在技術面的知識非常淵博。我也和瑞克、戴夫討論了現在的情形，因為如果真決定要修復破損，到時他們兩位得出去太空漫步。最後我們的結論是，若有需要，太空人可以出去修補破洞，但同時我們也相信地勤人員分析後做的決定，如果他們認為直接重返大氣沒有問題，那就不修。媒體也立刻大肆報導，說太空人目前有立即的危險。

地面各路專家小組正在分析破洞的嚴重程度，以及重返大氣時的高溫是否會影響隔熱片。地面複製了一個破損的隔熱片，然後把隔熱片放入測試環境中，把周遭氣體加熱至極高溫，再用持續的電弧（電流通過某些絕緣介質如空氣而產生的瞬間火花）創造出超音速環境，模擬重返大氣時的情形。知道地面的相關分析後，我便越來越有信心，知道這個破損不會對太空梭構成威脅，不需要特別修補。總署內部有些專家持相反意見，認為太空人應該要出去修補破洞。但我擔心修補破洞時，太空人的工具或頭盔不小心輕碰一下，搞不好就把洞給碰大了，或撞出新的洞來。另外，修復隔熱片用的材料和程序都沒有經過認證。而且，每次的太空漫步都有其潛在的危險。

重返地球的這一天來了，我們沒有冒這個險。我們預備好太空梭和返航系統，穿上壓力服，把自己綁回座椅上，開始執行重返大氣的步驟。太空梭衝入大氣，溫度開始攀升，我們看著窗外的高溫電漿介質往後奔馳，想像著太空梭隔熱罩被拍動著的樣子。當時若是一步錯，接下來就會步步錯，我們都知道。

「通過高峰溫度。」史考區語調冷靜地說。哥倫比亞號就是在此時開始瓦解的。

「了解。」我回。

接著大約過了二十秒，此時如果太空梭的隔熱罩被燒壞，我們也早該知道了。

「看來我們成功躲過子彈了。」我說。我無法不去想在哥倫比亞號上喪生的好友，我相信其他的組員也和我一樣。

太空梭現已進入了地球的大氣層，飛行速度低於超音速之後，我取消自動駕駛，改成手動控制飛機。這是我首度在地球的大氣層中駕駛太空梭，我知道自己只有一次的降落機會。

太空梭下降的斜度是民航機的七倍，速度是二十倍，我也開始感受到地心引力、暈眩還有眼球震顫等症狀。太空梭的高度來到約六百公尺時，我試著不去管身體上的不適。

「預備平飄前置作業。」史考區說。

我回：「收到，準備平飄，預備起落架。」表示收到指令並請他準備好部署起落架。太空梭位置低於六百公尺時，我開始小心緩慢地拉起機鼻，切換至較緩的下滑航線，現在可以比較不依賴太空梭上的設備，開始靠跑道旁的光學著陸輔助器來操作降落了。

高度來到約九十公尺，我對史考區說：「放下起落架。」

史考區按下按鈕，放下起落架，回答：「起落架已放下。」

從起落架放下到順利降落之間只有十五秒的時間。在這麼短的時間內，我必須準確地控制太空梭，在正確的高度（約八公尺）對上跑道入口，用正確的速度落地，還要把下降速率控制在每秒零點六公尺以下。那天的側風非常強，降落的難度變得更高。我的著陸點並沒有完全落在中線上，但太空梭停止滑行後，完美地落在跑道正中央。我想所有當過航母飛行員的太空梭指揮官都會一致認為，在所有條件相同的前提之下，降落太空梭比在航母上降落戰機容易多了。太空梭降落難就難在：駕駛員在降落時已經在太空待了一陣子，要在疲憊、暈眩、缺水的情況下完美降落。況且全世界都在盯著你看。

STS-118任務結束後幾個月，我和幾名國會議員有約，來到華盛頓特區，也和馬克與他的未婚妻——議員嘉比列・吉佛茲（Gabrielle Giffords）——共進晚餐。她很好相處，讓人倍感溫暖。身為亞利桑那州的參議員，她對工作頗具熱忱。那次短暫的會面我便對她留下深刻的好印象，有時我還會開馬克玩笑，說不知嘉比是看上他哪一點。

用餐時，我的手機響了，顯示的是太空人辦公室主任史提夫・林賽的號碼。同桌的嘉比是太空人的未婚妻，所以也很清楚要是主任太空人在不尋常的時間打來，非接不可。

「史考特，我想派長期任務給你：遠征二十五、二十六號任務。二十六號由你擔任指揮官。」

回話之前我遲疑了一下。被分派到新的太空任務總是令人欣喜，但我並沒有想要在國際太空站上待五、六個月。

我問：「升空日是什麼時候？」

「二〇一〇年十月。」

「了解。我和萊絲莉還有女兒討論一下，我會再回你。」

離家五、六個月是很長的一段時間，何況夏綠蒂年紀還這麼小。但只要指派太空任務給我，我都會接受，我的個性就是這樣。萊絲莉和兩個女兒都覺得這次任務是千載難逢的機會，所以我也答應了。

在開始認真準備新任務之前，我還有些事情必須處理，其中一項就是追蹤我的攝護腺特異抗原數值。我體內的抗原還沒有達到警戒值，但也比上一次測量時再往上跳了一級，數值的改變可能是生病的指標。我約了休士頓衛理醫院的泌尿科醫師布萊恩·邁爾斯，醫師說現在有兩條路可以走：可以靜候六個月再看看抗原數值是否持續在增加，這樣到時就有更充足的資訊可以判斷我是否有攝護腺癌。或他也可以立刻幫我做切片檢查。我問醫師切片檢查有什麼風險。

「切片檢查處有極低的感染風險——除此之外沒有了。很多人一拖再拖是因為切片過程很不舒服。」

「多不舒服？」我問。

邁爾斯醫師停頓了一下，思考著該如何描述。「直腸壁上會有微微的觸電感。」醫師說。

「這聽起來不只是不舒服而已了，」我說：「但就做吧。」

切片過程很難受，醫師的形容很貼切。但我不想等六個月之後才發現自己得了癌症。若果真罹癌，我希望可以及早治療。等待可能會使我喪失下一次出任務的機會，或影響到國際太空站的工作進度。

幾天後，我得知自己罹患了惡性攝護腺癌。有些攝護腺癌病患的癌細胞生長速度非常慢，所以病患可以與癌症共處好幾十年，不受影響。我則是目前暫時不會出現什麼惡性症狀，但如果沒有進行治療，二十年左右之後可能就會死亡（得知罹癌時我才四十三歲）。

當醫師告訴你你有癌症，而且是嚴重的癌症，你的思緒絕對會開始失控。手臂痛是不是因為癌細胞轉移了？癌細胞擴散到腦部了嗎？這很正常，就算擁有頂尖醫療團隊照護的病患，也會出現這些反應。我馬上預約做了全身的斷層掃描，掃描結果沒有發現癌細胞轉移，但我也沒有因此停止胡思亂想。

我很早就告訴任務同事戴夫・威廉斯自己罹癌的事。戴夫本身做過攝護腺癌手術。而且身為醫師，他也可以給我一些實用的建議。戴夫和太空總署的飛行醫師陪著我和主治醫師開了很多次會，討論各種可能的治療方法。

同時我也打電話給我哥，要他也去做檢查。我倆是同卵雙胞胎，基因藍圖幾乎一模一樣，因此罹癌風險也差不多。馬克的檢查結果出爐，證實他也罹患了同一型的攝護腺癌。

我決定接受機器手臂輔助的「根除性恥骨後攝護腺切除手術」，這項手術要切除整個攝護腺，術後的復原期會極其難熬。手術還伴隨著很多風險，例如陽痿或尿失禁。當然也有很多比較溫和的治療方法，例如放射線治療或小手術加放射治療的綜合療法。但若採取放射線治療，有可能要兩年後才能確定放射線是否完全剷除癌細胞，我想快點出任務，不想等兩年。更重要的是，太空人任務期間會暴露在太空的輻射線之中，所以飛行醫師會記錄每個太空人一輩子的上限輻射量。我不想太快把我這輩子的額度用完，能避免就避免。機械手臂輔助手術是最能斬草除根又不波及我事業發展的治療方式。

我在二〇〇七年十一月接受手術。醫師當時可沒說錯，術後復原期非常長，而且一點都不是鬧著玩的。我裝尿管裝了一週，身側的淋巴引流管也跟著我生活好幾週。有天晚上，一名飛行醫師順道經過我家看看我的復原情形，看過以後他覺得可以拿出尿管了。醫師站在客廳，無預警地把手伸了進來，使盡全力把尿管給拽出來。感覺到尿管從身體裡被扯出來並實際看到時，我才知道原來這東西竟然有一公尺長。

雖然復原是一條漫漫長路，我還是很積極重新取得太空總署的任務資格。一月我就可以重出江湖了。但重新接受太空漫步訓練花了比預期還長的時間，因為擔心太空服胯下的設計會壓到還沒完全癒合的傷口。多虧邁爾斯醫師和總署飛行醫師的精湛醫術，我才能在預計時間內完全恢復健康。隔年，邁爾斯醫師替馬克動手術時，我也在手術室內。馬克的攝護腺被送到病理學部門之前，他們還讓我隔著手套捧著。

二〇〇八年初，太空站任務的相關訓練緊鑼密鼓地展開了。我將會和兩名俄國太空人：沙夏・卡勒里和歐列・斯克力波奇卡一起升空。進入太空軌道後，我們便會加入夏儂・沃克、道格・惠洛克和佛亞東・尤奇辛的行列。當我的任務進入第三個月時，夏儂、道格和佛亞東會返回地球，凱蒂・科爾曼、義大利太空人保羅・內斯帕里和迪米區・康德拉泰耶夫會上來與他們交接。我也常需要飛到俄國、日本和德國參加當地太空總署的訓練。

這時我已經累積了不少在星城與俄國人共事的經驗，這是好事，因為這樣可以減輕我訓練的負擔，雖然訓練的實際時間並沒有減少。我發現美俄文化大不同——俄國人習慣與陌生人保持距離，有時甚至會有一點冷淡，這讓美國人覺得很沒禮貌。但一旦跟俄國人混熟了，他們就都對人很親切、和氣。我和這些俄國人發展出的深厚情誼，是一般美國人要花上好幾年才能達到的。

德國科隆的歐洲太空中心（European Astronaut Centre）網羅歐洲各國的人才來擔任老師。和背景多元的團隊共事可以學到很多東西，不過太空中心的訓練文化本身走德國路線——追求精準到有點矯枉過正。對我這種不在乎香腸製造過程的人來說，這種文化有時頗令人惱火。我只要你告訴我要做什麼、怎麼做，背後這些林林總總的瑣事就讓地勤人員去煩惱就好。我在科隆訓練了四週，科隆的美麗建築讓我如癡如醉，尤其是十三世紀興建的聖彼得大教堂，這座龐然大物就這樣英挺地佇立在萊茵河畔上。

筑波是位於東京東北方約八十公里的城市，人口數約二十萬。在日本與我一同受訓的還有之後的任務同事道格・惠洛克，以及之前的 STS-118 組員翠西・卡德威。在指揮自己的任務之前，我要先做翠西的候補。

幾乎每段新郎想在婚禮落跑的婚姻都不會美滿，我和萊絲莉也不例外。萊絲莉是個好母親，也很盡心盡力料理家務，讓我可以無後顧之憂，把時間都投入在太空總署的工作上。莎曼珊出生後，我時不時就想要和萊絲莉討論我倆的關係，也想問問她是否可能離婚。這類的溝通從來沒有順利過。每次萊絲莉都會說，如果我離開她，她就要毀了我的事業，並且讓我一輩子看不到女兒，然後對話就結束了。我萬萬沒想到她會這樣威脅我，這讓我很難過，但同時我能理解這種情緒化，也知道離婚會衍伸出很多問題。

我們決定試試婚姻諮商。一開始我有點抗拒接受諮商，因為我怕這會影響到我的太空任務。太空總署面試我時，曾經問我是否接受過諮商或心理方面的協助，我當時據實以報說沒有，也不想改變答案。太空人永遠無法得知自己被選上或不被選上任務的確切原因，因此避免負面的關注或避免引發爭議，就變成一種根深蒂固的本能。但我還是去了，因為我覺得諮商可能會對婚姻有幫助，而且萊絲莉想試試。第一次諮商會面那天，我們坐在大廳等候，諮商師辦公室的門忽然開了，走出來的是一名資深的管理階級太空人和他太太，他們兩個都鐵青著臉，好像剛經歷過什麼情緒大海嘯一樣。我們兩個男人互相用眼神示意。我心想，不知道在這裡被看到會不會有什麼後果，不過至少現在我知道太空人尋求婚姻諮商並非史無前例。

諮商師能給我們的幫助不多，我倆的婚姻關係也持續惡化。只要萊絲莉威脅我，我就不再提離婚的事。夏綠蒂出生後，我們要照顧的不只是一個孩子，所以更是離不起婚。於是最後我們達成一個「半和平」協議：她負責持家顧小孩，我負責發展我的事業。我時常不在家，也沒什麼機會跟她鬧僵、吵架。我們就這樣子又度過了許多年。

二〇〇九年春天，我回到了日本。當時我得了重感冒，還被時差搞得精疲力竭。我勉強自己頂過一整天的課程和訓練，晚上回到狹小的飯店房間倒頭就睡。但也就是這段日子讓我意識到，即便筑波讓我很憂鬱，我還是不想回家面對萊絲莉。我寧可出差在外過著悲慘的生活，也不想待在自己家中。

我回到美國後的隔天就去看了奶奶——我父親的母親：海倫。我和馬克還是小男孩的時候，海倫奶奶的家一直都是我們的避難所。高齡九十幾歲的奶奶現在住在休士頓的養老中心。奶奶的身體狀態每況愈下，我坐在她身邊握著她纖弱的手，想著小的時候，只要奶奶在身邊就覺得好安心，她會帶我們去植物園，唱歌哄我們入眠。這些都已經是四十年前的事，而歲月奪走了奶奶的活力。幾十年後的未來，當我也到她這個年紀時，我會在哪裡呢？如果到時我有幸還活著，回顧以往的時候，會看到什麼樣的人生呢？我要如何度過在地球上的餘生呢？

隔天上班時我打了電話給萊絲莉，告訴她我今天會早點回家，回家後我需要單獨跟她談談。到家後，我跟萊絲莉說她是孩子的媽，我無論如何都會尊重這點，我也會善盡照顧女兒的責任，但我還是想離婚。

不出我所料，萊絲莉仍然繼續威脅我。

「我知道妳很生氣，但我心意已決。希望妳可以好好放下，想辦法讓自己好過點。」

我一直希望可以和平分手，這樣對女兒比較好。我希望可以讓女兒看到，大人可以帶著寬容的心，一同冷靜地解決問題，並且以孩子的幸福為優先考量。

莎曼珊和夏綠蒂放學回到家後，我整理好心情，想盡量冷靜溝通，也試著保持平和正面的氣氛，不過她們從媽媽的表情就能看出事態不妙。莎曼珊比夏綠蒂生氣，莎曼珊大了，已經明白這個巨變會帶來的影響。我一再向她保證，我會盡全力維持她的生活步調不變。萊絲莉問夏綠蒂有沒有問題想問我。

夏綠蒂抬起圓圓的小臉對著我。我們四目交接，我試圖要解讀她的表情。然後她把橡皮筋遞給我，就只說了：「這是你的橡皮筋嗎？」

這是夏綠蒂的經典招式。她想要轉移話題，不希望大家討論痛苦的事。

那天晚上我把頭枕在枕頭上時，卻感覺到幾個月來前所未有的平靜，也許是幾年來的首度平靜。弄不好我可能再也無法上太空了，但我不希望老了以後後悔年輕時選擇的生活。

萊絲莉帶著女兒搬走以示威脅，不過離婚最後並沒有影響我的職業生涯，我的擔心是多餘的。萊絲莉還是很氣我跟她離婚。但當我開始跟艾美交往後，萊絲莉意外地對她很友善。不管萊絲莉對我還有什麼無解的深仇大恨，她都沒有遷怒於艾美，真的很難得，也讓我很感激。在這種情形下我想很多人都會遷怒。

有次萊絲莉和艾美在電話上替夏綠蒂安排行程，萊絲莉和艾美說：「我想告訴妳，可以和妳一起扮演母親角色真的很好，我女兒都很愛妳，所以我也愛妳。」艾美掛了電話後，眼中泛著淚。艾美和我的家人之間一直存在著很多問題，所以這番溫暖的話對她意義非常重大。我知道有些人在婚姻破裂後會說希望自己當初沒有娶對方或嫁給對方，甚至希望自己從來沒認識對方。但我可以說我從來沒這麼想。萊絲莉是我生命中非常重要的人，我也希望我們的結局可以更好。但我從沒後悔娶了她，因為莎曼珊和夏綠蒂都是我此生的至寶。

第15章

漫步在太空！

二〇一五年十月二十八日

夢見我和謝爾準備一起跳傘。我們搭乘飛機升空，我站在機艙門口，謝爾還沒穿戴降落傘就跳下去了。謝爾發現自己的失誤時，臉色大變。他漸漸離我越來越遠，我自己也還沒穿戴好跳傘，所以手忙腳亂地到處翻找，希望可以趕在謝爾撞上地面之前跳出去、接住他。

我在飛機上一落落的垃圾中慌亂地找著跳傘。找了一陣子，我意識到為時已晚，但我還是繼續找著，直到從睡夢中醒來。

我在美國區的氣密艙內穿著約一百一十三公斤重的太空服飄著，艙內的空氣正逐漸被抽空。我看不見謝爾的臉，因為我倆以奇怪的角度擠在一個小轎車大小的空間內，謝爾的頭很貼近我的腳。我穿著太空服已經大約四小時了。謝爾身上的太空服是站上唯一一件特大號，因為大號的他完全穿不下，所以我只好穿著明顯太小的太空服，感覺很像五公斤的馬鈴薯硬塞在兩公斤容量的袋子裡。我的身體又疲憊又痠痛。

「謝爾，你還好嗎？」我說話時直盯著他的太空靴看。

「很好。」謝爾在我的觀察窗下方立刻豎起拇指，但從我的角度幾乎看不見。身處在空氣漸漸被抽光的氣密艙中，正常人都會感到焦慮、恐懼。但為了預備我倆的首次漫步任務，我和謝爾都已經受了很長時間的訓練。我們都做足了準備，對這個環境以及負責我們性命安危的工作人員也都很有信心。

忽然間，艙外傳來一連串巨大聲響，我從沒聽過這種聲音。哪裡出了差錯嗎？我們應該要採取什麼行動嗎？我把情形回報給地面，地面說這是正常現象，空氣被抽出氣密艙時就會這樣。訓練時都沒人跟我們提過這事，可能他們忘了提，或他們提過而我忘了。我已經針對這一刻進行了無數次的演練——在強森太空中心穿著太空服被放到巨大的水池裡，池裡有一個模擬的國際太空站。但在太空中來真的又是另一回事，若在這裡出了差錯，不會有潛水救生員來相救。

氣密艙接近真空狀態時，我和謝爾做了一連串的檢查，確認太空服沒有漏氣。檢查時有各種開關切換、滑桿裝置，手上包著太空服的手套很難完成這些步驟，很像是戴著棒球手套換輪胎一樣。更麻煩的是，我們無法直接看到開關，得用手腕上的鏡子來看自己的動作（開關上的標示字樣是左右相反的，這樣才能透過鏡子閱讀）。

我看了一下接下來的步驟：氣密艙達到完全真空狀態時，我倆都得打開水閘開關，讓水流到冷卻系統中，藉此控制太空服的溫度。這個步驟不能提早完成，否則水會結凍而擠破水管。氣密艙的空氣繼續減少，我在想是否要提醒謝爾別不小心誤觸水閘開關。水閘開關旁邊有另一個外型很相似的開關，可以用來關掉警示音，也讓我們可以從小螢幕上查看一整排的狀態訊息。但我告訴自己，謝爾跟我一樣受過完備的太空漫步訓練，所以我不需要在他旁邊耳提面命。

氣密艙尚未達到完全真空狀態時，謝爾說：「休士頓、史考特，我不小心碰到水閘開關了。」

「幹！」這是我的心裡話，但我沒說出口。我深吸了一口氣，保持鎮定。「你打開了水冷系統？」我問。謝爾犯了我剛在猶豫是否要警告他別犯的錯。

「是的。」

這次漫步任務的通訊員翠西說：「休士頓收到，謝爾，可以告訴我們，水冷系統開啟多久了嗎？」

「不到半秒。」謝爾說。他聽起來很沮喪。我們今天已經花了幾個小時準備這次的太空漫步，過去兩週中的工作日也都從早到晚在做事前準備。沒人想要從頭再來一次，也沒人想要弄壞價值一千兩百萬美元的太空服。

地面的太空服專家商議著接下來的對策，我則氣自己沒早點提醒謝爾。我們都很清楚太空總署的行事風格，這次任務取消的機率很大。如果太空服專家不能確保謝爾的安全，任務就會終止，因為沒有比讓我倆活過今天更重要的事。我得讓謝爾振作起來，以免如果太空總署決定繼續執行任務時他無法工作。

「謝爾，你不是第一個誤觸的人，」我說：「之後也一定會有人再犯。」

「嗯。」謝爾聽起來很沮喪。

「不要想了。」我說。真希望可以看著他的眼睛判斷他的心情。

「沒事。」謝爾語氣平淡地說。他的口氣和他說出來的話反差很大。有些太空人就是因為犯了這類的錯誤，再也無法繼續航太生涯。

「沒事的。」我說這話一方面是為他，一方面也是為自己。

太空服專家還在地面討論是否要繼續執行任務，以及接下來要採取的防護措施。同時，地面也告知，在他們討論出辦法之前，我們可以打開艙門欣賞美景。我握住艙門把手時才想到，我不知道現在外面是白晝還是黑夜。我解開艙門鎖，用力扭轉把手——「開門放狗！」現在我必須把艙門往胸口的方向拉，還要同時朝著頭頂的方向轉動艙門，這難度很高，因為我腳下沒有東西可以勾，在我拉艙門時其實艙門也在把我往外拉。

我推推拉拉幾分鐘後，艙門終於開了。地球反射出的光線猛撲上前，我從來沒看過這麼高清、這麼明亮的景色。在地球上觀看事物時都籠罩著一層大氣，所以明度會減低，但太空是真空狀態，所以太陽光線白亮又熾熱。明亮的太陽光束打在地球上，反射出絕世奇景。前一刻我還在嘟囔著惱人的艙門，這一刻我卻被眼前絕倫超群的美麗景象震懾。

太空服很像是一艘迷你的太空船，不像是穿在身上的衣服。我的上半身浮在堅硬的太空服內，我的腦袋包覆在頭罩中。我聽著風扇在太空服裡面推動空氣發出的嗡嗡聲，覺得很安心。頭罩散發著微微的化學味，但不至於刺鼻，觀察窗上的防霧化學溶劑應該有經過妥善處理。通訊設備內建的耳機傳來休士頓翠西的聲音，我也能聽見同在外太空中幾十公分外的謝爾的聲音，怪的是，這些聲音反而讓我的呼吸聲更明顯。

地球表面在我臉下約四百公里處，以一小時兩萬八千公里的速度呼嘯而過。十分鐘後，地面叫我和謝爾出到艙外，因為在外面比較方便自由移動，這樣我就可以檢查謝爾的太空服有無漏氣。在冰冷的太空中，若是太空服漏氣，背包上就會有小雪片噴射出來。如果沒有看到小雪片，也許可以繼續執行任務。

我抓住位在頭部兩側的把手，準備把自己拉出太空艙。氣密艙的艙門面對著地球，看來我應該是要「向下」出艙門。在水池裡練習時，艙門是對著池底，所以也是向下。雖然在水中也算是處在飄浮狀態，但還是有重力把我往地心拉，所以我可以清楚判別上下。經過數百個小時的水中太空漫步練習，我已經習慣這種設定了。

但當我半身出了艙門後，我的方向感忽然改變了。忽然間我覺得自己好像是在往上爬，要從車子的天窗爬出去一樣。地球這個巨大的藍色圓頂罩在我頭上，就像科幻片中鄰近的異星一般，可能會掉下來把我們壓扁。這一瞬間我失去了方向感。我在想是否可以找個中心點，什麼小環之類的讓我可以扣上安全繫繩，但我不知要去哪找這東西。

每個受過專業訓練的飛行員都知道要如何做「心理區隔」，把不能幫助自己完成工作的想法拋諸腦後。於是我讓自己專注在眼前的事務上——手套、把手以及太空站外部的小標示（經過難以計數的訓練時數後，我已經非常熟悉這些標示），而不去想籠罩著我的地球和隨之而來的迷失感。我沒時間想這些，所以決定不管它，開始幹活。我解開勾在小工作台上的安全繫繩，安全繫繩是安裝在太空服正面的高科技固定器材。我把繫繩勾在氣密艙外其中一個勾環上，檢查勾子是否確實鎖穩。這個步驟就和在降落飛機時放下起落架一樣，不能有任何閃失。

我前一次的長期太空站任務中，俄國太空人歐列・斯克力波奇卡和佛亞東・尤奇辛兩人一起外出漫步，歐列的繫繩脫落，他脫離了太空站，朝著宇宙飄去。當時救了他一命的是太空站的一個天線。歐列撞到天線後踉蹌地彈了回來，好不容易靠近太空站後他抓住一個把手，保住小命。我常在想，要是當時我們知道他已經飄離太空站，無法回頭，我們該怎麼做。也許我們會讓歐列的家人透過太空服內的通訊系統向他道別，然後等著慢慢升高的二氧化碳或逐漸降低的氧濃度奪去歐列的意識——不過我現在不想花太多精力思考這種事，因為我自己即將要外出漫步了。

美國太空服有內建的簡便燃料推進器，如果安全繫繩斷了或太空人搞砸了，便能在太空中自主移動。但我們一點也不想使用這個設備，老實說連試用都不想。受訓期間要練習使用燃料推進器只能靠視覺模擬設備。太空人在練習時偶爾會用光燃料，或根本就找不到太空站的方位。我仔細想過，如果真的不幸脫勾，又耗盡了燃料，太空站就算距離指尖只有幾公分，其實也跟距離一公里沒什麼兩樣。結局只有一個：必死無疑。

確認自己的繫繩如實安全扣好後，我把謝爾繫在我身上的繩子解開，把他的繫繩也勾在太空站外側，仔細謹慎地重複檢查是否安全扣上，如同檢查自己的一樣。謝爾開始遞給我任務工具袋，我把每個袋子確實固定在氣密艙外的弧形把手上。準備好所有工具後，我示意謝爾可以出來。我倆都出到站外後，第一個任務就是「互相檢查」，從頭到腳確認過彼此的太空服，確保一切正常。翠西從控制中心一步步帶著我們檢查謝爾的「PLSS（可攜式維生系統）」，看昇華器中是否有水結冰的跡象。我開心地向地面回報檢查結果一切正常，沒有雪片。我和謝爾都鬆了一口氣，總算安心了。太空漫步任務可以如期進行。我們彼此檢查了頭罩燈、頭罩攝影機、迷你工作台、燃料推進器控制桿，確認所有設備都裝載正確。但謝爾在準備出氣密艙時，不小心將一支推進器控制桿部署了一半，我的其中一支也是一樣情況。處理完控制桿的問題後，我們又再次檢查了繫繩。安全繫繩不可不謹慎。穿上太空服到現在已經過了將近五個小時，我們終於準備好要上工了。

• • •

差不多自人類開始上太空以來，爬出太空船就成了勢在必行的一個目標。其中一部分的原因其實只是為了滿足人類的幻想——獨自漂浮在浩瀚無垠的宇宙中，只靠著一條「臍帶」把身體連接在母艦上。不過太空漫步也是探索宇宙不可或缺的一項技能。從一艘太空船移動到另一艘太空船上；探索星球表面；維修、組裝太空船的外部設備（國際太空站特別需要）——這些都是長期太空之旅必備的關鍵能力。

史上首度太空漫步是於一九六五年由俄國太空人阿列克謝・阿爾希波維奇・列昂諾夫（Alexei Arkhipovich Leonov）完成。阿列克謝打開黎明號（Voskhod）艙門，連著臍帶飄出太空艙，向莫斯科回報：「地球是圓的沒錯」——一秒鐘惹怒世界各地「地球平面說」的擁護者。這是蘇維埃太空計畫光榮的一刻，但在十二分鐘後，阿列克謝便發現自己回不了太空艙了。不知是因為故障或設計不良，阿列克謝的太空服內充滿了氣，脹得無法穿過狹小的艙門，所以他不得不放出太空服內一些寶貴的空氣才有辦法爬回太空艙內。放出空氣使得太空服急遽失壓，阿列克謝險些昏了過去。

雖然太空漫步任務中某些挑戰已經慢慢被克服，但危險程度並沒有因此降低。就在幾年前，太空人盧卡・帕爾米塔諾在太空漫步時，頭盔開始進水，此後太空人還得擔心在太空中溺死。太空漫步是我們在太空軌道中最為危險的一項任務——變數太多，有太多設備、器材可能會出問題，工作步驟也可能出錯。我們在外面超級脆弱。

準備外出要花上好多時間。我們盡可能預先做好詳盡妥善的規劃，羅列出要執行的步驟以及工作順序，希望可以減少問題，提升工作效率和表現。我們準備好太空服，再三檢查幫助太空人在真空中保住性命的各部組件，然後整理、準備工作會用到的工具，這些工具都是特別為太空人量身訂做的，就算戴著笨重的手套，在零重力環境中也好上手。

我穿上尿布和太空服下的水冷衣，水冷衣和太空服連接上之後就會變成內建空調的長袖內衣。我對複雜工作的看法是，如果不能進度超前，就等於是落後了。我和謝爾花了一小時呼吸純氧，藉此降低血液中的氮濃度，避免得減壓症（潛水夫症）。龜美也是這次太空漫步的艙內工作人員，負責替我們著裝、控管預先吸氧的程序、控制氣密艙和艙內系統。龜美也的工作內容看似瑣碎，必須逐條核對清單中上百條的步驟，但他的工作對我和謝爾來說至關重要。沒有第三者的幫忙，我們根本不可能自行穿脫太空服，而且如果龜美也犯了最細小的錯誤，例如沒把我的靴子穿好，我很可能就會慘死。我的太空服內建有生命維持系統，可以保持氧氣流通並處理掉我呼出的二氧化碳，還能讓冷水流過部署在我體表的管子，防止身體過熱。雖然在太空中沒有重量，但太空服就是很大一包，又硬又笨重，要掌控實在不易。

我滑入褲管中，龜美也協助我擠入堅硬的太空服上身。我的肩膀差點脫臼，手肘也伸到了極限。我把手臂推到太空服的袖子裡，再把頭穿過頸圈。龜美也替我接上水冷衣的繫帶，然後把褲子和上身接好、封住。每個配備之間的連接都很關鍵。最後一步是戴上頭罩。我頭罩上的觀察窗裝有菲涅耳透鏡，可以用來矯正視力，這樣我就不用戴眼鏡或隱形眼鏡。眼鏡很容易滑，特別是在使力做事、流汗時，戴著頭罩又沒辦法推眼鏡。隱形眼鏡是個選項，但我的眼球不適應。

著裝完成後，龜美也把我們推到氣密艙，這樣可以替我們保留體力，來完成接下來的工作。我們浮著等待氣密艙中的空氣被抽出來，打回太空站內。空氣是寶貴的資源，可不能讓它白白流到外太空。

翠西的聲音劃破了寧靜：「好囉，各位，史考特領軍，可以開始轉移到工作地點了。」

「轉移」的意思就是太空人自行靠著站外的一排軌道把手，一格一格用手把自己拉到定位。在地球上走路是用腳，在太空中，尤其是在太空站外，走路是用手。這也說明了太空服手套為什麼這麼重要。

我轉移到第一個工作地點，就位在太空站巨大托臂的右邊。我也不時回頭看看繫繩的軌跡，確保繫繩沒有纏到東西。起初我覺得自己很像是一格一格橫爬過地面。忽然，我被太空站外嚴重受損的情形嚇到了。太空站外部被微流星體（在宇宙中漂流的微小固體顆粒）和太空垃圾摧殘了十五年，所以表面有無數的小洞和刮痕，甚至還有個大洞，可以說千瘡百孔。這景象讓我緊張了起來，尤其我人身處在外，若是遇到太空垃圾襲擊，身上保護我的就只有幾層衣物而已。

身處太空本來就是違反自然的事。不過我倒是不害怕，我想是太空人訓練和我的心理區隔功力發揮了作用。如果我稍停下來仔細思考自己的處境，應該馬上會嚇暈。日出之時，我可以感受到強烈炙熱的陽光。日落之後，也就是四十五分鐘後，我又感受到氣溫劇降，幾分鐘之內就從零度以上一下掉到攝氏負一百六十八度。太空人手套有內建暖氣，可以避免手指凍傷，但腳趾就沒有相同的保護。

地球的色彩和明度從四面八方散開，美得不像話。我已經從太空船窗戶看過地球無數次了，但從太空船內部觀看星球還隔著好幾層防彈玻璃，和從太空中直接肉眼看地球完全不能比，就像是從車窗內看美景和爬上山頂親眼見證的差別一樣。我的臉幾乎已經要貼到薄薄的透明塑膠觀景窗上，我的餘光無限延伸，好似可以觸及四面八方。我細細品味眼前的美麗湛藍、雲朵的紋理、地表上高高低低的景致、地平線邊緣閃爍著的大氣層——細緻的銀色大氣保護著地球眾生。大氣層外除了漆黑的真空以外，什麼都沒有。我好想和謝爾討論這一切，但我想不到貼切的形容詞。

我的第一項任務是要移除主電源切換裝置上的絕緣層，絕緣層移除後就可以用主機械手臂拆除裝置。電源切換裝置是一個巨型斷路器，可以把電力從太陽能陣列板輸送至各處的設備。拆除電源切換裝置的工作通常需要靠太空漫步，但我們想讓機械手臂代勞。

謝爾的第一項任務則是要在阿爾法磁譜儀（Alpha Magnetic Spectrometer，粒子物理實驗器材）上加裝熱隔絕毯。磁譜儀蒐集回報的數據可以幫助人類更認識宇宙，但這項實驗若要繼續運作下去，就需要避免陽光照射——器材目前的溫度太高了。磁譜儀是在二〇一一年由最後一艘奮進號太空梭載上太空站的，該次的任務指揮官是我哥。我倆都沒想到，五年後我會負責指揮延長磁譜儀壽命的太空漫步任務。

在這幾年當中，哈伯太空望遠鏡和磁譜儀等設備改變了人類對宇宙的理解。我們一直以為宇宙是由人類可觀察到的星體和其他宇宙物質（兩千億個銀河系，平均每個銀河系中有一千億個星體）組成的。但我們現在已經知道，人類所能觀察到的宇宙物質其實僅占全宇宙不到百分之五。找出暗能量和暗物質（宇宙中尚未被發掘的一切）是天體物理學接下來最大的挑戰，磁譜儀的功用就是要找出這些東西。

移除、收好電源切換裝置上的絕緣層算是難度較低的漫步任務，但在零重力的環境中，一切都知易行難——可以試想把行李收到釘在天花板上的行李箱內。在太空中，就連從事最簡單的工作都需要超高的專注力，這和在航空母艦上降落F-14雄貓戰機或降落太空梭一樣，需要聚精會神。只不過這次的太空任務中，幾分鐘的聚精會神還不夠，我必須一整天都保持在專注狀態。

漫步有三件最重要的事——繫繩（tether）、任務（task）、時間（timeline），我稱之為3T。我必須不時注意繫繩是否有確實勾穩，沒有什麼比讓自己活下去更重要。再來是「中程」目標，我必須專注處理手邊的工作，確實完成任務。最後，「長程」目標是要考慮太空漫步的時間規劃——什麼時間點該做什麼工作都需要預先定好，這樣我們才能妥善運用、分配有限的資源和氣力。

順利移除絕緣層並把它塞到袋子裡後，傳來了地面的聲音，恭喜我成功完成任務。辛苦好幾個小時後，我總算有機會深吸一口氣，然後在太空服內盡可能伸展一下筋骨，四處看看。太空人在完成階段任務後通常可以去吃個午飯，但今天的行程表上沒有午餐時間。我可以從頭罩裡的吸管喝點水，但僅止於此。我時間控制得很好，也還有很多體力。這次的太空漫步絕對會大成功，我心想。但隨著這天越接近尾聲，我也越清楚這般自信是誤判。

我的下一個任務是要處理端效器，也就是機械手臂的「手」。若沒有端效器，我們就無法抓住替美國區送上所需食物和其他必需品的太空船。安全固定好雙腳後，我忽然發現自己真是超級幸運：我正面朝地球。我可以一邊工作一邊看著地球從腳下經過。我好像李奧納多・狄卡皮歐在《鐵達尼號》中站在船首，覺得自己是世界之王。

上油占掉好長的時間，我知道自己肯定是來不及完成其他排定的工作了。謝爾的任務也花了很多時間，他要負責牽電纜線，這樣日後上站的新太空船才能順利對接。電纜線一點也不比我的油槍好掌控。我倆開始整理工具、準備收工回氣密艙時，距離上工時間已經過了六個半小時。與其再花好幾個小時勞力工作，我們必須把這些時間預留下來，以備處理突發狀況。

但我們眼前還有最艱難的任務需要解決：我和謝爾必須想辦法把自己弄回氣密艙。謝爾打頭陣，他穿著厚重的太空服滑入艙口，沒有勾到東西。進入太空艙後，他便立刻扣上腰繫繩。勾好之後，我把謝爾身上勾在站外的安全繫繩解開、勾在自己身上，再解開自己的繫繩。我雙腿往頭頂的方向用力一晃，翻了一圈進入氣密艙，這樣我便可以面向艙門然後把艙門關上。

雙雙進入氣密艙後，我倆早已氣喘如牛。關上艙門是必須確實執行的重要步驟，這比打開艙門還要困難，因為漫步任務已經把我倆弄得筋疲力竭。我現在根本手無縛雞之力。

關閉艙門的第一個步驟是闔上艙外的隔熱蓋。隔熱蓋暴露在強烈太陽光下，已經嚴重受損，成了洋芋片的形狀，很難密合，要用巧勁才能闔上。蓋上隔熱蓋後我們就可以連上太空站上的臍帶，讓太空站來提供太空服氧氣、水和電力，不用再仰賴太空服內建的資源。這也是個大工程，不過不到幾分鐘我倆就順利把臍帶接好了。

雖然身體已經疲憊不堪，我還是成功地把艙門關嚴、鎖緊了。氣密艙內的空氣在我和謝爾周圍嘶嘶作響。我倆費了九牛二虎之力才進入太空艙，上氣不接下氣。大約要等十五分鐘氣密艙內的艙壓才會和太空站達到一致，這段時間內，我們要做幾項漏氣檢測，確保艙門有正確關緊。等待過程中，我把鼻子抵在頭罩內建的小墊子（瓦式裝置〔Valsalva device〕，用來模擬手捏鼻孔）上，用力吹氣，試著平衡耳壓。這個動作花的力氣比我想像的還大，後來我才發現吹氣時我不小心吹爆了眼球血管。

到了此時，我們已經穿著太空服十一個小時。

回壓過程中我們一度斷了與地面的聯繫，代表這一小段時間內，太空總署的電視頻道不會即時播放太空人畫面，所以我們可以暢所欲言。

「幹！有夠操！」我說。

「真的，」謝爾說：「累爆了。」

我們都知道九天後我倆又得再出第二次漫步任務。

氣密艙開啟後，我們看見龜美也的笑臉，知道快要可以休息了。龜美也和歐雷仔細檢查兩副手套，拍下很多張照片傳回地面。太空服最脆弱的部分就是太空手套，很容易被割破或刮傷。地面的手套專家必須盡可能了解這次任務對手套造成的耗損。太空服尚未洩氣時比較容易觀察手套上的破洞。

我們兩名太空人準備好要卸下裝備時，龜美也先來幫忙拿下頭罩。取下頭罩一方面是種解脫，但一方面也代表空氣品質變差了——太空服內建的二氧化碳洗滌器比 CDRA 可靠多了。在地球上脫太空服雖然困難，但至少還有重力相助，把太空人的身體往地上拉。在太空中，我和身上的太空服一起飄浮著，所以會需要龜美也抓住太空服的袖子用力向外拉，同時還要他用腿把太空服的褲管朝反方向推下去。從堅硬的太空服上身把自己推出來，讓我聯想到分娩中的母馬。

脫去身上的裝備後，我才忽然意識到光待在太空服裡面就令人精疲力竭了，遑論我還得穿著它做一整天的苦工。我和謝爾到永久多功能貨艙脫下長內褲，丟掉髒尿布和生醫感測器。我們迅速「洗」了個澡（用溼布把乾掉的汗水從身上擦掉，再用毛巾拍乾身體），然後吃了十四小時來的第一餐。

那天晚上我們飄到俄國區小小慶祝一下。成功完成漫步任務和佳節、生日、新組員上站／離站一樣都是特別的日子，一定會伴隨著聚餐。但這次聚餐不會太久，因為我和謝爾都累了。我們邊吃飯邊聊著今天的任務：順利的地方、出乎意料的地方以及下次可以改進的地方。我知道謝爾還在懊惱自己不小心誤觸了水冷系統開關，所以我告訴他，他表現得很好。謝爾也知道我不隨便稱讚人。

我希望能鼓勵到他，讓他知道自己很棒。我也再次向龜美也道謝，也謝謝俄國太空人給予協助。這一刻，我們見證了站上組員的團隊精神、合作無間的力量，雖然今天是我這輩子工作最累的一天，但很值得。

大家互道晚安後，我滑入睡袋中，關上燈，試著讓自己入眠。明天會是謝爾、龜美也和歐雷在太空中待滿一百天的日子。我和謝爾會花點時間恢復體力，然後再開始準備第二次太空任務。下一次的任務內容會更複雜，也會耗掉更多體力。不過至少現在我可以休息了。本年的一項大工程終於結束了。

有天晚上我打電話關心父親，他說我媽的弟弟——丹尼舅舅過世了。丹尼舅舅一生都飽受骨疾之苦，所以他的死也不令人意外，但因為他只大我十歲，還是不免覺得英年早逝。在我和馬克大約十歲時，丹尼舅舅有陣子搬到我家地下室來住。因為丹尼比我媽小很多，年齡跟我和我哥比較相近，所以我總覺得他比較像是大哥哥，不是舅舅。死神不會因為我人在太空就對我的家人網開一面，生命也不會因此放慢腳步。我沒有機會和舅舅道別，而且在葬禮過很久後才會返回地球，這提醒了我，我所錯過的一切都回不來了。

幾天後，我叫住飄在美國實驗室的謝爾，問他能不能給我幾分鐘。我表情嚴肅地說我有事情要跟他說。

「關於下一次的太空漫步任務，」我語調嚴肅地說。我停頓了一下，假裝自己在找比較合適的說法。

「怎麼了嗎？」謝爾這次的回應聽起來有一點擔心。

「很抱歉，我不能讓你擔任二號艙外太空人。」第一次太空漫步時謝爾的角色就是二號太空人，我是任務組長，也就是較資深的一號太空人，雖然實際上我也和他一樣是第一次出到艙外。

謝爾的臉上滿是失望。

謝爾只說：「喔……。」

我覺得自己鬧夠了，便說：「謝爾，你要當一號太空人。」

這樣惡整他很壞，但他得知自己升格後鬆了一口氣的歡喜之情真是經典。謝爾之後還會出其他太空任務，未來也有可能會需要指揮太空漫步，所以這次擔任隊長對他而言會是寶貴的經驗。我相信他絕對有能力可以帶領漫步任務，所以才會請他負責。我們有很多準備工作要做。

十一月三日是美國的期中選舉（美國總統任期過半時舉行的選舉），所以我致電老家德州哈里斯郡的選務辦公室索取之前收到的PDF選票密碼。我投下自己的一票，寄回給選務中心。這次選舉沒有政黨候選人，純粹是公投。我在太空行使憲法權利投下神聖的一票，希望此舉可以讓人了解投票的重要（還有「不方便」並非是不投票的藉口）。

我在太空也關心時事，特別是政治新聞，看來明年的總統大選戰況絕對會是空前絕後。就像我從太空中觀看到的颶風一樣，一場政治風暴已經在地平線處成型，等著撼動往後好幾年的政治情勢。我非常關注民主黨和共和黨的黨內初選，即便我不是個愛擔心的人，卻也不免憂心了起來。我有時會在睡前去穹頂艙看看太空站底下的那顆星球。「下面究竟發生了什麼事？」我對自己喃喃說著。但我得專注在自己能掌控的事情上，也就是太空站的站務。

第16章

家人出事，你只能乾著急

二〇〇七年末我開始接受太空站任務的訓練，此次任務預計在二〇一〇年十月升空。國際太空站的任務分為很多梯次，每一梯次都有六名組員，我在站上的時間會橫跨探索二十五、二十六號任務。二〇〇八年，我開始和聯合號指揮官沙夏・卡勒里以及歐列・斯克力波奇卡共事，歐列是這次的飛行工程師，會坐在聯合號駕駛艙左邊的位置。沙夏是個安靜嚴肅的人，他是非常資深的俄國太空人，出過三次長期和平號太空站任務、一次國際太空站任務——總計六百零八天。沙夏也把他的老靈魂還有老派行事風格帶到了工作中。每個太空人都會帶個私物箱上聯合號，沙夏的箱子裡有幾支小小的蘇聯國旗。他好像很懷念共產社會體制，這對我來說當然很怪，不過我還是很喜歡他這個人。這次是歐列第一次出太空任務。歐列非常認真、準備周全，他在各方面都把沙夏當成學習的榜樣，而沙夏也把歐列當成自己的兒子或弟弟在照顧。

當然這並非我第一次和俄國人一起受訓。二〇〇一年，我接受了探索五號任務的後備組員訓練，而此次的前一號任務我也是後備組員，也和俄國人一起進行訓練。到現在我已經非常熟悉俄國太空總署和美國太空總署的行事風格，俄國和美國一樣很重視模擬器訓練，但比起美國，俄國較重理論不重實務，而且有點極端了。若是美國太空總署要訓練太空人寄包裹，就會拿個箱子，在箱子裡放東西，告訴你郵局的地點，然後給你郵資讓你自己去寄。俄國人會先從森林裡開始解說製造紙箱時要用什麼樹種做紙漿，然後戲說從頭，娓娓道來紙箱製作的歷史。最後你也是會學到寄包裹的相關資訊，不過前提是不能睡著。在我看來這種訓練體制好像是為了免責——訓練中每個環節的講師都要確保太空組員學到了他們可能會需要知道的一切，這樣如果到時有什麼閃失，就是太空人自己的錯。

在搭乘聯合號升空以前，我們需要通過口試，評分以一至五分計，就和俄國全國教育體制的評量方式一樣。我們在一大群將近二十名評審委員面前參加期末考。考試的現場還有一大群觀察員。我都私下稱期末口試為「當街斬首」。整個考試過程包含評分結束後的簡報，組員會趁此時努力爭取認為自己應得的成績，想辦法從考試犯的錯中脫身。吵著要成績的行為很像某種體育競賽，感覺上訴的方式也會納入評分項目。我向來不愛吵——評審委員要給我幾分我就拿幾分，因為我知道不管成績如何，不久的將來我都還是會出太空任務。

部分訓練會在別的場地進行，因為我們要學的東西包羅萬象，舉凡修繕站上設備和進行橫跨各領域的科學研究。某天在強森太空中心受訓時，一名材料科學家在教一群太空人如何使用站上一項新設備：可以在零重力環境中燃燒物質的火爐。學者一邊解釋零重力火爐的原理，一邊拿出一個高爾夫球大小的東西，他說這是從零重力火爐中「採集」而來的物質，還不斷重複說它「比鑽石還硬」。我覺得難以置信，便問講師是否可以借我摸摸。他笑了笑，把小球遞給我。

「這真的比鑽石硬？」我問。

他說真心不騙。

我把樣本放在地上，舉起腳跟對著樣本，用挑戰的眼神看著這位學者。

「踩吧！」他說。

我用腳跟狠狠踩下去，樣本破了，碎片在教室滿天飛。所以這根本不比鑽石硬。後來美國太空總署有些人只要講到我，就會講到這個故事。

俄國太空任務另一項特殊之處是，他們會替每個太空人量身訂製座椅內襯。我第一次擔任後備組員時，造訪了聯合號座椅和壓力服的製造商 Zvezda。俄國太空人在太空漫步時穿的太空服還有俄國軍機的彈射座椅也是由該廠商製造。我和一名美國太空總署的飛行醫師以及一名醫療領域的專業口譯員一起從星城跨越莫斯科郊區，舟車勞頓好幾公里來到莫斯科的另一端。進入戒備森嚴的工廠後，工作人員協助我進入一個像小浴缸一樣的容器裡，然後在我身體周圍倒入溫熱的石膏。石膏變硬後，工作人員扶我出來，然後讓我在一旁觀看一位滿臉風霜的老工匠開始製作襯墊。老工匠留著托爾斯泰的鬍子，活像個藝術家。我就這樣看著他長滿繭的大手掌，用靈巧的手指把多餘的石膏刮出來，做出完全契合我背部和屁股的模型。

數週後，我回到 Zvezda 試套剛做好的椅墊，試完後還必須進行令人心生畏懼的壓力測試——穿著量身訂做的太空服躺在量身定做的椅墊上一個半小時，而且太空服還是充氣密封狀態。我小腿的血液完全無法循環，躺在座椅上的姿勢成了一種難以言喻的痛苦折磨。俄國和各國的太空人都很害怕壓力測試，但如果有人提出質疑就會得到這樣的答案：「如果你現在都無法忍受這種痛苦，上太空要怎麼辦？」我懶得吵這事，但我覺得這句話根本不合理，因為在太空中，你會知道這種不舒適是為了保住性命，自然有辦法忍受。數週後，我又回到 Zvezda 做第二次壓力測試，這次得待在一個真空室裡。據說這個「儀式」的目的是為了增加太空人對太空服的信心。上述種種測試其實比較像是帶有傳承意義的典禮，並沒有實質上的必要。俄國太空計畫中還有很多其他類似的習俗。

我們在升空日的兩週前抵達了拜科努爾。升空當天早上，太空人穿好全副的裝備，進行漏氣測試，然後隔著一片透明玻璃板和最親的人說說話。我們搭巴士前往加加林發射台、在輪胎上小便，然後爬上太空艙。預備太空船的其中一道程序是設定氧氣系統，這是飛行工程師二號的職

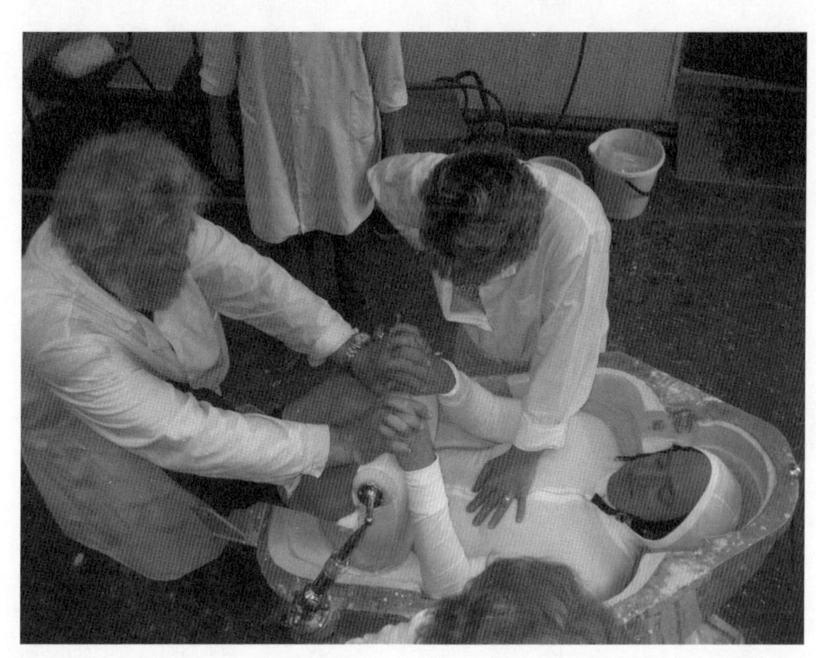

聯合號椅墊鑄模（圖：NASA 提供）

責，也就是我的職責。升空倒數進入最後階段，我正在處理氧氣閥門時，所有人都聽到了「嘰——」的好大一聲。我們猜大概是壓縮氧氣漏到座艙內了。果真如此。我立刻關上閥門，但每再打開一次閥門，就會漏出大量氧氣。然而要升空，氧氣閥門就必須在開啟狀態。

沙夏按照地面的指示試著控制情勢。他把氧氣導出艙門，引入上方的居住艙，再從軌道艙的艙門把氧氣放出太空船外。沙夏解開座椅上的繫帶，這樣才能坐直身子摸到頭頂的閥門。我看著液晶顯示器上的數據，與其注意艙內整體的氣體壓力，我特別留意氧濃度的壓力。我粗略心算了一下，覺得艙內的氧濃度快要到百分之四十，在這個濃度之下，很多材質只要接觸到小火花之類的點火源就很容易會燒起來。

所有太空人都知道阿波羅一號的組員就是因為座艙起火而喪生。當時座艙內充滿了純氧，一個小火花就使貼滿魔鬼氈的太空艙失火了。美國太空總署從那時起便改變了高壓氧氣系統的使用方式，也改良了阿波羅太空艙的艙門，讓艙門向外開啟——其他機型的載人太空船艙門也都一併改成向外開啟。俄國太空總署就不是這麼回事。聯合號的艙門是向內開的，所以如果發生火災，艙內膨脹的熱氣會把艙門往外頂，困在艙內的太空人將重演阿波羅一號事故。沙夏在座椅上晃著身子，試圖想要摸到艙門，座椅繫帶上的金屬扣環就這樣擦到了艙內的金屬器材。我心裡冒出一個非常明確的聲音：「現在待在這裡有點不妙。」

沙夏坐回來之後，起火的危機暫時解除了，我們便討論著目前的窘境。我決定閉口不談可能起火的風險。

「今天不能升空真是可惜。」我說。

沙夏也同意，他說：「我們會是一九六九年至今第一組取消升空的太空人。」這個數據頗為驚人，美國的太空梭任務常臨時取消，有時是在升空前幾秒，有時甚至是在主引擎已經點燃後才臨時喊停。

控制中心傳來的聲音打斷了我們：「各位，準備進行壓力服漏氣檢查。」

什麼？我和沙夏互換了一個「搞屁啊？」的眼神。只剩下五分鐘就要升空了。沙夏趕緊把自己繫回座椅上。緊急逃生系統已經啟動，如果不小心誤觸，聯合號的火箭就會無預警地把我們送上空中。如果還沒繫好安全帶就誤觸了系統，沙夏應該只有死路一條。我們闔上頭罩觀察窗，急急忙忙地走完漏氣檢查的各項步驟。距離發射剩下不到兩分鐘，我們準備好了。我們利用在地表上的最後這幾分鐘調整好坐姿。

搭乘聯合號升空的體驗和太空梭很不相同——聯合號座艙比太空梭駕駛艙小很多，也比較陽春，所以組員能做的不多。不過聯合號的自動化程度還是比太空梭高。太空梭固態火箭推進器的加速度無人能敵，發射的瞬間會以三千一百五十公噸的立即推力把我們推離地球，但就算不是搭乘太空梭，火箭升空還是一件大事。

太空船一進入軌道後，我們就被困在這個冰冷的小鐵罐中，整整兩天無事可做，只能等著上太空站。太空船在通訊範圍內進進出出，而且每九十分鐘就會日出、日落，所以我們很快就失去了正常的時間感，開始睡睡醒醒。居住艙內非常擁擠、簡陋，內部襯有鵝黃色的魔鬼氈，金屬框架或結構暴露出來之處馬上就結上了一層薄薄的水氣。我們也無法清楚看見地球景色，因為聯合號一直不停轉動，好讓太陽能陣列板對準太陽進行充電。我帶了 iPod，不過很快就沒電了。大部分的時間我都在軌道艙中浮著，就像小時候因為不乖所以放學後被留在學校一樣，盯著時鐘看，等著今天結束。對接的日子終於到了，我很興奮，但一看手錶才發現距離飄上太空站的時間還有十八小時。我心想：「可惡。」接下來的十八小時我能做什麼？答案是：不能做什麼，我只能飄著。我曾說過，在太空的每一天都是好日子，對此我仍深信不疑，但在聯合號上度過兩天實在不是好體驗。

多年後我才知道升空當天拜科努爾發射中心究竟發生了什麼事。當時發射中心有人表示偵測到異常，不過也提出暫時的解決辦法：旋開氧氣閥門，在閥門完全打開之前關上閥門，接著再完全旋開，這樣便可以修復閥門壓力。發射前數分鐘，時間一分一秒過去，發射中心內傳著一張紙，官員必須在紙上簽下准飛同意，代表自己知道氧氣漏氣的情形以及沙夏正在想辦法回復艙內的氣體壓力。身為艙內準備搭乘火箭升空的太空人，他們這種做法讓我很不放心。

當我飄過艙門正式加入站上探索二十五號任務小組時，我超級興奮，因為這次的長期太空任務總算正式啟動了。一路從營運總監到探索五號的後備組員、到哥倫比亞意外、到 STS-118 任務、攝護腺癌、第二次的後備訓練、到現在這項重大任務——十年就這樣過去了。

站上有兩名美國人和一名俄國人。道格‧惠洛克是這次探索任務的指揮官，他離站時會把國際太空站交接給我。第一次出國際太空站任務可以有道格這樣的人來領導相當不錯。道格的領導方針是無為而治，讓每個人去發掘自己的長才。

另一名美國同事是夏儂・沃克。雖然在這次任務之前我和夏儂並不熟，但在太空站上看到她時我還是大吃一驚，因為她變了好多。太空站上沒辦法染髮，這幾個月當中，她長出了不少白髮。夏儂受了聯合號左駕訓練，也就是說，她必須非常熟悉聯合號的作業系統，如果有任何緊急事故導致聯合號指揮官無法繼續執行工作，她才能順利接手。也因此她在俄國受訓的時間比我長。上了國際太空站後，夏儂的專業能力令我刮目相看。這是夏儂的首次太空任務，所以我剛上站時心裡覺得她是個菜鳥。但沒過多久我就發現她在太空的總工作時數幾乎是我的十倍，可以幫我很多忙。美國太空總署常會談到「遠征能力」，這個詞很廣義，包含自理能力、照顧別人的能力、必要時伸出援手或抽身的能力——是各種很難定義、很難傳授的「軟能力」的集合。遠征能力不足會造成很多困擾。夏儂是這方面的菁英。

嬌小精實、笑容燦爛的俄國太空人佛亞東・尤奇辛也已經在站上了。站上有兩名太空人曾與我同遊太空不只一次，其中一位就是佛亞東。佛亞東的雙親都是希臘人，在幾乎都是本籍的俄國太空人中是絕對少數。他對攝影很有熱忱，非常喜歡替地球拍照。他也很喜歡和同事分享自己的作品，有時根本不管同事當下在忙什麼。站上俄國太空人的工作排程比美國太空人鬆，一天當中，他們會有些空閒時間可以交際，浮在餐桌邊一起喝咖啡、吃零食，而美國太空人卻在一邊忙進忙出，形成可悲的反差。

這次任務中，我發現短訪太空和在太空中生活是兩碼子事。長、短期任務的工作步調不一樣，長期任務中，你會開始適應到處漂浮，睡眠品質和消化功能也都會變好。我的首度長期任務就這樣展開了，任務中最令我驚訝的是，原來只需要微微使一點力就可以在太空中移動或穩住身子。用手指或腳趾輕推一下，我就可以穿越艙段，抵達心之所向。

我上站後的第一項工作是修理一個叫「薩巴提耶（Sabatier）」的設備，這個設備可以結合CDRA用二氧化碳生成的氧與製氧設備產生的氫廢料，進而產生水。薩巴提耶是站上接近封閉的環境系統中非常重要的一環。我的工作內容是用流量計和其他診斷工具來調整系統設定，會費時好幾天。當時我覺得自己做得滿好的，但多年之後，當我有了更多類似的修繕經驗，這時再回頭看，我才意識到夏儂才是這項工作的幕後大功臣，她事先幫我準備好各種工具和零件，在我看似手足無措時伸出援手，在我沮喪時給予鼓勵。若沒有夏儂的協助，我根本不可能在任務初期就完成這項修繕工作。

在首度接手成為國際太空站指揮官的前夕，我過了第一個太空感恩節。隔天夏儂、道格和佛亞東就返回地球了，站上剩下我、沙夏和歐列。

數週後，新組員上站了。美國太空人凱蒂・科爾曼是美國空軍退役上校，有化學博士學位，後來我還發現她會吹長笛。有些共同朋友覺得我倆不適合共事，怕我會失手殺了她，因為我們的背景天差地遠，我是戰機駕駛員，凱蒂是科學家。不過我和凱蒂成為了很好的朋友，與她共事也很開心。有時我半夜三點醒來上廁所，會發現她在穹頂艙吹長笛。凱蒂教會我顧慮地勤人員的感受以及我自己的感受。也是因為她，我才明白了與公眾互動的重要性、讓地球上的人一同參與太空工作的喜悅。

義大利太空人保羅・內斯帕里是天賦異稟又幽默的工程師，他是第三名新組員。保羅非常高，高到聯合號有點容不下他，所以歐洲太空總署需要出資請俄國把他的座椅調斜，這樣保羅才有辦法舒適地待在太空艙中。

這次的聯合號指揮官是迪米區，他曾與我一同擔任探索五號的後備組員，十年前我們也一起接受過生存訓練。這是他第一次上太空。當年我們一同擔任後備組員時，迪米區曾經上陳，認為他才是國際太空站指揮官的最佳人選，因為他是聯合號指揮官，同時還有軍官身份。沙夏・卡勒里有非常豐富的航太經驗，所以更適任指揮官的職務，只不過他沒有軍人背景。迪米區很執著，認為自己的能力被低估了，於是義正嚴辭地寫了兩封陳情信給管理階層，說沙夏的表現不夠格，要求汰換組員。此舉嚴重違反規定，所以在往後的許多年中，迪米區都沒有被分派到太空任務，儘管他在技術面非常專業。

組員在出勤時處不來的事件時有所聞，但我個人是還沒有親身經歷過，直到這次。有天我飄到俄國區找東西，在俄國區的時候，迪米區正在忙著修理俄國的氧氣製造機「Elektron」，這台設備可以從水生氧。請求協助倒沒什麼不尋常，只是他問我的時候，沙夏人就在附近。沙夏好意主動提供協助，迪米區卻假裝沒聽見。這兩人的關係如此緊繃，卻還得一起工作、吃飯、睡在彼此上下方整整四個月，真是難以想像。溝通不良會使他們的工作窒礙難行，發生緊急狀況時還有可能會造成他們的生命危險——甚至我們的生命也會受到威脅。

我在太空中工作了幾個月後，有媒體開始報導沙夏・卡勒里上太空時帶著伊朗送他的《古蘭經》。謠傳這本《古蘭經》是針對近期九一一恐攻週年美國群眾燒毀《古蘭經》之回應。國際太空站計畫的管理階層想要知道謠言是否屬實。太空人辦公室主任問我是否知情，我說我不在乎組員帶什麼書上來，太空總署這麼在意這些枝微末節的小事讓我很吃驚。我說我不會過問組員帶了什麼私人物品，以為事情可以就此落幕。沒多久後，太空站計畫的管理階層便直接聯絡我，清楚明確地請我去查出沙夏身上究竟有沒有《古蘭經》。

若我有異議，通常也只會拒絕地面的要求一次，如果地面仍堅持己見，我便會依照指示完成工作，除非照做會有安全疑慮。比起在各種小歧異上和地面起正面衝突，我的做法輕鬆多了，這樣也可以省下精力，以備不時之需。但這次，我心裡還是非常抗拒。

隔天我飄到俄國區，看見沙夏在緊閉的俄國氣密艙中整理一件俄國太空服。

「沙夏，」我說：「依照規定我必須問你一個問題，但我個人一點也不在乎你的答案。」

「好。」沙夏說。

「我要問你站上有沒有來自伊朗的《古蘭經》。」

沙夏想了一下說：「這不關你的事吧。」他的口氣很和善。

「懂，」我回：「別想太多。」我飄回美國區，把他的回應回報給管理階層。從此之後我再沒聽人提起這事了。

二〇一一年一月八日，這天我在修理馬桶。我把馬桶拆開，然後把各部零件在我身旁固定好，以免它們飛走。現在我只能專心修馬桶，修完才能做其他事。若有需要，美國太空人也可以使用俄國區的廁所，但有點遠，半夜更不方便，而且會造成俄國區不必要的資源壓力。馬桶是其中一件我們特別留心的設備，如果站上兩個馬桶都壞了，還可以用聯合號上的馬桶，但撐不久。然後我們就必須棄船。如果在前往火星的路上馬桶壞了，又沒能修好，太空人就死定了。

我埋首工作，沒有注意到電視訊號斷了。在這裡斷訊是常有的事，只要太空站不在天線和通訊衛星的通訊範圍內就會收不到訊號，所以我沒想太多。但地面打了電話來。

控制中心告訴我，太空人辦公室的主任佩姬・懷特森要跟我說話，五分鐘後會打私線給我。我不知道她找我有什麼事，但知道絕對不是好事。

要揣測地面發生的緊急事故，五分鐘其實很長。也許是我奶奶走了。也許哪個女兒受傷了。我並沒有把無訊號的電視螢幕和這通電話聯想在一起，但其實美國太空總署是刻意切斷訊號，避免我看到新聞上的噩耗。

出這次任務之前，我決定在緊急事件發生時讓馬克當我的代理人。他是全世界最懂我的人，我也很相信他的判斷能力，他知道哪些消息需要讓我知道，什麼時候該告訴我，是該由他親自、讓飛行醫師或其他太空人來通知。馬克知道在緊急事件的時候，我會想要馬上知道所有訊息。

佩姬打來了。「我不知道怎麼說比較好，」她說：「所以就直接說好了，你大嫂嘉比中槍了。」我嚇呆了。這消息太令人震驚，震驚到感覺很不真實。佩姬說她只知道這麼多了，我說有什麼新消息請馬上告知我，不需要為了保護我而有所隱瞞。就算訊息仍有待證實或只是片斷資訊，我還是要知道。

掛掉電話後，我先告訴凱蒂和保羅，然後也告訴了俄國同事。我請大家不要擔心我，也告訴他們我需要一些自己的時間，主要是要用來打電話。每個人都震驚又難過。

我第一次見到嘉比就很喜歡她，這幾年當中對她的好感也有增無減。嘉比待人從不偏頗——她對身邊所有人都很有好奇心，不論出身背景，也不論他們支持的黨派。嘉比熱心助人，是亞利桑那州認真盡責的好議員，所以發生這種事情實在令人百思不得其解。隨機攻擊不該發生在任何人身上，但發生在嘉比身上又更令人覺得難受。

我打給馬克。馬克一邊和我講電話，一邊在休士頓匆忙地收拾著行李，準備盡快搭機趕往土桑。馬克和我說嘉比的參謀長琵雅．卡洛索尼（Pia Carusone）打電話告訴他這起槍擊事件。琵雅和馬克說嘉比是在公共場合中槍，事故中有多人受傷、身亡，嘉比目前狀況仍不明朗，所以要請馬可立刻來土桑一趟。馬克說好，掛了電話——然後又立刻回電給琵雅，請她重複再說一次剛剛說的話。自己的老婆中彈是件多麼可怕的事，所以馬克還反應不過來。他需要琵雅從頭再敘述一次才能確定這一切是真的。

我和馬克說好，要他一到土桑就盡快跟我通電話。沒過多久控制中心便打給我說，根據美聯社的報導，嘉比死了。

我立刻再撥了電話給馬克，但他已經和媽媽還有兩個女兒搭上了前往土桑的飛機。我們的好朋友提爾曼・費提塔出借自己的私人飛機，讓他們可以儘早抵達土桑。

我不斷想著我哥，不知道他現在心情如何，不知道他還能不能見到活著的另一半。我打給艾美和兩個女兒，告訴他們提爾曼說的話：雖然電視上那樣說，但嘉比不太可能已經死了。馬克甫一降落亞利桑那，我就立刻與他通上了電話。

「現在如何？」馬克一接電話，我立刻問：「聽說嘉比死了。」

「我知道，」他說：「我在飛機上有看到新聞，但我剛才和醫院聯繫過，新聞報導有誤，她還活著。」

胡思亂想好幾個小時，以為自己的至親死了，然後有人和你說對方還活著，這種解脫感實在難以用言語形容。我們知道接下來嘉比還得繼續努力和死神奮戰，但當時只要聽到她還有呼吸就是最好的消息了。

聽說事發當天，槍擊事件中還有另外十三人受傷、六人身亡，其中包括九歲的小女孩克莉絲汀娜-泰勒・葛林，她對政治頗感興趣，想見嘉比一面。那天我和馬克還有艾美通了好幾十次電話。

隔天，太空人和俄國總統普丁進行了視訊通話，這次視訊是很早以前就計畫好的。但我萬萬沒想到普丁總統本人會花這麼多時間與我交談。他說俄國人民都會在背後支持我的家人，他也會盡全力給予協助。他的話聽起來很真誠，我很感動。

週一，歐巴馬總統宣布了全國哀悼日，這天我也得在太空上帶領默哀。我很少緊張，但這項任務卻讓我倍感壓力。這將會是我的家族首度發表公開聲明。

到了預定的時間，我飄到攝影機鏡頭前。我花了很多心思撰寫這篇短稿，但我希望自己等等聽起來不會像是讀稿機，而像是發自內心，因為這真的是我的肺腑之言。

「這個早晨，在替土桑槍擊事件罹難者進行默哀之前，我希望可以花點時間致意，」我說：「首先我想說幾句話。在國際太空站上的太空人有著得天獨厚的視角，每每我望向窗外，都會看見一顆美麗的星球，引人入勝、寧靜祥和，可惜事與願違。」

「這些日子當中，我們不斷想起各種殘酷無情的暴力行為，以及人類對彼此可能造成的傷害。除了行為之外，不負責任的言語也可能會傷及他人。人類可以更好，也必須更好。國際太空站探索二十六號任務的太空組員和世界各地的飛行控制中心在此替這次事件所有的受害者默哀。我大嫂嘉比列・吉佛茲也是本起事件的受害者，她是位關心他人、認真工作的公僕。請與我一同，和站上探索二十六號任務的全體組員為這些人默哀。」

太空人何其有幸可以從高處俯瞰地球，從宏觀的角度觀看這顆星球還有共同生活在星球上的居民。我忽然有股非常強烈的感覺——我們一定要成為更好的人。

我低下頭，默想著嘉比以及槍擊事件的其他受害者。艾美說得沒錯，完成默哀的那一刻我自己會有感覺。我向休士頓道謝，然後回頭繼續完成當日的工作。太空站上的太空人按照原本的作息照表操課。但我知道在地球上，有些事已經再也回不去了。

我哥被派到總署的倒數第二個太空梭任務，負責送一些組件上國際太空站。預計發射日期是四月一日，槍擊事件後三個月都不到。嘉比的狀況已經穩定下來，但她有好多手術、治療要面對，還有好長一段路要走。馬克知道如果要放棄任務找別人當指揮官就要儘早決定，這樣新的指揮官才有足夠的時間完成訓練。

但也沒人知道究竟是太空總署的管理階層會做出最後決議，還是馬克可以自己決定，這種不確定感只會徒增馬克的壓力。槍擊事件剛發生的那陣子，馬克甚至不知道如果總署要讓他自己決定，他該如何選擇。嘉比受了這麼嚴重的傷，要經歷漫長的復原期，馬克當然希望從一開始就可以陪著她慢慢度過，但同時也覺得貫徹始終完成任務是他的使命。馬克和組員已經一起受訓好幾個月了，若是換人，新的指揮官絕不會像馬克一樣熟悉這項任務以及任務小組。我們在電話上討論過很多次，但最後，做決定的人是嘉比。她說如果槍擊事件剝奪了馬克最後一次上太空的機會，她會痛不欲生，她鼓勵馬克繼續執行任務。

太空人總是要做好因公殉職的最壞打算，所以馬克這次用新的角度想了想他對嘉比有哪些責任。前一次出任務，馬克把他自己該做的事都處理好，然後寫了一封信，如果真的不幸無法平安返航，就請人把信交給嘉比。但現在馬克不僅是嘉比的老公，還是她的主要照護者與精神支柱。如果馬克忽然走了，造成的傷害會更大。

每次和馬克討論到此次任務和他殉職的可能性，我倆都不禁覺得很諷刺。我們兩兄弟是太空人，常需要面對太空任務的死亡風險，但沒想到竟然是嘉比才真正在鬼門關前走了一遭。

二月，最後一次升空的發現號太空梭對接上了太空站。我在中層甲板四處看看，一陣懷舊忽然湧上心頭，我想起了自己在這裡的時光。太空總署的三架末代太空梭極為相似，特別是發現號和奮進號，這兩架機型在哥倫比亞號重組完成後也都做了類似的設備升級。不過各機型間還是有一些差異，搭過的太空人一眼就能看出來。好幾年前我搭奮進號出任務時，奮進號看起來還有種新車感，雖然那時奮進號也已經服役十六年了。發現號二十七歲那年成為最資深的航天器，在它的第三十九次和最後一次任務中，做太空艦隊的主力。奮進號歷久不衰，在我看來它就像是做工精緻的中古老車一樣，經典不敗，廣受喜愛。

我向上飄到駕駛艙，這次任務的駕駛員艾瑞克・博伊繫在座椅上，正在核對清單上的工作事項。艾瑞克和我打了招呼後，便繼續處理手邊的工作。

「艾瑞克，可以讓我坐一下你的位置嗎？我只是想感受一下。」

「你第一次升空搭的就是發現號，對吧？」艾瑞克笑了笑，讓出位置給我。

我飄上座椅，繫上帶子，仔細環顧自己以前的辦公室。我看著用來控制各種複雜系統的大量開關、按鈕、斷路器，以前這些都是我的職責。就這樣過好多年了。如果有機會可以再駕駛一次，我知道自己還是可以順利掌控發現號。我還記得坐在這個位置上那個年輕稚嫩的自己，現在的我已經不一樣，已經多了好多太空經驗。當時的我還不知道未來會是什麼面貌。

發現號組員出了幾次漫步任務，其中一次還需要替日本製作「瓶中信」。瓶中信不是科學實驗，就只是一個玻璃瓶。愛爾・德魯在外漫步時要找時間打開瓶口、把它「裝入太空」。瓶子返回地球後便會在日本各大博物館巡迴展出，藉此激發學童對太空任務的興趣（我是不確定小孩看到一個空瓶子究竟可以多興奮）。太空漫步結束後，瓶子回到了太空站上，日本的控制中心想要知道我是否有「好好保護」瓶子（我要負責用膠帶封好瓶蓋，確保瓶蓋不會不小心打開）。我當時正忙著處理一堆事，但日本控制中心一直反覆追問。當我接上了太空對地面的通訊頻道，說：「瓶中信目前在發現號上，我剛打開檢查確認瓶內沒有東西。」另一頭驚嚇沉默了好長一段時間。接著我說：「騙你的。」

發現號載著該組組員返回地球後，引擎就會被拆下，送至位於華盛頓特區的史密森國家航空和太空博物館，於該館永久展示。發現號是史上升空最多次的太空梭，我想在未來好一段時間內應該都不會有新的太空船可以打破這個光榮的紀錄。

我和沙夏還有歐列預計會在二〇一一年三月十六號返回地球。我從未搭乘聯合號重返大氣，不知道到時會是什麼感覺。美國太空人常會討論搭乘太空梭返航的體驗，但卻從沒聽人聊過聯合號降落，背後是否有什麼奇怪的原因，我也不知道。

其中一個原因可能是，一直到很近期才開始有曾身為試飛員的太空人駕駛聯合號。沒當過試飛員的太空人可能不像美國的太空梭駕駛一樣，對太空船的性能好奇到幾近癡迷。關於搭乘聯合號重返大氣，我從很多不同的人身上得到了很多不同的心得，有人好像覺得很可怕、有人則覺得沒什麼、有人甚至覺得很好玩。

降落那天大家都很擔心天氣，因為降落地點下著暴雪。我們的座艙撞上了結凍的哈薩克沙漠大草原表面，彈了起來、翻了幾圈，然後被座艙降落傘拖行約九十公尺。我從沒經歷過連續翻滾的車禍，但我想這次的聯合號降落體驗應該相去不遠——是個劇烈的大撞擊。不過滿刺激的。

最後，救難小組總算套牢了降落傘，在我們的座艙被拖得更遠之前控制住情勢。沒多久後，艙門打開了，暴雪吹入了座艙內——這是我六個月來首度呼吸到新鮮空氣，真是超級清新。我永遠不會忘記那一刻的感受。

• • •

返回地球幾天後，我和艾美一起到荷曼康復紀念醫院探視接受治療中的嘉比。看到嘉比時我很震驚，因為她整個人都變了。嘉比坐在輪椅上，戴著保護頭部的安全帽，因為她有一小塊頭蓋骨被打掉了，這樣才能預留空間給腫脹的大腦。嘉比的頭髮很短，是當初為了腦部手術剃掉的，她連五官也看起來不一樣了。我花一段時間才意識過來，原來發生在她身上的慘劇是這麼可怕。她不但身體外觀改變了，也不能像以前一樣侃侃而談。嘉比有時會出現欲言又止的神情，當我們全轉過去看著她等著她發言時，她會說出：「雞。」就只有雞。這不是她想說的！嘉比對自己翻個白眼，然後再試一次。

「雞。」

我能察覺嘉比的挫折，畢竟她以前可是常在上千名聽眾前發表激勵人心的演說，還能藉此替自已贏得選票。馬克告訴我們嘉比現在有失語症，這種溝通障礙影響了她的表達能力，即便她的語言理解能力和智力都沒有受到影響。不過最重要的是，她的個性還是一如以往。嘉比聽得懂我們對她說的所有話，但要她把想法轉換成語言則是難如登天。

事後我和艾美在討論嘉比的復原情形時，艾美說嘉比才剛受了重傷，現在這樣的狀態已經很棒了。艾美也提醒我，當初她姊姊車禍腦部受到重創，花了好長一段時間才重新學會走路、說話，回復原本的性格。艾美並不是過度樂觀的人，但以往的經驗告訴她，人類在遭受重創後還是可以恢復得很好。嘉比仍保有原本的性格，從這點可以看出她的復原指日可待。

艾美說：「我在嘉比身上看見嘉比。」她說對了。

之後過了不到兩個月，我就和嘉比一同站在甘迺迪發射控制中心的屋頂，看著奮進號最後一次升空，馬克是該任務的指揮官。這不是嘉比第一次現場觀看太空梭升空，當然我自己也見證過很多次，但這個體驗永遠不會膩。地面震動、太空梭引擎的馬力撥弄著空氣、火箭的火焰在空中燒出炙熱的橘色光芒。看著高樓規模的物體靠著內建的火力以超音速筆直升空，總是很撼動人心，尤其上面還載著你認識、在意的人，更是如此。那天雲量很低，奮進號向上衝破雲層，短暫地把雲染成了橘色，然後消失在空中。八分鐘後，奮進號就進入了環繞地球的太空軌道。

馬克決定照原計畫完成任務的當下，嘉比也決定要趕快好起來，希望可以飛到佛羅里達觀看升空典禮。這是非常大的決心，而嘉比辦到了。她今天能站在這裡，和太空梭升空一樣令人欽佩。挑戰困難的勇氣，讓嘉比更有活力。

沒多久後，太空梭照著哥倫比亞事故調查委員會的決議正式退役了。我很傷心。太空梭是多功能的特殊太空載具——可以承載極重的貨物、是科學實驗室、也是可以修復毀損衛星的航天服務站。我學會駕駛太空梭，也愛上了太空梭，我想此生應該再也不會見到可以與太空梭相比的航天載具了。

二〇一二年，美國太空總署得知俄國人要送一名太空人上太空站生活一年的消息。俄國此舉是為了後勤的因素，跟科學實驗沒有關係，但一旦他們做出了這個決定，美國太空總署就會處在一個尷尬的狀態，要不就得解釋為什麼沒有美國太空人接受同樣的挑戰，要不就也得宣布讓美國太空人出為期一年的任務。太空總署選擇了後者，實為可佩。

美國太空總署宣布了為期一年的太空站任務後，就要開始選派適任的太空人。一開始我不確定自己是否想接受挑戰。當時在太空站上那一百五十九天，實際感受其實更久，我仍記憶猶新。我曾經搭乘航空母艦出勤六個月，非常漫長，但在太空上六個月的感覺又會更無止盡。所以我心想，若要在太空站待上十二個月，心裡的感受應該不會只覺得任務天數變成兩倍，而是無限加乘。我一定會很想念地球上的家人。我也知道，若是我不在的期間，我所愛的人遭遇不幸，感覺會是多麼難受，因為我已經經歷過一次了。

不過我在很久以前就下定決心，不管面臨什麼挑戰都要正面迎擊。這項為期一年的任務會是我有生以來最艱難的工作，反覆考慮後，我覺得自己願意做萬中選一的那一位。

對此任務感興趣的太空人很多，畢竟太空任務的機會並不常有。這次的篩選有很多不同的條件：候選人需要有出長期任務的經驗、要有太空漫步的認證、要能擔負指揮官的職責、健康檢查結果要符合規定，還必須空出一年的時間離開地球。篩選如此之嚴格，最後符合條件的只有兩名太空人，一名是我的同梯同學傑夫・威廉斯，另一名就是我。

太空總署同時也在尋找新的太空人辦公室主任，因為原主任佩姬・懷特森為了申請一年的太空任務，早已辭去了主任職。我在主任職缺申請名單上填了自己的名字。面試時，總署問我比較想當辦公室主任還是比較想在太空待一年。我不假思索立刻回答：「辦公室主任。」我覺得自己之後應該還會有其他機會上太空，但可能很難有機會擔任主任了。我想總署確實有把我的個人偏好納入考量，但最後管理階層還是做出相反的決定。幾週後，我得知自己將要在太空中展開一年的生活了。

被指派任務後才過了二十四小時，我又接到通知。總署表示進一步評估過後，他們認為我的健康條件不甚理想，決定改送傑夫上太空。上次任務期間我的眼睛出了問題，太空總署不想冒險再送我去一次。在太空待上超過六個月，我的眼疾有可能會無預警加速惡化，造成不可逆的傷害。我覺得總署有點大題小作，應該沒這麼危險才對。我很沮喪，但還是接受了這個決定。

那天晚上回到家，我和艾美說我因為健康問題而失格。出乎我的預料，艾美並沒有露出失望的神情，反而一臉困惑。

「所以他們要送上去的太空人，出過兩次長期太空任務，但視力都沒有受損？」她問。

「是啊！」我說。

她又問：「但如果任務目的是要研究長期太空任務對身體造成的影響，那為什麼選擇送上一個對研究項目沒有反應的人呢？」

這是個好問題。

「我認識你這麼久，從沒見過你面對拒絕時這麼快妥協。」

那天晚上艾美睡著後，我拿出一大疊（約六十公分高）的總署健檢報告，讀著自己這幾年當中的健檢資料。出長期任務時，我的視力有些受損，但不嚴重，重返地球後就回復正常了，不過有些結構性病變還是伴隨著我。艾美說對了，從視力不會受太空任務影響的人身上能研究到的東西不多，我比較適合做這項研究的受試者。我決定向管理階層提出這個看法。而他們聽了我的想法後竟然改變了決定，也讓我很吃驚。

接下來總署將招開記者會，宣布一年太空任務的組員——我和米哈。在準備記者會的過程中，我隨口問了關於基因遺傳研究的問題。我提了一件總署從未討論過的事情：在這一年當中，馬克會是很好的控制組。沒想到我這麼一提，竟激起了巨大的漣漪。太空總署是我的雇主，所以依法不得詢問我基因相關問題。但因為我本人提出建議，研究內容便就此改變了，於是這次任務會一併研究太空任務對基因所造成的影響。雙胞胎研究成了站上其中一項主力研究。很多人以為我被派上這次任務是因為我有同卵雙胞胎哥哥，但這一切其實只是偶然。

二〇一二年十一月，總署正式對外宣布為期一年的太空任務，組員是我和米哈。

一開始，我對要離開地球一整年並沒有特別深刻的感受，到了升空前幾個月感覺才比較強烈。

二〇一五年一月二十日，我受歐巴馬總統之邀參加了國情咨文。總統計畫在演說中提及我的一年太空任務。和國會議員、參謀長、內閣還有最高法院一同聚集在國會殿堂中，實屬無比殊榮。我坐在會堂二樓，襯衫和領帶外罩著太空總署的淺藍色外套。總統於咨文中陳述著一年任務的各項重點目標（要想辦法解決登陸火星時可能會遇到的各種問題），然後點名我。

「隊長，祝好運！」總統說：「記得更新你的ＩＧ！我們以你為榮！」

在場的議員全體起立鼓掌。見證政府官員上下齊心（就算其實只是身體聚在同一個空間裡也好），令人非常感動。可以親臨此地，感受各黨派對太空總署的同心支持，真的很棒。

第17章

完全馴化的「太空生物」

ENDURANCE:
A YEAR IN SPACE, A LIFETIME OF DISCOVERY

二〇一五年十一月六日

十一月我的攝護腺手術就屆滿九年了，我想著自己被診斷罹癌到完成治療後，總計有超過一年的時間是在太空中度過的。我不覺得自己是「癌症生還者」，比較像是一個攝護腺不巧有癌細胞，所以只好進行切除手術的人。如果我的故事可以啟發他人（特別是孩子們），讓大家明白即便是遭遇困難，仍可以成就大事，那也值得了。

我和謝爾再一次花好幾天準備太空服和漫步器材、複習工作程序，並與地面的專家開會。這次的漫步任務有兩個主要的工作：一是重新校正一個冷卻系統，使其回復原始設置，這樣就可以多出一個備用散熱器以便未來不時之需，另外一項工作是要在該冷卻系統中添足氨氣（太空站使用高濃度的氨氣來冷卻電子設備）。這兩項工作聽起來不怎麼有趣，在許多層面也確實枯燥無味。然而太空站的冷卻系統對於未來的太空之旅也會有相當深遠的影響。試想在太空中航行的巨型金屬，每九十分鐘內就有四十五分鐘要接受炙熱的陽光直射，沒有大氣保護，其上的太陽能陣列板還必須不斷供電。我和謝爾今天的工作就是要確保冷卻系統可以繼續運作下去，這只是一小步，卻和過去幾年中無數美俄太空人進行的漫步維修工作共同集合，成為建置太空站這個大工程的一大步。

第二次太空漫步就這樣展開了。和頭一次一樣，我們起了個大早、快速吃過早餐、預先吸飽了純氧、整裝待發。今天我決定戴眼鏡，因為第一次出站時，我發現觀察窗上的菲涅耳透鏡沒有想像中好用。上次漫步任務時，我手邊其中一項工具的繫繩忽然纏住了，但我看不清楚打結處，無法好好順線，好險當時繫繩神奇地自己解開了。戴眼鏡有一定的風險——如果眼鏡滑掉，我頭上戴著頭罩也無計可施。不過我也有因應之道，我把眼鏡黏在頭上。光頭最適合貼眼鏡。我很後悔當初沒有試著適應隱形眼鏡。

我戴上通訊設備，把身上所有癢的地方都抓了一輪，然後封好頭罩。我和謝爾進入了氣密艙。這次，我知道我倆都絕不會再不小心先開了水冷系統，我也知道自己不再需要跟開關艙門奮戰，因為這是一號太空人的工作。

今天的工作地點在桁架末端，桁架末端距離氣密艙有四十六公尺左右——遠到得把兩條安全繫繩接在一起才能抵達。我們開始在軌道上一手一手朝著工作地點移動，此時我又再一次注意到微流星體和太空垃圾對太空站外部造成的損害。金屬把手上的大洞很深，簡直像是彈孔，真是大開眼界。再次見到這千瘡百孔，我驚懼依舊。

負責指導今天任務的地勤是與我有十五年交情的退役太空人梅根・麥克雅瑟。梅根被太空總署選上時只有二十八歲，成為當時最年輕的太空人，但她總是沉著冷靜、充滿自信，就算在高壓的工作環境中也是如此。她今天會在地面給我倆指示。在梅根的協助下，我和謝爾把自己的身體還有工具都移到了工作地點。

今天的第一項任務需要兩人協力完成：移除一個金屬箱上的蓋子，然後轉開一個閥門上的螺栓、釋放氨氣。我和謝爾的工作節奏很一致，彷彿彼此可以讀透對方的心意，而梅根也好像就在我們身邊一樣，默契很好。三人合作無間，效率出奇地高。

蓋回箱子的蓋子後，我和謝爾便分頭處理各自的工作。謝爾留在原處重新設置氨氣管線，我則移往太空站桁架後方處理排氣管線。兩項工作的難度都很高，我倆都埋頭苦幹著。太空站上的氨氣可不是外婆家水槽下用來清潔的氨化物，站上使用的氨氣濃度是家用氨的好幾百倍，足以致命。如果氨氣不小心流入太空站內，我們全都會在幾分鐘內死光。氨氣外漏是緊急事故，我們也做過充足的相關預演。在處理冷卻系統和氨氣管線時，一定要一次搞定，還得特別留心，千萬不可讓太空服沾上氨氣。

我在第一次太空漫步時學到一件事，就是出站到太空工作需要百分百的專注力。每次要調整繫繩、移動迷你工作台上的工具或只是稍微移動身子時，我都必須全神貫注，確認自己是否在正確的時間用正確方法完成該完成的工作，還要再三檢查身上的繫繩沒有纏住、身體沒有飄離太空站、沒有掉工具。

幾個小時後，我飄去處理組員暨設備移動輔助器，這個輔助器有點像是早期鐵道上會出現的老舊手推車。輔助器的設置是為了方便太空人在桁架上面上下移動大型器材。我得固定輔助器的剎車手把，這樣才不會有人不小心鎖住剎車。在規劃這次漫步任務時，我曾質疑這項工作的必要性。這次外出的主要目的是重新設置氨氣冷卻系統，輔助器相對而言是個枝微末節的小事，為了完成這項工作，我還必須遠離謝爾。如果我的夢境成真，謝爾碰上了麻煩，我會遠水救不了近火。飛行總指揮還是認為我們可以兩項任務都完成。

我一步步埋頭完成剎車把手的工作。我只能靠一己之力完成這項任務，因為梅根正在專心指示謝爾如何處理他手上複雜的大工程。我一邊工作一邊還能聽見謝爾和氨氣管線奮戰的聲音。就連謝爾這麼壯碩的男子要完成這個任務也非常吃力，何況這項工作還牽涉到很多複雜的技術，要接上管線或拔掉管線都得向上爬二十步，同時還要留意是否有氨氣噴出沾染太空服。每次我聽見謝爾糾結於某個步驟時，都會再次質疑自己到底為什麼會在這裡處理輔助器，而不是在一旁協助謝爾。

好不容易完成份內的工作，我檢查過工作地點、確認沒有異狀後，便飄回桁架末端幫忙謝爾。我一手接著一手，花了幾分鐘才把自己拉回謝爾身邊。我檢查他身上的太空服，看看是否有氨氣造成的黃斑。謝爾的太空服上有幾處斑點，但細看後便發現染色處底下還能看見太空服的材質紋理，所以不是氨氣造成的。我很開心自己當時決定要戴眼鏡，截至目前眼鏡都還沒滑掉也沒起霧，否則我就無法分辨這些斑點了。氨氣系統準備好要排氣了，謝爾打開閥門，迅速移開身子。高壓氨氣流從太空站後方迅速竄出，就像一片巨大的雪雲一樣。我們看著陽光攫住這片大霧，氣體微粒在漆黑的太空中閃閃發光。我倆在原地飄了幾分鐘，細細品味這意外的美景。

排氣差不多完成後，梅根指示我倆分頭工作——謝爾留在原地清理排氣系統，我則要回到太陽能陣列板處，移除並收好稍早裝好的氨氣跨接線。太陽能陣列板朝著同一個方向不停地轉動著，每九十分鐘轉三百六十度，這樣才能保持對準陽光，還一邊同時把電力下傳至太空站。梅根一步步指示我完成工作。其中一個接頭讓我很苦惱。

「梅根，在整捆線都拉到桁架末端的狀態下，我應該要能看到白色那條帶子嗎？」我問。

「要，」梅根回：「要能看見往前的那條白色帶子才對。」

我繼續埋首工作了好幾分鐘才把一切設定好。

「好了，」我回：「看到往前的白色帶子了。」

「好的史考特，收到，現在能看見往前的白色帶子，可以開始檢查掣動按鈕是否沒有按下。」

「沒有按下。」

梅根的聲音再傳來時，我發現她的口氣有了微微的變化。

「請你們先停下手邊的工作，待我進一步指示。」

梅根沒有說暫停工作的原因，但我和謝爾都知道一定是控制中心跟梅根說了些什麼事——需要飛行指揮緊急應變的事，有可能是會危及太空人安全的事件。梅根也沒讓我們晾著太久。

梅根說：「兩位，目前從動量管理的角度來看，我們有姿態控制失常的可能。」這句話的意思是負責控制太空站姿態（我們在太空中的方位）的動量控制陀螺儀被剛才排出的氨氣充滿了。我們的姿態很快會偏掉，那時和地面的通訊也會被切斷。如同預期，情況危急。

梅根繼續說：「所以我們要請謝爾放下手邊的工作，往散熱器移動，要請你重新部署散熱器。」如果我們無法固定好這台散熱器，就必須把它放回延伸的位置。

「收到。」謝爾果斷地回應。

梅根說：「從工作進度來看，你們應該大概知道目前該做什麼。謝爾，你最後還是要回去把排氣工具清乾淨。史考特，你繼續處理跨接線，但今天你就不用固定、包覆散熱器了，時間不夠。」

我和謝爾都表示收到。陀螺儀事件事態嚴重，我們只好被迫改變工作進度。就算其他的一切都非常順利，只要聽到陀螺儀快被氨氣充滿時，所有太空人都會忍不住說出：「幹，慘了。」當然太空站並不會像雲霄飛車一樣失速旋轉起來，但和梅根還有地面各領域專家斷了聯繫可不是好事。加上我們兩個又身處站外，通訊若在此時出了問題根本就是雪上加霜。這次漫步之前我們做了周全的準備，但完全沒有討論到氨氣排放導致姿態失控的可能性。

休士頓討論著要把姿態控制的工作移交給俄國區。俄國用推進器燃料來控制太空站姿態，這種做法比較粗魯一點。工作移交不會那麼快，在等待的過程中我們可能就會跟地面斷了聯繫。更甚，俄國的推進器使用自燃燃料，毒性非常強，還會致癌。如果太空服沾上了燃料中的聯胺或四氧化二氮，這些化學物質就會跟著我們回到太空站上。

但姿態控制非常緊要。如果無法聯繫上地面，我們就會斷了與休士頓、莫斯科還有世界各地所有太空站的連結，能維持太空人生命的各路專家全都在這些地方。我們身上的太空服、站上的生命維持系統、未來要送我們回地球的聯合號、我們上站的主要目的——科學實驗，這些領域的專家全都要靠通訊系統跟我們聯絡。通訊系統是我們跟地球唯一的連結，所以我們必須冒這個險。

我心想，我和謝爾在外孤立無援。地面想要幫助我們，但我們不一定能聽見他們說話。太空站上的同事會盡全力確保我倆的安全，但又不在我們身邊。我們只有彼此，生命也掌握在彼此手中。

我們依照地面指示把備用的散熱器部署回延伸位置，因為要把它固定好再包上隔熱裝置實在太耗時了。在未來的漫步任務收回這台散熱器之前，這個部署位置不會有安全疑慮。我們在外面已經快要七小時了，按照原計畫本應準備返回氣密艙，但我們距離氣密艙還很遠，有很多工作沒有做完，還不能回去。我們開始整理工作地點，逐項檢查工具袋和迷你工作台，確認沒有漏掉任何東西。所有東西都收好、檢查完後，我們便一手接著一手開始辛苦地朝著氣密艙往回走。

到了大約半路時，耳機又傳來梅根的聲音。

「史考特，如果你願意的話，我們希望你回到排氣閥門處檢查設置是否正確。專家在地面看到的數據有點怪。」

這是個簡單的要求，但梅根的口氣透露了很多含意——她要我知道這不是強制任務，我就算拒絕也沒有問題。這項工作留給下個月升空的太空人來完成其實也沒有關係。梅根知道我們已經在外面很久，早就累壞了。我的身體很痛、雙腳冰冷、指關節都快磨破了（出漫步任務時，雙手要承受很大的壓力，有些太空人甚至因此掉指甲）。我冒汗冒了好一陣子，嚴重缺水。在我倆安全上站之前還有很多事情要做，而且這段時間當中如果有什麼意外情況發生的話，也必須處理。

「好，沒問題。」我說。

我一整天都試著說服自己還頂得住，自己還有很多體力。我和謝爾若要活下去就需要突破身體極限。我成功地說服了自己，於是也成功說服了地勤團隊。

我再次回到桁架後方檢查排氣閥門。現在太空一片黑暗，溫度也開始驟降。我不想浪費氣力調整太空服的冷卻系統，這動作雖簡單，卻會對雙手造成極大的負荷。

我在黑暗中翻了過來，頭上腳下。我就像在混濁的水域中潛水一樣，只看得見近在咫尺的東西，而且完全失去了方向感。黑暗中的一切看起來都好陌生。

我開始朝著自己認為正確的方向前進，移動到一半才發現弄錯了，但我現在不確定自己究竟是頭上腳下還是右側朝上。我把哩程數據（把手上的讀數）讀給梅根，希望她可以幫我判定我身處何方。

「黑暗中一切都長得不一樣了。」我告訴梅根。

「收到。」她說。

「我不夠靠近站尾嗎？」我問：「我先回安全繫繩處好了。」我想如果可以回到扣上繫繩的地點，就可以弄清方向。

梅根開玩笑說：「我們已經傳喚太陽升空，不過還要再等五分鐘它才會出來。」

我朝著自己覺得是地球的方向看，希望可以一瞥黑暗中約四百公里下的城市光線，藉此弄清方向。如果知道地球在何處，我就可以知道自己位在桁架的哪個部分。我環顧四周，只有一片漆黑。可能我正看著地球，但因為太空站剛好經過廣大無邊的太平洋上方，所以沒有光線，也有可能我只是在看著太空。

我回到扣上繫繩處，但到了該處之後我才想起，當時負責扣繫繩的是謝爾不是我，所以我對該區環境不甚熟悉。我對方向仍無頭緒。我飄了大約一分鐘，思考著等一下該怎麼做。

「史考特，你能看到多功能貨艙嗎？」

看不到，但我不想放棄。我看到一個繫繩，好像是謝爾的，如果是的話，我也許可以用來判別方位。

梅根說：「史考特，我們要請你返回太空站了。這項工作不做沒關係，你可以開始往繫繩的方向移動，準備回氣密艙了。」

就在這時，我在頭頂看到了一絲光芒。起初我不確定那是什麼光，因為我以為自己頂著一片漆黑的宇宙。但定睛細看後，我便知道這是城市之光，是中東、杜拜、阿布達比沿著波斯灣，抵著漆黑海水和大沙漠發出的光線，錯不了。

城市之光幫助我重新找到方向，原來我剛才指上為下了。然後我出現了一種詭異的感覺，好似體內有個陀螺儀，正在自行校正方位。這一瞬間我弄清了自己的所在，也知道自己該往哪裡去。

「我看到多功能貨艙，我想應該不遠了，」我告訴梅根：「我可以去，如果你們願意，我想完成任務。」

一陣沉默。我知道梅根現在正和飛行指揮商討是該繼續任務或要請我回站。

「沒問題，史考特，就聽你的，你願意繼續完成任務我們都很高興。」

「好，我現在狀態很好。」

抵達工作地點時，太陽總算從地平面升起了。梅根一步步帶著我設定氨氣桶上的排氣閥門。工作完成後，梅根叫我倆返回氣密艙。

我爬入氣密艙，這次換我打頭陣，我先把自己的繫繩勾好再讓謝爾進來。謝爾在我後面擠了進來。在謝爾努力關上艙門的同時，我試著把氧氣和冷卻系統的帶子接到自己的太空服上。但我的手已經沒力了，根本不聽使喚。我努力試了整整十分鐘，此時謝爾已經移到可以清楚看見接頭的位置，幫我接好。二人同心，其利斷金。這就是為什麼太空漫步一定要兩人一組。

謝爾關上艙門，流入艙內的空氣在我們周圍嘶嘶作響。謝爾太空服內的二氧化碳數值有點高，所以當氣密艙回復到正常艙壓後，龜美也和塞吉便立刻先幫謝爾取下頭罩。要等十分鐘後龜美也才能來幫我拿掉頭罩。我和謝爾貼在牆上，牆上的架子固定住我們的太空服，我們面向著彼此。此時我們已經在太空服裡面待了將近十一個小時，我飄著等待同事幫我取下頭罩，我和謝爾沒有交談，只有眼神交會——就像當你和某人在熟悉的路上開著車，一邊聊著五四三，忽然只差一毫秒就險些攔腰撞上眼前經過的火車，這種時刻的眼神交會般。我倆知道彼此都超越了自己的極限，也險些命喪黃泉，這是我們共同的生死交關經歷，眼神說明了一切。

龜美也從我頭上舉起頭罩時，我和謝爾總算可以不隔著透明塑膠窗，直接看著彼此了。我們仍覺此時無聲勝有聲。

謝爾露出精疲力竭的微笑，對我點點頭。他的臉上滿是汗水。

幾個小時後，我和謝爾在美國區實驗室中相遇。「我無法再來一次了。」我說。

謝爾說：「我絕對不要再來一次！」然後瘋狂大笑。

・・・

幾天後，我起床時發現行事曆上出現了美國眾議院科學、太空與科技委員會（U.S. House of Representatives Committee on Science, Space, and Techology）的活動，我和謝爾都得參加。這麼重要的大事我倆竟然事前都沒有接到通知，也沒有預留緩衝時間給我們。我這天工作排程很滿，根本沒機會準備。更慘的是，與地面接上線後我們才發現這是一場社區公聽會，我倆的回答會被當作證詞。我很生氣，公共事務部門竟然沒有事先警告我要在太空總署監督委員面前提供證詞，並且我的證詞還會用來決定之後的經費。但我必須暫時放下情緒，假裝自己已經做好充足準備。

我和謝爾回答了一系列問題，解釋太空站上的工作——我倆參與的生物醫學實驗，還有萵苣種植。其中一個委員提到美國現在和俄國「地緣政治關係緊張」，希望可以知道俄國太空人是否有管道能取得美方的數據。

我向委員解釋，太空站上的國際合作其實可以緩解緊張情勢。「夏天時有六個禮拜的時間，我是站上唯一的美國人，當時站上另外還有兩名俄國同事，」我說：「如果我遭遇什麼事故，就必須靠俄國同事相救。我們關係非常好。我認為太空站上的國際合作會是本計畫的一大重點。」

其中一位委員代表布萊恩•巴賓恰巧是名牙醫。強森太空中心位在他的選區內。布萊恩很關心我們的口腔健康，我們向他保證自己都有定時刷牙、使用牙線。最後一個問題和火星有關——科羅拉多州一名代表表示，二〇三三年時，星球的排列位置將有利於火星探索。「你們認為有可能做到嗎？」他問。

我告訴他我個人認為有可能，也告訴他探索火星最需要克服的問題就是經費。不用再多加解釋他就明白我的言下之意了——如果委員會提供總署經費，我們就能上火星。「我覺得這是項值得投資的任務，」我說：「投資太空任務有許多有形、無形的好處，我想火星是個不錯的目標，也認為登陸火星絕對有可能。」

十二月六日，天鵝號補給艦順利升空。這款天鵝號多了一個壓力艙，可以承受比以往多百分之二十五的重量。這是升級後的天鵝號第一次升空。這個太空艙以水星計畫的太空人為名，是迪克・斯雷頓二號。除了食物、衣物、氧氣和其他耗材的補給之外，這架天鵝號也帶著生物、物理、醫藥、地科等各領域的實驗器材和材料。艦上還有微衛星部署器以及太空站上即將要部署的第一支微衛星。另外還有一個只有我在意的東西，就是我哥本來準備要用天龍號送上站的大猩猩道具服。天鵝號安全進入太空軌道後（在今年經歷了各種不幸事故後，我們已經不再覺得安全進入軌道是理所當然的事），謝爾用機械手臂接住它，這是謝爾第一次抓接。其實這次本來應該輪到我抓接，但我決定讓謝爾負責，也就是說我放棄了最後一次抓接太空飛行物體的機會，這是少數我在太空中還沒做過的工作。

十二月十一日，我們齊聚一堂向謝爾、龜美也和歐雷道別。我還記得他們剛上站時的情景，那是五個月前，但感覺好像過了一輩子。謝爾和龜美也剛出現時就像兩隻無助的幼鳥，但離去時已經是展翅上騰的飛鷹了。他倆已經成了經驗老道的太空人，可以自在地在太空站內移動、修理各種器材、進行各種不同領域的科學實驗，不需要我從旁協助便可以處理手邊的大小事。我有幸可以從這個獨特的角度來觀察他們在站上的成長。我多少知道太空人在單次長期任務中可以學到很多、進步很大，但親眼見證這一切又是另一回事。我和他們道了再見，意識到自己前頭還有三個月。我會想念他們。

尤里・馬連琴科、提姆・柯帕拉和提姆・皮克於十二月十五日，太空時間早上十一點在拜科努爾升空，經過六個半小時的旅程，接上了國際太空站。我從穹頂艙看著這架聯合號靠近太空站。聯合號是個黑白球體，它的太陽能陣列板向外伸出，就像昆蟲的翅膀一樣，這畫面不管看幾次都覺得稀奇。太空艙映入眼簾時小得跟個玩具一樣，就像是聯合號的模型玩具。太陽光線反射在艙體表面時，有時看起來像是著了火。聯合號越來越大，越來越近，成了正常大小的太空船。

我觀看著聯合號接近太空站，忽然開始覺得哪裡有點怪，可能是角度或速度出了問題，或兩者皆是。聯合號飛太遠了，已經超過對接艙口的位置。站外僅幾公尺處，聯合號對著太空站啟動了制動推進器，藉此停止繼續往前。這不太尋常。

聯合號的推進器把未燃燒完全的燃料噴到穹頂艙的窗外，我趕緊關上光閘。天外飛來的小燃料珠在窗戶和光閘間彈來彈去，是個奇怪又可怕的景象。我馬上飄往俄國服務艙，問塞吉和米哈現在是什麼情形。

塞吉告訴我：「自動對接系統故障了。」原因不明。聯合號的指揮官尤里開始進行手動對接，他花了幾分鐘重新對準對接艙口，然後成功讓太空船滑上太空站，僅比原訂對接時間晚了九分鐘。

從這事件便可以知道為什麼太空人要針對一堆不太可能發生的事情接受訓練。一般來說自動對接系統相當可靠，但一旦系統失靈就需要有人準備好隨時接手，否則組員將命在旦夕。

做完漏氣檢查後，我們打開艙門迎接三位新同事上站。一如以往，他們第一天上站就行程滿滿。迎接新人的過程之中，我意識到這會是自己最後一次向新組員介紹太空。

尤里是經驗非常豐富的太空人。他的航太技術舉世聞名，這次緊急手動對接事件又再替他的功績加上一筆。尤里出過五次太空任務，一次是和平號太空站的長期任務、一次是太空梭任務，這次之前也出過三次國際太空站長期任務，待在太空的時間總計有六百四十一天。尤里還有另一項厲害的成就，就是他是史上唯一一位在太空結婚的人——二〇〇三年，尤里第一次上國際太空站時，他透過視訊與女友艾卡特琳娜交換誓言。

二〇〇八年，尤里第四次太空任務返航時，降落位置大幅偏離了預設地點，當地的哈薩克農人湊上前來看見冒著煙的太空船，摸不著頭緒。尤里和他的兩名女機組員佩姬・懷特森和李素妍一起從機艙爬出來時，哈薩克人以為他是太空來的外星神明，還自備外星女性。如果搜救小組沒能找到他們，我覺得農人會奉尤里為領導人。

提姆・柯帕拉在二〇〇〇年加入美國太空總署之前原為陸軍飛行員和工程師。他讀的是西點軍校，軍階是陸軍上校。

提姆・柯帕拉還有多重碩士學位——喬治亞理工學院航太工程碩士、美國陸軍戰爭學院戰略研究碩士、哥倫比亞大學和倫敦商學院共同學程之商管碩士。提姆擔任太空人已有十五年之久，但這次僅是他第二次上太空。二〇〇九年，他出了一次為期僅一個多月的國際太空站任務，比一般太空站任務短很多。提姆原本預計會在二〇一一年搭乘太空梭出第二次太空任務，但升空前幾週他騎單車時掉了下來，摔傷了骨盆。

提姆・皮克原為英國直升機試飛員，後來被歐洲太空總署選上，成為第一位正式的英國太空人。這次太空任務是提姆的初試啼聲，他是組員中唯一一位菜鳥。對英國人來說，提姆・皮克就像是尤里・加加林和艾倫・雪帕德兩者的結合。要達到這兩位傳奇人物的標準並不容易，但開始和他共事後，我慢慢發現提姆的能力其實一點也不亞於兩位前輩。

提姆・皮克剛上站時做了一件事：他打開從地球帶來的點心袋，拿出培根番茄生菜三明治吃了起來。培根的小屑屑飄到四面八方，使人垂涎三尺。提姆並不知道歐洲太空總署準備的這個三明治如此珍貴，站上只有他有。我們已經好幾個月沒吃到真實的三明治（我本人已經九個月沒吃了），看著他享用是一種不可思議的酷刑。提姆發現大家都盯著他的三明治瞧，便讓我和米哈各咬一口。然後我們就只能繼續看他吃，像是兩隻小狗流著口水覬覦著主人的牛排大餐一樣。

兩位提姆也和之前的太空站新組員一樣，像極了笨手笨腳的幼兒。我發現想在太空中幫他們找路，或希望他們趕快閃開、不要擋路時，最快的方法就是直接抓住他們的肩膀或骨盆，把他們當成大件貨物一樣移開。他倆看似都不介意。

隔天早會時我接獲通知，說目前碰上了個麻煩。組員暨設備移動輔助器上的移動運輸裝置卡住了，就是我和謝爾第二次太空漫步時處理的那台輔助器。飛行控制人員要把運輸裝置移到靠近桁架中段的點，這樣機械手臂才可以在下週新的進步號上站前就定位，先進行維修工作。但運輸裝置卻卡著動彈不得，這樣之後來訪的太空船便無法對接。聽到這個消息的那一刻，我心一沉。我馬上就知道是哪裡出了錯：一定是我在固定輔助器剎車把手時不小心鎖住剎車了。

我告訴休士頓：「我想我知道是誰搞砸了。」

稍晚我和飛行指揮通了電話，告訴她我知道剎車把手究竟怎麼了。

電話另一頭一陣沉默。飛行指揮問：「你確定嗎？」

我回：「非常確定。」我知道這樣回答代表我得在進步號對接前出一次額外的漫步任務，進步號再過八天就要升空了。這次漫步的準備時間對站上太空人和地勤人員來說都短得嚇人。

我是會立刻承認失誤的人，也不愛找藉口。但同時我又心想，地勤一開始根本就不該請我進行這項工作，因為當時我根本無法專心處理這事。處理輔助器是臨時任務，對於身在太空的人來說，臨時交辦事項幾乎是不可能的任務。

如果今天在站外設置錯誤的是別的設備，我們大可以等到下一次預定的太空漫步任務再請人處理，也就是好幾個月後。但現在移動運輸裝置不但卡在兩個工作點中間，也沒有妥善固定，根本無法承受進步號對接的力道。卡住的運輸裝置不僅讓新太空船無法對接，還會導致我們無法閃避太空垃圾，無法啟動推進器來平衡陀螺儀的動量，也無法用機械手臂工作。我做起了第三次太空漫步的心理準備。我告訴俄國同事這個消息，他們表示一定會傾力相助。隔天，美國太空總署做出最終的官方決定，要我出緊急漫步任務來處理運輸裝置。

在最佳狀態準備漫步任務就已經夠困難了，現在要在這麼臨時的情況下和還在適應奇妙太空的新同事一起準備，更是難上加難。提姆・柯帕拉雖然有豐富的航太經驗，但他也才上站幾天而已，還在調適太空的生活環境。到時他得穿上太空服跟我一起出去漫步。提姆・皮克則是還在設法習慣在太空中吃飯、睡覺等最基本的事務，而他會是此次任務的艙內組員。在這勞心勞力的任務中，實在不容兩位提姆出什麼差錯。

接下來的幾天，俄國太空人把垃圾裝上進步號，之後這架進步號會離開太空站，在大氣中燒成灰燼。進步號上還有一些空間，俄國同事問我們有沒有垃圾要一起丟。收納垃圾的空間和太空中的氧氣、水、食物等一樣都是珍貴的資源，美俄兩國太空人常把這些資源當作貨幣來交換。我給了他們幾包大包垃圾，沒有預先知會休士頓。要是問了休士頓，就得勞師動眾讓地勤討論是否可行，何況討論結果通常都是不准。我這整年一直都在偷丟垃圾，只要俄國太空艙有空間，我就會把垃圾清出太空站，俄國同事需要幫助時我們也會盡力伸出援手。結果後來在載天鵝號時出包了，休士頓覺得我們應該會有十包垃圾，而實際數量明顯不足。休士頓問了我一大堆問題，最後我說：「大概是垃圾仙子半夜來過了吧。」之後就沒人再提及此事，好險。

十二月十九日，我從俄國服務艙看著塞吉和尤里從顯示器上監控進步號離站，進步號以難以察覺的速度緩緩離開。進步號和聯合號一樣，如果自動系統失靈的話，可以改成手動，不過這次離站一切順利。站上的進步號走了，騰出了空間給幾天後即將升空的另一架進步號。這時我想到，下一次太空船離站是在兩個半月後，那時我也會跟著離站。

早上我收到地面寄來的一封信，請我繳交降落觀禮的貴賓名單。總署有開放一些貴賓席次，讓這些人到休士頓的控制中心，從大螢幕上觀看聯合號降落哈薩克。我開始列名單：艾美、莎曼珊、夏綠蒂；我父親、馬克、嘉比；嘉比的參謀長琵雅；艾美的兒子：柯賓、崔斯坦；我朋友提爾曼、陶德、羅伯、傑瑞、艾倫；莎拉・布萊曼。我想像著控制中心內透明玻璃後方一層層的看台座椅上，親朋好友齊聚一堂看著我的太空艙安全地（希望如此）穿越大氣，降落在哈薩克的沙漠草原上。

此時我忽然意識到，列名單是我替返回地球做的第一項預備工作。這時起我會開始做一連串的返家準備——丟東西、收東西、列更多清單、思考人生的下一步。太空中還有很多事情等著我去處理，但今天，有一小部分的我已經想到了未來的地球生活。

再不到三個月我就要離開太空站了，到時兩位提姆還有尤里都會留在站上。離別的時間越來越近，我剩下的時間卻感覺越來越長。我已經走過了四分之三的太空時光——接下來的日子理應要過得很快才對。但當我停下來思考時，我想起頭三個月的太空生活，想起第一組組員離站時我心裡的感受，想起曾經覺得自己在站上待了好久，想起出現這個想法究竟是多久以前。我幾乎記不得泰瑞、莎曼珊和安東的臉，記不得他們的動作，記不得他們說話的聲音，記不得莎曼珊哼著歌的聲音。就像已故多年的老朋友一樣，他們成了遙遠的記憶。

在雨中奔跑、開車、坐在戶外、聞著剛修剪好的草坪、和艾美一起放鬆休息、抱抱女兒、決定今天要穿什麼——這些事情的細節我幾乎都想不起來。這些行為帶來的感官感受已經離我而去。我是完全馴化的太空生物，一點也不覺得歸程之日比剛上站時近了多少。我只知道我還得繼續待在這裡，待在站上相同的狹小空間裡，待上好幾個月。

就在隔天，我在回信時收到了一封邀請函，問我四月是否可以到一個研討會演講。我打開行事曆時，發現這是我回到地球後的第一個行程。

十二月二十一日，週一，我起了大早、穿上尿布、第三次穿上水冷衣。我和提姆・柯帕拉開始預吸純氧，一個小時後，提姆・皮克幫我們穿上太空服。這次的漫步任務會比前兩次短——我們要解開卡住的組員暨設備移動輔助器和移動運輸裝置，然後處理掉之後會需要處理的事情（我們稱之為「預先任務」），這樣才能妥善利用時間、資源，以免之後要再穿上太空服出去漫步又會是一項大工程。提姆・皮克是個非常稱職的艙內組員——我看著他在塞吉的協助下核對清單，替我們做好各種準備，之前對他的疑慮便一掃而空。我本來還擔心他在站上只待了六天，不知道能不能應付這項工作。提姆・皮克做起事來很有效率，過不了多久，我們已經在氣密艙內進行漏氣檢查。

這次我又穿上了有紅條紋的太空服，代表我是一號組員。氣密艙放氣完成後，我和提姆・柯帕拉打開太空服的電池開關，漫步任務正式展開。這是提姆的第二次太空漫步，但他第一次的漫步任務是在二〇〇九年，已經是很久以前了。我倆出到站外，互相檢查完裝備後，我便移動至組員暨設備移動輔助器的地點。抵達工作地點後，我試著在桁架上移動輔助器，沒錯，是卡住了。我放開剎車把手，然後前後移動輔助器。地面很滿意。

只花了四十五分鐘就完成主要任務的感覺很怪。我們接著完成了上次我和謝爾來不及搞定的任務，大多是把線牽到之後方便接上其他設備的位置。三小時又十五分鐘後，我們回到站上。雖然沒有前幾次漫步任務結束後的虛脫感，但我的身體還是疲憊又痠痛。我現在的疲勞感比較接近在休士頓完成水池訓練後的程度，比較輕微，但還是很累。

回到太空站後，我和艾美通了電話，然後收信。謝爾寫了封信告訴我，他在太空總署的電視頻道上看著我出漫步任務。很難想像休士頓天仍未明時，謝爾被重力固定在椅子之類的東西上看著我出任務。「幹得漂亮！」他這麼寫。他用過來人的精闢角度和熱忱問我在外面完成了哪些工作，還有感覺如何。我回信說這次任務花了我倆的短任務一半的時間，但耗費的精力卻只有五分之一。我跟他說，要不就是任務時間和太空人感覺自己花費的精力不成比例，要不就是當初我倆一起出的任務特別艱鉅。

「地球一切都好嗎？」我這樣收尾：「都快忘了太空生活的感覺了吧？聖誕快樂！」

剩下的日子中，我偶爾會望向窗外，看著我和謝爾第二次太空漫步時的工作地點：桁架末端。感覺好遙遠，比家還遠，我心中出現了一種詭譎的鄉愁。不只是因為我在那裡待了很長一段時間，更是因為我對那裡有著強烈的情感，像是遙不可及又熟悉的陌生人。

第18章

疲勞又孤單的新年

二〇一五年十二月二十四日

今天是平安夜——我在太空度過的第三個平安夜。這不是什麼值得羨慕的事，特別是對為人父母的人來說，在團圓的節日中身處遠方特別難過。此外，前兩週我們真是過勞了。原組員離站、新組員上站、帶新組員熟悉環境、準備緊急漫步任務——各種苦差事接踵而來。我已經將近兩週沒有放假了。

不管過不過節，今天還是排程上的工作日。今天特別辛苦，因為阻力運動器材壞了。這事其實非常嚴重，因為運動對太空人的健康之重要，就如同氧氣和食物一樣。只要少做一次運動，太空人的身體就會立刻有反應，感覺自己的肌肉萎縮了，很恐怖。我和提姆・柯帕拉花了將近半天的時間修理運動器材，發現壞掉的減震器是罪魁禍首。因為要修理器材，我們今天到晚上八點才下班，那時我已經錯過了兩次的運動時間，導致心情更惡劣。

我飄在俄國區，臉上硬擠出假笑。俄國的聖誕節和美國不同天，東正教日曆上的聖誕節是一月七日，但俄國同事很願意和其他太空人一起慶祝佳節。我發現負責太空食物的營養學者並沒有花心思特別準備佳節美食，我的平安夜晚餐是沾滿醃汁的火雞冷盤。不過我們還有天鵝號帶上來的薩拉米腸、俄國太空人準備的黑亮魚子醬，還有進步號昨天帶上來的新鮮洋蔥和蘋果。許多人輪流敬酒致意。我們聽著聖誕音樂和我最近下載好的酷玩專輯，大家都很喜歡。我們為著有幸身處太空舉杯致意，真是何其榮幸可以在太空站上，這對我們來說都意義非凡。我們也敬了地球上的親朋好友。大家還彼此敬酒，敬了唯六不在地表上慶祝聖誕節的太空人。

一個半小時後是預定好和孩子們視訊的時間。莎曼珊從休士頓回到了維吉尼亞海灘和媽媽、妹妹一起慶祝聖誕，看到她倆團圓我很欣慰。她們看見我好像很開心，但又好像有點尷尬。從視訊中看起來，她們的公寓沒有什麼聖誕氣氛。希望女孩們的聖誕節過得比我快樂。

那天晚上我睡不久，早上醒來後我在睡袋中飄著，遲遲不想展開新的一天。小時候在新澤西的聖誕早晨，我和我哥都會在天還沒完全亮時就跳下床，穿著內衣衝到客廳拆禮物。我女兒還很小時也是這樣。這天稍晚我得參加幾場公關活動，他們會問我在太空慶祝聖誕是什麼感覺。我會說在這特殊的節日身處太空讓我有機會思考聖誕的真諦，以及我們何其有幸可以觀賞地球之美。我會說我很想念我所愛的人。但此刻，我只是飄著，其他組員都還沒醒，我眼前是發著光的電腦螢幕，我耳旁是風扇大聲地嗡嗡響著。

• • •

長期任務接近尾聲時，強森太空中心的教練開始慢慢加重太空組員的阻力鍛鍊，幫助我們的身體提前適應重力造成的壓力。我還記得前次任務的加強訓練，我不喜歡。雖然我知道訓練是必要的，但還是很擔心會弄傷自己。如果受了嚴重的傷導致不能繼續運動，回到地球後反而會更難以適應重力。隔天下午我在做加強版深蹲時，感覺到後背和腿上一陣灼熱劇痛。我很快就弄清了痛感來源：我腿筋一處肌肉撕裂了。疼痛的感覺一直沒有消去，我無法再繼續運動。

我的飛行醫師史蒂夫替我開了安定文（Ativan）。太空站上有安定文等充足的成藥，全放在實驗艙地上的一個大袋子裡，旁邊是其他醫療器材。袋子裡有針對各種不同症狀的藥品：止痛藥、抗生素、抗精神病藥物，幾乎所有你能在醫院急診室看到的藥這裡都有。控管藥物上都有美國緝毒局的警告標示，只有在醫師指示下才能使用這些藥品。太空總署深謀遠慮，站上甚至連驗孕棒和屍袋都有。

下午時分，我在準備午餐時，提姆·柯帕拉飄來覓食。

「這雞湯超好喝。」我說。

提姆回：「這雞湯超好喝。」了無新意。

我說：「真的，我還要來點醬烤牛肉。」我倆邊吃飯，一邊一起看了幾分鐘的CNN新聞。

過了一會我說：「仔細想想這雞湯其實也沒那麼好喝。」

「對呀，我也不喜歡。」提姆說。飯畢，我倆都回頭處理各自手邊的工作。過了好幾分鐘我才發現，提姆剛才應聲蟲的行為一點也沒惹惱我。衛星訊號在我看CNN新聞到一半時就斷訊也沒令我不悅。一小點咖啡色的醬汁自己飄來黏在我大腿褲管上我也不心煩。這是我這幾個月來，或許甚至是這整個任務以來，第一次覺得面對周遭環境時這麼冷靜、這麼滿意。

晚上，我告訴艾美肌肉鬆弛劑的神奇功效。

「你壓力太大了，」她說：「鬆弛劑的確有這個功能。」

睡前，我在睡袋裡讀了幾頁《冰海歷劫700天》。一九一四年的聖誕節，遠征任務的第一名指揮官在日記中寫道：「又一個聖誕節過去了。不知道下一次聖誕節會怎麼過，會在哪裡過。氣溫華氏三十度（約攝氏負一度）。」指揮官當時還無法想像自己的下一個聖誕節會是什麼光景——堅忍號被冰山撞爛，在浮冰上紮營，靠著稀少的資源求生。在經歷這場痛苦的浩劫後，探險隊隊員開始懂得在自給自足的同時享受所擁有的一切。「某些層面來說，他們更了解自己了，」作者歐弗雷德·藍星寫道：「在這冰天雪地、空無一物的孤寂世界中，至少他們是找到了最微小的滿足感。他們通過了考驗。」

我關上燈飄浮了一陣，然後進入夢鄉。

二〇一五年十二月三十一日

在太空站上，跨年比聖誕節還要盛大，因為各國太空人都在同一天慶祝新年。我們聚在俄國區一起慶祝。每個人都吃了東西，敬酒致意。就這樣一路到夜深。我們把站上的燈光調暗，看看是否能一瞥地球上的煙火。上一次出長期任務時，我們看見了地球上點點的彩色燈光，但今年什麼都沒有。能在太空中跨年兩次是個難得的特殊禮遇，我也很慶幸自己還能懂得珍惜自己的所是、所為。隔天早上我起了大早打給人在美國的親朋好友，祝大家二〇一六新年快樂。二〇一六年，我重返地球的一年。

第19章

我要回地球了

二〇一六年一月七日

明天是嘉比中彈的土桑槍擊事件五週年紀念日。這天的到來使我不禁想起嘉比中槍時自己正在做的事。當時我在修馬桶，而現在這同一座馬桶的同一個地方又故障了。

說來也怪，我們好像一直有預感馬桶要壞了。馬桶幫浦隔板在幾百天前就已經達到使用年限了。地面建議我更換隔板時，我還把讓苟延殘喘的隔板繼續工作當成一種挑戰。我早該聽地面的話的，因為馬桶現在的狀態已經慘不忍睹，會一直冒出未經處理的尿液和硫酸混合物，整整有一加侖（約快四公升）的噁心髒汙等著我去處理。

五年前，在我的家人最需要我時，我在地球上方約四百公里處繞行地球。這些日子當中有很多事都改變了。但現在，在眾人默哀、向槍擊事件受難者致敬時，我仍在這裡、做著一樣的事。

二〇一六年一月十五日

今天，是國際太空站上的大日子，因為今天有漫步任務，但不是我出。有任何機會可以僅隔著太空服體驗太空，享受在站外漂浮的快感，我都會非常開心，不過至少在此刻，我願意坐看他人完成任務。看著提姆・皮克正式成為第一位太空漫步的英國太空人，也是件令人興奮的事。

今天我擔任艙內組員。我確認兩位提姆都正確穿上了太空服，在他們檢查工具、確認太空服功能正常時，替他們一步一步讀出步驟，並開始啟動氣密艙。九月艾美在控制中心控台前的那次任務有個電壓器出了問題，今天兩位提姆要負責更換出問題的電壓器，還要安裝一些新的線路。他們成功換掉電壓器，安裝好新的線路，還完成了一些其他工作，然後提姆・柯帕拉的二氧化碳感測器忽然失靈了。感測器失靈本身不是大事，因為提姆可以根據身體症狀自行監控二氧化碳濃度，但沒過多久後，他回報頭罩內有一顆水珠。如果水珠體積很小，就有可能只是一滴亂飄的汗水，但這顆水珠很大。提姆同時也回報，說當他把頭往後靠在頭罩內的避震墊上時，聽見了噗嘰的聲音，代表頭罩中除了那顆水珠以外還有其他液體。

兩位提姆在外面只待了四個小時，清單上還有很多未完成的工作，但頭罩進水代表該是時候回站了，而且得立即回站。提姆・柯帕拉隨即調頭返回氣密艙，提姆・皮克則在外整理工作地點。我們想盡快把兩位太空人弄回太空站，但欲速則不達，容易出錯。所以我們有條不紊、按部就班地照著程序走，就怕不小心壞了事。我想起曾經聽到海軍海豹部隊一個說法：「慢工見效，速見於效，似慢實快。」成功把他們兩個弄回站上後，我先替柯帕拉脫下頭罩。他人沒事，只是有點兒溼。接著我們脫下皮克的頭罩。兩名太空人都看起來很疲憊，但還沒有露出我和謝爾兩次漫步任務結束後的無比倦容。我們當初在太空服內的時間是他們的兩倍。

幾天後，三號節點艙內的 CDRA 又故障了。我和提姆把這台巨獸從架上取下，移到二號節點艙、固定在工作桌上，然後拆開。我們花了一天的時間便找到問題所在。之前和泰瑞・佛茲一起拆卸CDRA的時候費了好幾天，搞到最後泰瑞還上了繃帶，我倆身心俱疲。剛開始工作時我就知道這次的修繕會比前一次順利。當然這仍是非常複雜、難度又高的工作——光是要移動這個約二百二十七公斤的大器材就已經很麻煩了，一不小心還會撞壞艙門封口、精密儀器，或撞傷身體。但我已身經百戰，所以和它交手時信心滿滿、效率甚高。現在要我替這架鬼東西寫本修繕手冊我也能寫出來。我覺得我對CDRA的了解程度就像心臟科醫師對人類心臟的了解一樣。

我用上次修理CDRA時學到的小技巧替這次省下了不少時間。這次完成修繕工作所花的時間，比起四月和泰瑞一起處理時簡直是冰山一角，這點我真是無法不自豪。另外我也開始使用強大的意念，希望宇宙不要再讓我拆卸CDRA了。

某天我在日本區工作時，發現有個器材後面塞著一個水袋。我把水袋取出，看見上面的姓名縮寫是DP。站上沒有人的姓名縮寫是DP，很久沒有了。這一定是二〇一二年唐・派提特上站時留下來的。等到唐擔任值班通訊員時，我舉著水袋問他：「這是你的嗎？」

是他的水袋沒錯，他還大笑了一陣。但他和所有上過太空站的太空人一樣，都明白在這裡很容易掉東西。在家裡不可能放下一杯水，然後就三年再也沒看到它的蹤跡，但在太空站上，不管太空人再怎麼謹慎，都很容易弄丟水袋等物品。站上東西真的太多了，而且全會亂飄。

幾天後太空站經過了休士頓和墨西哥灣的美麗夜空，我拍到一張很不錯的照片。傳照片給艾美時，我標註了「家」，這時我才驚覺自己內心的導航系統已經開始重新定位。我開始允許自己想家了。這一年下來我幾乎沒有什麼時間可以沉溺在這類的思緒裡，沒想到可以花點時間想家的感覺還滿好的，我知道自己很快就能回家了。

一月，我們開始執行太空站上的第二次重點植物栽培任務。八月種萵苣的任務還不算困難——我們在歐洲區架設植物生長燈，燈下放著「養份枕」，然後按時澆水，看著菜葉在預期的時間長出來，輕鬆收成。這次我要種的是開花植物百日草，難度會比較高，因為百日草比較嬌貴。兩種植物的種植順序是刻意安排的——先種比較好養、不需要太細心呵護的植物，從中學習，再用該次經驗試種比較難搞的植物。結果百日草比想像中還要難養。站上的百日草時常看起來了無生氣。我在猜太空和地面溝通的時間差是元兇。我拍下植株照片，傳給地面上的植物專家，專家看了照片後會進行討論，然後傳給我接下來該做的事，通常會是「澆水」或「不要澆水」的指令。但因為訊息傳達有時間差，等到我收到指示時，事態早已朝著某方向越演越烈了。收到不要澆水的指示時，小植株通常已經積滿了水，或葉子和根部已經發霉。收到澆水的指示時，植株早已嚴重缺水、奄奄一息。在站上培育小生命卻又無法善盡照顧之責，眼睜睜看著它受苦，挫折感很重。有次我在社群網站上貼了一張百日草的照片，竟有人回文罵我栽培技術很差。這下我火了，也認真了。

我和酬載營運指揮說我想自行決定何時澆水。這看似很小的決定，對太空總署來說卻是件大事。要裸手接觸植株和植株培養環境，會改變整個實驗的標準程序。地面好像很害怕我因為摸到帶有黴菌的植物而被黴菌孢子感染。我有點遲疑了，但後來我覺得如果不能像地球上的園丁一樣親自照顧這些小花，它們絕對活不下來。何況設計並送這項實驗上太空花費了很多心血和經費，要是這一切變成白工我會很難過。其中有些負責決策的相關人士不認為我會每天定期檢查這些植株，因為這會花上很多時間、精力，按照原本的程序走其實會比較輕鬆。但最後我還是說服他們了。

看著這些小花從垂死邊緣活了過來是種難以言喻的感覺。我一直沒有忘記小時候爺爺、奶奶帶我去植物園看花花草草的回憶，可能是因為和爺爺奶奶共度的週末對我來說是喘息的時間，花草總是會讓我想起奶奶和她慈愛的神情。我想起了蘿瑞爾死後在我辦公室留下的紫羅蘭。這些百日草成了我的個人任務後，它們的幸福對我來說就變得無比重要。只要一有時間我就會去看看它們。某個週五，我帶著一些百日草到俄國區，放在那裡的桌上當作擺設。

塞吉一臉疑惑地對我說：「史考特，你幹嘛種這些花？」

「這叫百日草。」我替我的花正名。

「幹嘛要種百日草？」

我說美國太空總署希望有天可以在太空種番茄，百日草是番茄計畫中的一小步，藉此實驗我們便可以獲得更多長期太空任務的相關知識。如果將來有太空人要上火星，他們會需要新鮮食物，因為到時不可能像在太空站上一直有補給艦運送物資。如果可以種萵苣，也許就可以種百日草。如果可以種百日草，也許就可以種番茄。番茄非常健康，可以提供火星太空人需要的營養成分。

塞吉搖搖頭說：「種番茄太浪費了。如果要種食用作物就要種馬鈴薯。人類光吃馬鈴薯就可以活下去。」馬鈴薯還可以用來製造伏特加。務實真是俄國人的優點。

我在社群網站上貼出第一張健康百日草的照片。看到很多人對我關心的事物抱持著高度興趣，很有成就感。這也證實了我的想法：若是可以用大眾理解的方式呈現太空生活的種種，大家就會很感興趣。

對我而言，百日草的成功證明了太空人將來若要上火星，必須要有自主完成任務的能力。我對這些百日草的執著遠超過自己想像，因為我很珍惜生命之美也憐惜生命的脆弱，不過最主要可能還是因為有人在推特上質疑我的栽培技術，我得證明自己。

一月將近尾聲時，我首度穿上大猩猩道具服，我把頭和整個身體都塞到充滿塑膠味的戲服中。我替太空大猩猩決定了第一個探險任務：我躲在提姆・柯帕拉的睡眠艙中，等他回來。提姆打開門時我便跳出來，他嚇到屁滾尿流。接著我飄到俄國區給俄國太空人看，他們全笑得人仰馬翻。太空大猩猩散播歡樂散播愛。

如果可以偷偷趁控制中心不注意時飄到攝影機前一定很好笑。某個寧靜的週二午後，手邊工作不多，我便出擊了。我穿上道具服，在控制中心會看到的時間飄到美國實驗室的攝影機前。但地面沒有任何反應。真無趣。

我一直在想太空大猩猩也許可以和兒童有些互動——如果大猩猩可以引起小孩注意，引他們發笑，或許他們就會更有興趣想要聽我分享太空中的一切以及科學、科技、工程和數學的重要性。提姆・皮克答應和我共同演出大猩猩短片，影片中他正在開一個包裹，此時大猩猩忽然從裡面跳出來，在美國實驗室中追著他跑來跑去。這支短片引起廣大迴響，於是有更多人開始注意我們在太空站上的一舉一動。

一月二十八日，我帶領站上組員替三十年前遇難的挑戰者號組員進行默哀。我和兩位提姆聚在美國實驗室，我先開場致敬、悼念已逝組員，表示他們的精神見於目前各項航太成就中，仍與我們同在。我低頭致意了一會兒，默哀的同時，我不自覺想起我的大學室友喬治，想起那次我們一起盯著他的小電視，看著太空梭爆炸。三十年是好久以前。當時我怎麼也想不到自己現在的成就。還記得喬治當時問我是不是還想當太空人，還記得當下，我想上太空的心情是有增無減。

幾天後，一名俄國同事飄到美國區給我看他爆了一顆牙。那是植牙的牙冠，像個突出嘴巴外的小金屬栓一樣。搭乘聯合號降落地表時的強烈力道絕對會晃掉這顆牙，我同事有理由擔心，掛著的牙齒可能會在重返大氣時被敲到喉嚨裡或失蹤。他也不想缺牙返鄉，因為一回地球立刻就會有鎂光燈迎接。我拿出牙醫器材，用紗布徹底擦乾那顆牙還有底座，調了牙用黏合劑，把牙齒黏回他的嘴裡。同事給了我一個滿意的大微笑。指揮官永遠有做不完的工作。

某個週日早晨，我在俄國同事吃早餐時飄到俄國區跟他們道早安。

「史考特！」米哈帶著淘氣的笑容呼喚我。「你知道今天是什麼日子嗎？」

「知道，」我說：「我生日，二月二十一日。」上一次在休士頓家中慶祝生日時，我滿五十歲。今天我滿五十二。

「史考特，生日快樂！不過今天還有一件事，就是我們在站上只剩九天了！」

我整年都在拒絕倒數。沒想到個位數倒數就這樣悄悄開始了，看來正數的策略頗管用。九天一點也不長。

米哈用興奮的口氣說：「史考特，我們成功了！」

我回：「米哈，不成功便成仁！」

我和塞吉、米哈開始替降落做準備，進行了幾次聯合號訓練。米哈會是這次的一號飛行工程師，他需要好好複習擔任塞吉的後備太空人時的訓練內容，已經過了好久了。

我們開始打包物品，整理東西準備離站。我得好好想想要帶哪些東西上聯合號，因為我的行李重量不能超過一磅（約四百五十公克），其中還要裝上給艾美、莎曼珊和夏綠蒂的金吊飾，以及要給機組祕書布魯克・希斯曼、替我排行程的珍妮佛・詹姆士和俄國教練艾琳娜・韓森的銀吊飾。天龍號會在春天時再把多數行李運回地球。我需要徹底清理睡眠艙，讓下一個人有乾淨的空間可以使用。因為太空中東西會亂飄，所以牆壁、天花板、地板都要整理。我要拆解這個小空間，把排氣管中的灰塵都吸乾淨——超級噁心，畢竟都已經累積了一年的灰塵。我還藏了隻玩具蟑螂讓接替我的傑夫・威廉斯來發掘。

艾美說她剛好有些時間可以檢查游泳池和熱水池，熱水池加熱器在我任務出到一半時壞了，她要開始準備迎接我返回地球時才發現。她知道我一直心心念念著想要泡熱水。艾美請我列個清單，把我希望她在我回家前預備好的事情告訴她。列清單讓我更思鄉：我的床單、淋浴、後院的泳池和熱水池。我這一整年都努力讓自己不想家，但現在我開始刻意思念起這一切了。這感覺很難形容。

我寄給艾美一份清單：

主旨：我希望家裡有的東西

Gatorade 運動飲料（經典綠色款）

Dogfish Head 60 Minute 印度淡艾爾啤酒

綠色無籽葡萄

草莓

沙拉

卡本內蘇維濃紅酒

La Crema 夏多內

瓶裝水

我想念下廚。我想念切新鮮食物，想念切菜時蔬菜散發出的香氣。我想念未清洗的果皮的味道，想念雜貨店中堆得老高的新鮮食材。我想念雜貨店，想念店內顏色鮮明的貨架、晶亮的磁磚地板還有各排間走動的陌生人。我想念人類。我想認識新人，花時間了解他們，聽他們說著和我不一樣的人生經歷，聽他們說些我沒體驗過的事情。我想念孩子玩耍的聲音，不管他們說的是哪國語言，聽起來都是一樣的。我想念可以聽見隔壁房間的人談笑的聲音。我想念房間。我想念門、門框，還有老舊公寓內有人踩在木頭地板上發出的吱嘎聲響。我想念坐在自己的沙發上，坐在椅子上，坐在高腳椅上。我想念對抗了一整天的地心引力後好好休息的感覺。我想念紙張摩擦的聲音，想念翻閱紙本書的感覺。我想念從杯子裡喝水。我想念在桌子擺上東西後，東西會留在原地不動。我想念一陣寒風忽然拂過我的背，想念和煦的陽光打在我的臉面。我想念淋浴。我想念各種形式的流動的水：洗臉的水、洗手的水。我想念在床上睡覺——被單的觸感、棉被的重量、枕頭舒適的弧度。我想念一天當中變換著顏色的雲朵，想念地球上千變萬化的日出、日落。

我也常在想，回到地球以後，我會想念太空站的什麼。這是種奇怪的感覺，像是還沒結束就預先失落，懷念著我現在每天仍在經歷的，這令我心煩的一切。我知道我會想念這一年當中和我一起共事的十四位太空人，想念我們的革命情感。我會想念穹頂艙的地球景象。我知道我會想念用智慧求生存，急中生智解除危機的感覺，我的每個行為都很重要，每一天都可能是我的最後一天。

打包離開太空是奇妙的體驗。我必須丟掉很多東西，在這個月靠近尾聲時把這些東西運上天鵝號，讓它們在大氣中燒掉。

週末時，我找時間拍下大家要我帶上太空的各種物品——汗衫、有特殊標誌的帽子、照片、藝術品、飾品等。我把這些東西全拿到穹頂艙，逐一拍照。我打開穹頂艙的光閘，一瞥見黃褐色的沙，立刻從顏色和質地判斷出我們正在地球上方的哪個位置——摩加迪沙北部的索馬里平原。知道自己和地球如此親密、如此熟悉，一方面給了我一種滿足的感覺，但另一方面，也讓我覺得自己在太空待太久了。

還有一件我一直很想做卻找不到時間做的事。我一直在回顧自己生命的軌跡，回顧幫助我走到這一步的種種，想著年少時讀了《對的事》對我的意義。我確信若不是自己讀了這本書，若不是湯姆・伍爾夫寫了這本書，我便不會有今天的種種成就。某個寧靜的週六午後，我打給湯姆・伍爾夫感謝他。湯姆接獲我的來電感覺很驚喜。我告訴他我們正經過印度洋上方，告訴他我們繞行的速度有多快，告訴他太空通訊系統的運作方式。我們聊了書，聊了紐約，聊了我回地球後第一件要做的事（跳到水池裡）。我們說好在我回去之後要一起吃午飯，這午飯之約便成了我最期盼的事。

二〇一六年二月二十九日，我把國際太空站的指揮權移交給提姆・柯帕拉。明天我便要離開太空站，返回地球。

第20章

感覺就像雲霄飛車外加車禍

●二〇一六年三月一日

早上我夢見我和我哥一起出漫步任務。一開始我們穿著一般的服裝出站，因為如果只要出去一下下的話沒有關係。然後我們回到站上，我哥穿上了美國太空服，我則穿上了俄國的歐蘭太空服。我喜歡歐蘭太空服，但不免有點擔心，因為自己沒有穿著它受過訓練。我們再次離開氣密艙，發現太空站外蓋著一層雪，宛如冬季樂園。

六名太空人聚在俄國區，又拍了一張所有人飄在聯合號艙門前的尷尬合影。時候到了，我和塞吉還有米哈分別抱了抱兩位提姆和尤里，與他們道別。在我們飄到艙門另一頭時，他們替我們拍下了照片。在太空站那頭道別，想到朋友回到地球時自己還要待在太空中是種奇怪的感覺，這我很有經驗。這麼長時間在緊鄰的睡眠艙中一起生活後，我們關上了彼此之間再也不會開啟的門。

塞吉關上我們身後的艙門之前，米哈轉身把手伸向太空站，最後一次摸摸太空站的牆。米哈拍了拍太空站，像輕拍馬兒一樣。我知道米哈心裡在想他可能不會再有機會上站了，所以已經開始懷念起這個對他意義重大的地方。

若發射上太空的過程可用劇烈不適來形容，那麼重返地球的過程只會更恐怖。搭乘聯合號太空艙降落是這一年來最危險的時刻，也是最折磨身體的時刻。地球的大氣層本是用來避免太空中的物體進入地球。有東西用繞行太空軌道的高速衝入大氣時與空氣產生的巨大摩擦力，足以燒毀絕大部分的物體。這對地面上的人類是好事，因為大氣會保護地球免受流星和太空垃圾襲擊，否則這些物體就會像雨水一樣無預警地落下。太空人也運用這個優勢，在來訪太空船中裝滿垃圾，然後讓垃圾太空船在大氣中燒毀。但這也會讓我們返回大氣時困難重重、充滿危險。太空船衝破大氣時，溫度會飆升到攝氏三千度，減速時的力道會達到四個G力，我們必須挺過這個過程。大氣的設置好似是要用來殺死太空人的，而聯合號的座艙和重返地球的程序設計則是要用來保住我們的性命。

重返地球會花上大約三個半小時的時間，這之間我們必須成功完成許多步驟。聯合號推離太空站後，我們會啟動引擎來稍微減慢速度，用精準的速度和角度開始返回大氣，減少進入上層大氣時的衝擊力。如果衝入大氣的角度太大，我們可能會掉得太快，因溫度過高或減速太劇烈而身亡。如果角度太小，我們可能會像被丟到靜止湖面的石頭一樣，從大氣彈起後再以更傾斜的角度重返大氣，造成不可設想的嚴重後果。如果離軌時的引擎燃燒一切順利，就可以靠大氣阻力來幫助我們減速，聯合號的熱絕緣體能避免我們因高溫身亡，靠近地表十公里時降落傘則能幫助我們減速降落，軟著陸火箭會進一步在著陸前幾秒幫我們再次減速。每個環節都要精準不差，否則我們必死無疑。

塞吉已經花了好幾天裝載要跟著聯合號一起返回地球的物品——裝著太空人私人物品的小包、水樣本、人體研究用的血液和唾液。我們也在聯合號軌道艙包好要丟掉的垃圾，其中包括大猩猩戲服的頭套，因為我不想要為之後太空站上的大猩猩意外事件負責。艙內多數空間都是用來儲存我們希望永遠不會用到的東西：無線電對講機、指南針、彎刀、寒冬生存裝備，以防降落地點偏差，必須等待救援。

因為在太空的這段時間中，我們的心血管系統一直不需要對抗重力，已經變很衰弱了，在返回地球後，我們會出現各種低血壓的症狀。要平衡這些症狀其中一個辦法是補充液體——在返回地球前攝取水分和鹽分，增加血漿量。俄國和美國對於補充液體有不同的做法。美國太空總署會給太空人各種不同的選擇，有雞高湯、鹽錠配水以及特別替太空人設計的補水飲品 Astro-Ade。俄國人則採高鹽少水的策略，其中一個原因是他們不希望在重返大氣時用到尿布。前幾次任務中我找到了適合自己的方案，決定繼續大量攝取水分、穿尿布。

我努力穿上 Sokol 壓力服，在太空中著裝比在拜科努爾還困難，因為地面有地心引力固定東西，還有壓力服專業人員協助。甘迺迪離站前，我們有次為了要移動聯合號而穿上壓力服，幾天前我又再穿了一次，以便檢查壓力服是否合身——其他時間，這套壓力服就一直在聯合號的軌道艙內耐心地等了我一年。我把頸圈拉過頭時，試著回想升空時穿上壓力服時的情景。那天我吃了新鮮的早餐、沖了澡、見了家人。那天我還見了好多人，來自四面八方的人齊聚一堂，有些人我素昧平生，這輩子從沒見過，也不會再見。對現在的我來說，最弔詭的是那天的一切在此刻都感覺好遙遠，就像是看了某部別人主演的電影一樣。

我正準備要爬入座艙返家，想著要如何再次把自己擠入這狹小的空間。我們魚貫飄到聯合號的中央段：降落艙。米哈打頭陣把長長的身子卡進去，半闔上身後的艙門好擠入左座。接著米哈打開艙門讓我飄下去，我擠入座艙中，小心不要讓壓力服上的設備刮到艙口封條。我坐上中間的座位，關上艙門騰出空間，然後笨重地把身子搖到右座上。就座後我再次打開艙門，塞吉接著進來在中間的座位坐好。我們就雙膝壓胸的定位。

我們有量身打造的座椅襯墊支撐身體，這個襯墊在重返大氣時比升空時還重要。我們會在三十分鐘內從一小時兩萬八千公里的速度減速至零，艙內座椅和聯合號的其他設備都需要經過精心設計，才能幫助我們勝過自然的力量。我們想辦法繫好五點安全帶，這件事知易行難，因為帶子在我們身邊飄著，而一點小小的力道就足以把我們推離座椅。要緊緊繫好帶子難度很高，但拋回地球時減速度的強大作用力會把我們狠狠甩在座椅上，這時就可以完全束緊安全帶了。

莫斯科的控制中心下了指令，脫開了連接聯合號和國際太空站的勾子，沒多久後，彈簧活塞就把我們推離了太空站。這兩個步驟都很順，所以我們一點感覺也沒有，也聽不到聲音。我們現在以每秒數公分的速度離開太空站，不過仍順著太空站的航行軌道在移動。一旦來到了安全距離，就可以使用聯合號上的推進器進一步推離太空站。

現在只能等待。我們彼此之間沒什麼交談。一如以往，屈膝的姿勢造成我的膝蓋劇烈疼痛，而且艙內有點悶。冷卻用的風扇穩定人心地輕聲轉動著，幫助壓力服內的空氣循環，但還是不夠。我還記得來時我坐在另一艘聯合號的右座，我告訴米哈我們往後都必須與風扇聲一同生活了。這感覺是好久以前的事。現在我已經不記得無聲是什麼樣子了，真想再次體驗安靜的感覺。

我覺得很難保持清醒。不知道是因為今天、還是這一整年的一切讓我累了。有時人總要到事情完全結束後才會出現疲累感，因為那時你才可以不刻意去忽略勞累的感覺。

地面通知我們可以開始準備離軌燃燒時，我們瞬間驚醒，睡意全消。這個步驟一定要正確執行。塞吉和米哈成功啟動制動系統，制動引擎燃燒了四分半鐘，讓聯合號一小時可以減速約四百八十公里。現在我們會開始二十五分鐘的自由落體，然後撞入地球的大氣層。

到了分離降落艙（容納太空人的小小角錐型座艙）的時間，我們屏氣凝神。聯合號的三個艙段炸離了開來。軌道艙和機械艙的碎片從窗戶外飛過，其中有幾片還撞上降落艙的外側。一九七一年聯合號降落時，三名俄國太空人就是在這個階段身亡的，我們彼此心照不宣。當時在分離的時候，降落艙和軌道艙之間的閥門開了，導致艙內失壓，組員全數窒息身亡。如果類似的意外發生，我和米哈還有塞吉身上的壓力服可以保護我們，但這仍是我們希望可以趕快結束的階段。

我們開始感受到地心引力了，一開始是漸強，然後瞬間猛烈地增加。沒多久後，所有東西都忽然出現了重量，甚至異常沉重——手臂、腦袋都變重了。我的手錶重重壓著手腕，G力緊緊鉗住我的氣管，所以呼吸也變得困難。座艙溫度升高，表面熱絕緣體的碎片燃燒了起來，燒得焦黑，飛過窗戶旁。

座艙衝入了厚重的大氣層，我們可以聽見風聲越來越大，這表示再過不久就要部署降落傘了。降落傘的部署是降落過程中唯一一個全自動的階段，我們專心盯著螢幕瞧，等待部署成功的燈號亮起。要不了多久（大概只要一、兩秒）我們就可以感受到降落傘的拉力，但我們還是盯著燈號看。現在一切都看這一支降落傘了。這支傘是莫斯科外一間老舊工廠中的老工人沿用蘇聯太空計畫時期的標準程序打造而成的。這一年當中我所經歷的一切：每天的長時工作；艱苦的太空漫步；錯過各種生日、慶祝；公私領域中遇到的各種困難——要活著收割辛苦的報酬，全都仰賴在這支降落傘上。我們正以音速往下掉。掉著、等著、看著。

降落傘張開了，一扯，我們的座艙就在空中瘋狂震動、打轉。我曾聽人把這個過程比喻成火車車禍之後立刻汽車車禍，之後又立刻從腳踏車上掉下來。我自己的版本則是坐在燃燒著的大木桶內經過尼加拉大瀑布下方。若沒能調整好心態，降落的體驗就會非常駭人，我也聽說一些曾搭乘聯合號降落的人嚇破了膽，但我卻很愛。這就像坐雲霄飛車般刺激。

米哈的清單從繫帶上鬆脫了，飛到我的頭上。我伸出左手從空中抓下清單。我們三個面面相覷，覺得很猛。

「超級歪左手接球！」我才一喊完就想到塞吉和米哈可能不知道超級歪是什麼。這一刻不僅讓熱愛體育的我特別開心，其實也反映出聯合號的移動方式並沒有我們想像中的失控——我們感受到的動態大部分其實只是我們的前庭系統對地心引力的力量過度反應了。

在經過一陣粗暴的降落過程後，我們順著降落傘的意在空中飄著，竟然異常覺得和緩。後來我看到了當時被拍下的聯合號照片，座艙掛在橘白相間的降落傘下，在一大片蓬鬆的雲朵中飄著。表面熱絕緣體脫落了，把燒焦的光閘扯了下來。陽光從我手肘處的窗戶射了進來，我們看著地面越來越靠近。

搜救小組在附近的直升機內就定位，從通訊系統倒數著著陸剩下的距離。

「張開嘴。」通訊系統傳來俄語的提醒。如果舌頭靠牙齒太近，著陸的衝擊力很可能使我們不小心咬斷舌頭。距離地面五公尺時，我們發射火箭執行「軟著陸」。說是軟著陸，但就我的經驗，這著陸可一點也不軟。座艙碰上地表那一刻，我的脊椎感受到巨大的衝擊力。我的腦袋大力晃動，撞上了座椅，完全是車禍的感覺。我們著陸了，到地球上了。著陸的時候，聯合號的艙門並不是在側邊，而是朝著天空，比較不尋常。所以我們得在裡面待上一陣子，等搜救小組拿梯子來把我們從燒焦的座艙中弄出來。

艙門開啟後，聯合號瞬間充滿了地球上的空氣的味道，以及冬季清爽醒腦的冷風。這氣味真是美好。我們互相碰了碰拳頭。

塞吉和米哈出了座艙後，我意外發現自己在宛如千斤頂的地心引力之下竟然還有力氣解開身上的帶子，伸手拉到頭頂的艙門。我還記得結束為期八天的 STS-103 任務時，回到地球後覺得自己體重值千斤。但這次我只需要搜救小組稍微從旁協助，就可以把自己完全拉出座艙，坐在艙門邊，環顧四周的景色。這麼多人——也許有好幾百人——齊聚一堂的景象非常壯觀。一次能看到超過個位數的人類感覺很詭異，眼前的景象令我不知所措。我在空中握拳比出勝利的手勢。我吸入空氣，空氣的滋味美妙無比，混雜著燒焦聯合號和金銀花的甜甜氣味。俄國太空總署堅持要讓救援小組扶我們走出座艙，然後把我們放在附近的露營用椅上，待醫師、護士替我們進行身體檢查。和俄國太空人一起出任務時，我們會遵守俄國的規定，但我真心希望著陸後他們可以不要管我，讓我自行走開就好。我覺得自己的身體還可以。我的飛行醫師史蒂夫・基爾摩也在場，我想起他這些年來的照護和友誼。史蒂夫和其他飛行醫師常不眠不休地工作，幫助我維持適合出任務的最佳狀態，在我出任務時確保我身體健康，他們替我做的一切對我來說意義重大。我還看見了太空人辦公室主任克里斯・凱西迪和我朋友，國際太空站計畫的副主任約爾・蒙塔巴諾。我認出塞吉的父親，他站在塞吉和米哈附近，他以前也是俄國太空人。遠處是救難部隊，隊上有些人我在二〇〇〇年的寒冬生存訓練中見過，他們的敬業精神我深感敬佩，也讓我覺得非常安心。

我看見米哈對他們微笑、向他們招手，我知道米哈一定很想趕快抱住他的父親。

克里斯遞給我一支衛星電話。我播了艾美的手機號碼，我知道她和莎曼珊、我哥還有幾名好友正一起在休士頓的控制中心看著大螢幕轉播（夏綠蒂在維吉尼亞海灘的家中收看）。

「還好嗎？」艾美問。

「真他媽的不容易，」我說：「但很順利。」

如果我現在是跟著一批太空人穿越火星大氣，降落在火星地表，我應該還有足夠的體力可以完成該完成的事。任務中最重要的問題是個簡單的是非題：你可以在火星上執行任務嗎？當然我可能沒辦法在那裡打造一個生活空間，或徒步行走十六公里，但我知道若有急難事故，我還有體力可照顧自己和同事，這就是種勝利的感覺。

我和艾美說回頭見。這次總算真的，可以回頭見了。

終章

地球上的生活

●常有人問我，我這一年在太空中學到了什麼。我在想，有時大家想聽的可能是某項重大的科學發現或新知，或在這次任務當中我（或地面上的科學家）有獲得什麼天啟，例如在某個特別的關鍵時刻，宇宙射線忽然射過我的大腦等。很抱歉，我沒有這類的經歷可以分享。我的主要任務其實就只是在預備這次的太空飛行。在我撰寫這本書的同時，科學家都還在針對各種數據進行分析，他們對目前的研究成果也感到相當興奮。這一年當中我和我哥基因上產生的差異將會揭開新知（註），不只讓人類更了解太空之旅對人體產生的影響，也可以幫助我們了解人類在地球上老化的過程。我和米哈參與的體液轉移研究，對於太空人在長期任務中如何維持健康的身體也很有助益。關於我眼睛的相關研究（這次任務我的眼睛似乎沒有進一步惡化）可以解開太空人眼疾的謎團，也可以幫助人類更了解一般情況下眼睛的構造和眼疾的過程。

往後的數年、數十載中，將會出現更多我們在這一年當中執行的四百項實驗的結果和科學論文。我和米哈進行的實驗樣本數只有兩個人，未來還會需要更多太空人長期待在太空進行相關實驗，才能替我們所經歷的一切下科學結論。不過我確實覺得自己有一些新發現，只是我很難區別這些新發現是否是其他次太空任務、我人生中的其他階段、其他挑戰、其他學習過程交織而成的。

除了站上的科學實驗之外，我想我至少還學到了執行長期探索任務的實際操作面。我們並非僅是解決太空任務的相關問題、試著讓任務更順利，還要研究如何邁向更好的未來。所以其實就連我做的最微小的決定或和地面的溝通過程，都和資源管理這個大環節息息相關。至於我在太空任務中遇到比較棘手的大問題（最主要是二氧化碳管理和 CDRA 維修），則會對未來的太空站任務以及未來的太空船有很大的影響。美國太空總署已經同意改變二氧化碳標準，也正在研發更優質的二氧化碳洗滌器以便接替 CDRA，讓未來的太空人能有更好的生活品質，對此我衷心感謝。

我還發現沒有東西比水給我的感覺更舒爽。飛機降落在休士頓後，我好不容易可以回家的那晚，我做了自己一直嚷嚷著要做的事：我走進家前門、走到後院，連飛行服都還沒脫就跳入水池中。一年下來首度全身泡在水裡的感覺真是筆墨難以形容。我再也不會浪費水資源了。米哈說他也有同感。

我從一九九九年開始就不斷出太空任務或接受任務訓練。往後我的生活規劃可以不用再繞著任務打轉，這我需要調整適應。我現在有機會可以回顧這麼多年中理出的一切事物了。

我明白到自己在惡劣的環境中也可以保持冷靜。我在兒時就知道自己有這個特質，但現在這個特質又更進一步強化了。

我明白到如何更妥善運用「心理區隔」，這不是要我忘記自己的感受，而是要我專注在自己可以控制的事情上，先別焦心於自己無法控制的事。

我從母親自我訓練成為警官的事情上學到：小堅持可以帶來大成就。

我發現坐下來和他人共進晚餐是件重要的事。在太空的時候，有次我看到電視上許多人一起坐下來吃飯的一幕場景。這情景莫名讓我心生羨慕。我忽然好想和電視上的人一樣：和家人一起坐在餐桌邊，享用著被重力固定在桌面上的熱騰騰大餐，享受著重力把我們固定在椅子上的休憩感。聯合號降落兩天後，我坐在餐桌的主位，桌上擺著我朋友提爾曼送來的滿漢全席，身旁有家人圍繞。艾美、莎曼珊、夏綠蒂、馬克、嘉比、柯賓、我父親。我不用轉頭就可以看見他們所有人。正是我朝思暮想的情景。我明白了和家人重新團聚對我而言的意義。

我明白了我不是全才，所以我學會尋求建議、尋求協助、請益專家。我也明白，看似由一人完成的大工程，背後通常都有數百名、甚至數千名工作人員提供心力、體力，也意識到有幸成為這大工程中的一員，真是三生有幸。

我明白了俄語除了髒話以外，形容友誼的詞彙也比英語多。

我明白了在太空中一年其實有很多矛盾之處。離開所愛的人一年，同時卻也可以用不同的形式增進感情。我明白了，爬到可能會殺死我的火箭中是與死神擦肩而過，但同時也讓我經歷到前所未有活著的感覺。我明白現在美國航太產業走到了不進則退的關口，要不就再一次展開這個使命，踩著過往的成就繼續發展，繼續挑戰難度更高的任務，要不就妄自菲薄、降低目標。

我明白了青草的氣味聞起來特別芳香，微風的觸感特別舒適，以及雨水是個奇蹟。這些事物如此神奇，我一輩子都會謹記在心。

我明白了我有兩個了不起的女兒，她們非常堅強，我也知道自己在她倆的生命中缺位的那一段時間，再也回不去了。

我明白了在太空中收看新聞時，會覺得地球就像是個充滿混亂和衝突的大漩渦，還有看見人為造成的環境汙染時，心很痛。人類居住的星球是我這輩子看過最美的景象，我們何其有幸能夠擁有地球。

我學會了設身處地替人著想，其中也包含我不認識的人以及我不認同的人。我也開始向人表達我的感激之情，雖然這麼做一開始會嚇到不少人。這實在有違我的個性。但我很慶幸自己學會了感激，也希望可以繼續這樣下去。

我告訴飛行醫師史蒂夫，我身體狀態很好，一從太空回來就可以立刻上班，我也真的馬上開工了。但沒過幾天我身體就開始覺得不舒服了。提供自己的身體去做人體實驗就是這樣。我一輩子都會是個受試者。

幾個月後我身體明顯感覺好多了。隨著年紀漸長，我和馬克還是會繼續參與這項雙胞胎研究。科學研究是一個緩慢的過程，有時會需要花好多年的時間才能理解研究資料或有突破性的發展。有時科學研究提出的問題解答其實藏在其他問題當中。這點並不讓我覺得困擾，反正讓科學家去煩心就好。對我來說，能有機會為人類知識的進步貢獻一己之力就值得了，哪怕我的貢獻只是漫漫長途中的一小步。

我也一直在國內外巡迴演講，和大家分享我的太空經歷。看到這麼多人對我的任務感興趣，看到小孩發自內心對太空之旅感到興奮、好奇，發現許多人和我一樣認為人類的下一個太空目標是火星，我深感欣慰。

今年夏天，我父親被診斷出喉癌，開始接受放射治療。十月時父親的健康情形每況愈下。某天晚上我父親打給艾美，但卻說沒什麼特別的事。

「親愛的，我只是想告訴妳我很愛妳，」爸爸對艾美說：「我很開心妳和史考特可以擁有彼此。你們倆一起成就了好多事，一起經歷了好多事——一切都是值得的。」艾美覺得我父親說這些話很不像他，但她也說父親的聲音聽起來比前陣子有精神多了。幾天後，父親的病況急轉直下，走了。

我相信父親一定是為了要等我回來地球，所以撐到這時才走。支持我和馬克對我父親來說非常重要，他總是會一同慶祝我倆的成就，也為孫女感到驕傲，是個很有愛的好爺爺。很多人到了晚年個性會溫和不少，我爸也不例外，我們和他的關係也變得比以前好了。

我電腦上有個資料夾，裡面全是在國際太空站上時我和同事拍下的照片。在回想某些任務細節時，有時我會一邊瀏覽這些照片。瀏覽照片偶爾會令人有點喘不過氣，因為檔案真的太多了（五十萬張），不過我常在看到某日某人的某張照片時，一連串的回憶一湧而上，接著我便會忽然想起太空站的氣味、組員的笑聲，或我睡眠艙內棉布牆面的質感。

某天深夜我一張一張瀏覽著這些照片：米哈和塞吉在俄國服務艙內笑著，準備著週五晚上的大餐；莎曼珊．克里斯多佛瑞蒂咧嘴笑著，在牆上玩跑步機運動；一張我在半夜拍下的紫綠色極光照片；一張從太空拍攝的暴風眼照片；一張空氣過濾排氣設備的照片，照片中的設備上有一堆灰塵、棉絮，還有一根超長的金髮，一定是我上站前、一年多之前離站的凱倫・紐伯格留下來的；一系列我和泰瑞拍下的 CDRA 接線照，在修繕 CDRA 時為了讓地面看到修理情形拍的；一台 iPad 飄在穹頂艙內的照片，iPad 上顯示的是一張我不認識的新生兒照片，襯著變化多端、宏偉壯觀的雲做背景；提姆・皮克正在替他首度的漫步任務準備太空服，太空服的肩膀處還可以看見一枚英國國旗，提姆像個淘氣的男孩一樣笑著；一張謝爾像超人一樣飄到美國區的照片；一張我和甘迺迪在一號節點艙聊著天、享受當下、享受彼此同在的照片。一年當中有數百萬個珍貴片刻，但無法全數捕捉成影像。

其中有個不存在的、但會一輩子存在於我心裡的影像，那就是我和塞吉以及米哈一起搭乘聯合號離開國際太空站時，從聯合號窗外看出去的景色。我對太空站內的一切非常熟悉，但站外的樣貌我卻沒見過幾次。這是一幅奇妙的圖畫，和橄欖球場同寬的太空站在自身反射的陽光中閃閃發光，其上的太陽能陣列板伸開來超過兩千平方公尺大。太空站是宇宙無雙的奇妙建築，組合過程需要太空人在真空中以一小時約兩萬八千公里的速度繞著地球轉，忍受正負一百多度的極端溫度。十八年中共有來自十五國的太空人、上千名說著不同語言、使用不同工程方法和標準的工作人員參與太空站建設。太空站上有些艙段在地球上彼此根本沒有會合過，但在太空中它們卻能完美契合。

聯合號推離太空站時，我知道自己再也見不到太空站了，我一生中有超過五百天的時間是在站上度過的。在我有生之年，有幸能成為太空站歷史的一部分，我終身感恩。在這個充滿妥協和變數的世界中，國際太空站是人類之間合作的偉大產物。要把太空站推向太空軌道，讓它在上面正常運作，繼續運作下去，是人類有史以來所完成的最艱鉅的工作，也是一個最好的證明：只要我們同心協力，任何事都不是難題。我相信，要解決地球上的各種問題，也可以是一樣的道理。

編註：二〇一九年四月，NASA公開研究報告指出，常人的染色體末端的端粒，一般會隨著年齡增長而變短，而史考特・凱利體內的端粒，在經過一年太空生活之後，竟出現了一時明顯增長的現象。這項發現或許能為未來登陸火星計畫以及人體醫療發展帶來長足的貢獻。

謝辭

艾美曾對我說：「團隊合作，夢可成就」。太空任務是史上規模最大的團隊活動，就算只是要在太空中稍微逗留，背後都需要好幾千人的支持、合作。從太空人教練、到控制中心的飛行控制人員和飛行指揮、乃至作為我與地球生活之橋樑的親朋好友，人數眾多，無法於書中逐一感謝，僅在此對所有人獻上一句「真的謝謝」。

在所有人當中，我要特別感謝艾美・考德勒，希望書中的記載可以讓大家明白，在這次的任務中，她每一天都陪伴著我，與我一同經歷各種挑戰、成就、高山、低谷，這對我非常重要。這次任務能夠成功，艾美扮演了非常關鍵的角色，言語實不足以形容這八年當中她在我生命中的重要性。艾美，謝謝妳。

我的女兒，莎曼珊和夏綠蒂也替爸爸犧牲了不少。我錯過了她們的生日、假期，也造成她們生活中的種種不便，我接受了太空任務中可能的風險，讓全世界分享她們的爸爸。她倆勇敢、適應力強、又有韌性。妳們以堅強和寬容的心面對這一切，讓我感激又驕傲。謝謝妳們。

我哥馬克從出生起就一直在我身旁，在我的一生中激發我、支持我。馬克自己也有太空任務經驗，所以明白這次任務的箇中刺激、試煉和難處。我一直很依賴他，也很感激他的支持與建議。謝謝你，哥。

我的父母得看著自己的孩子發射升空，等著我們安全返回地球，這是一種心情上的折磨——我母親派翠西雅總共經歷了七次、父親李奇則經歷了八次。同時我還要感謝母親的身教，她讓我明白了達到崇高理想所需要付出的代價。

我前妻萊絲莉在我每次離開地球時，都主動給予支持、挑起全職單親媽媽的擔子，確保兩個女兒在地球上的安全、盡力照料她們。真的非常謝謝妳。

就連本書也是團隊合作的產物。這是我第一次提筆寫書，也是共同筆者瑪格莉特・拉札魯斯・迪恩（Margaret Lazarus Dean）首部潤飾之作。感謝瑪格莉特給我一個這麼順利的共同寫作經驗。打從一開始瑪格莉特就是個值得信賴的好夥伴，她讓我能卸下心防來發掘自己內心的真實感受，使得這些個人經歷可以在紙上活靈活現。

我們的編輯強納森・席格（Jonathan Segal）在撰書過程和最後的定稿上都是關鍵人物。謝謝你，強納森。還要感謝我的出版經紀人愛麗絲・卻尼（Elyse Cheney）替我和出版社簽了這本書，妳是我的良師益友。

我要特別感謝我的飛行醫師史蒂夫・基爾摩，多年來他不僅照料我在太空時、在地球上的身體健康，在醫療相關領域中也提供我很多專業的看法。

感謝提供我相關經驗的各路人馬，讓我可以忠實描述、分享他們的故事。許多人替本書的骨架補上了肉，針對初稿提供建議，在大大小小的方面給予協助。感謝比爾・巴比斯（Bill Babis）、克里斯・伯金（Chris Bergin）、史蒂夫・布萊克威爾（Steve Blackwell）博士、貝絲・克里斯曼

（Beth Christman）、保羅・康尼加洛、莎曼珊・克里斯多佛瑞蒂、翠西・卡德威・戴森博士、提爾曼・費提塔、史蒂夫・佛利克、羅伯特・吉布森博士、馬可・葛洛伯（Marco Grob）、安娜・古斯曼（Ana Guzman）、瑪莎・韓德勒（Martha Handler）、艾琳娜・韓森博士、布魯克・希斯曼、克里斯多夫・赫伯（Christopher Hebert）、吉賽爾・休伊特（Giselle Hewitt）、艾爾・賀蘭博士（Al Holland）、星出彰彥、比爾・英格斯（Bill Ingalls）、歐瑪・以斯奎多（Omar Izquierdo）、史密斯・強斯敦博士、傑夫・瓊斯（Jeff Jones）博士、包伯・克曼、塞吉・克林克夫（Sergey Klinkov）、納森・客加（Nathan Koga）、麥克・拉莫、謝爾・林格倫博士、喬亞・瑪沙（Gioia Massa）博士、梅根・麥克雅瑟博士、布萊恩・邁爾斯博士、羅伯・納維爾斯（Rob Navias）、詹姆士・皮卡諾（James Picano）博士、茱莉・羅賓森（Julie Robinson）博士、傑瑞・羅斯（Jerry Ross）、湯姆・山塔傑洛（Tom Santangelo）、戴瑞雅・謝巴科瓦（Daria Shcherbakova）、柯克・希爾曼（Kirk Shireman）、史考特・斯托弗（Scott Stover）、傑瑞・塔諾福（Jerry Tarnoff）、羅伯特・提傑瑞納（Robert Tijerina）、泰瑞・佛茲、塞吉・沃卡夫、夏儂・沃克、莉茲・華倫（Liz Warren）博士、道格・惠洛克和戴夫・威廉斯博士。

最後要感謝湯姆・伍爾夫（Tom Wolfe）在我年輕時給我的啟發。我衷心相信，如果十八歲時沒有讀到《對的事》，我也不會有機會飛向太空。

國家圖書館出版品預行編目資料

我在太空的 340 天 / 史考特 . 凱利 (Scott Kelly), 瑪格莉特
. 拉札魯斯 . 迪恩 (Margaret Lazarus Dean) 作 ; 高霈芬譯 .
-- 臺北市 : 三采文化 , 2019.06
　面 ;　公分 . -- (Focus ; 87)
譯自 : Endurance : a year in space, a lifetime of discovery
ISBN 978-957-658-155-7(平裝)

1. 凱利 (Kelly, Scott, 1964-) 2. 傳記 3. 太空人

785.28　108005223

suncolor
三采文化集團

FOCUS 87

我在太空的340天

作者｜史考特・凱利（Scott Kelly）、瑪格莉特・拉札魯斯・迪恩（Margaret Lazarus Dean）
譯者｜高霈芬
主編｜喬郁珊　協力編輯｜歐宇甜
美術主編｜藍秀婷　封面設計｜高郁雯　內頁排版｜菩薩蠻數位文化有限公司
行銷經理｜張育珊　版權負責｜杜曉涵

發行人｜張輝明　總編輯｜曾雅青　發行所｜三采文化股份有限公司
地址｜臺北市內湖區瑞光路 513 巷 33 號 8 樓
傳訊｜TEL:8797-1234　FAX:8797-1688　網址｜www.suncolor.com.tw
郵政劃撥｜帳號：14319060　戶名：三采文化股份有限公司
本版發行｜2019 年 5 月 31 日　定價｜NT$380

suncolor

suncolor